中国社会研究叢書
21世紀「大国」の実態と展望
4

近代中国の
救済事業と社会政策

合作社・社会調査・社会救済の思想と実践

穐山 新［著］

明石書店

刊行のことば

　21世紀「大国」の中国。その各社会領域―政治，経済，社会，法，芸術，科学，宗教，教育，マスコミなど―では，領域相互の刺激と依存の高まりとともに，領域ごとの展開が加速度的に深まっている。当然，各社会領域の展開は一国に止まらず，世界の一層の複雑化と構造的に連動している。言うまでもなく私たちは，中国の動向とも密接に連動するこの世界のなかで，日々選択を迫られている。それゆえ，中国を研究の対象に取り上げ，中国を回顧したり予期したり，あるいは，中国との相違や共通点を理解したりすることは，私たちの生きている世界がどのように動いており，そのなかで私たちがどのような選択をおこなっているのかを自省することにほかならない。

　本叢書では，社会学，政治学，人類学，歴史学，宗教学などのディシプリンが参加して，領域横断的に開かれた問題群―持続可能な社会とは何であり，どのようにして可能なのか，あるいはそもそも，何が問題なのか―に対峙することで，〈学〉としての生産を志す。そこでは，問題と解決策とのあいだの厳密な因果関係を見出すことよりも，むしろ，中国社会と他の社会との比較に基づき，何が問題なのかを見据えつつ，問題と解決策との間の多様な関係の観察を通じて，選択における多様な解を拓くことが目指される。

　確かに，人文科学，社会科学，自然科学などの学問を通じて，私たちの認識や理解があらゆることへ行き届くことは，これまでにもなかったし，これからもありえない。ましてや現在において，学問が世界を考えることの中心や頂点にあるわけでもない。あるいは，学問も一種の選択にかかわっており，それが新たなリスクをもたらすことも，もはや周知の事実である。こうした学問の抱える困難に謙虚に向き合いつつも，そうであるからこそ，本叢書では，21世紀の〈方法としての中国〉―選択における多様な解を示す方法―を幾ばくかでも示してみたい。

2018年2月

日中社会学会会長　首藤　明和

近代中国の救済事業と社会政策
――合作社・社会調査・社会救済の思想と実践

*

目　次

刊行のことば（首藤明和）／3

序章　*11*

1. シティズンシップと「共同社会」　*13*
2. 歴史の中の社会政策と福祉国家形成　*19*
3. 貧窮問題と中国の近代　*30*
4. 本書の構成　*34*

第1章　災害体験と貧窮問題の形成
——1920年華北大飢饉　*45*

1. 大飢饉の近代中国史　*45*
2. 「赤地千里」の中国——華北大飢饉の概要　*47*
3. メディアの中の災害体験——ナショナリズムと災害ユートピア　*51*
   - 3-1 新聞業の発展と報道競争　*51*
   - 3-2 ナショナリズム　*52*
   - 3-3 災害ユートピア　*55*
4. 災害体験と学生のアイデンティティ　*59*
   - 4-1 五四運動と学生の高揚感　*59*
   - 4-2 被災民と学生の出会い　*60*
   - 4-3 「五四運動」への自己批判　*62*
5. 災害体験と貧窮問題の形成　*64*

第2章　協同組合と農村救済——日本の産業組合政策と華洋義賑会の合作事業　*71*

1. 近代中国における「合作国家」の可能性　*71*
2. 日本の産業組合政策——地縁的紐帯と「好意の独裁」　*73*

2-1 明治政府の産業組合政策　*73*
　　　2-2 信用組合と「郷党の結合心」　*75*
　　　2-3 柳田國男の産業組合論――「好意の独裁」の克服　*77*
　3. 華洋義賑会の合作事業　*81*
　4. 合作社における成員の理念と表象　*86*
　　　4-1 合作社と「成員役割」　*86*
　　　4-2「好人」と「不良分子」　*87*
　　　4-3「情面」「面子」の論理　*92*
　5.「好人」の矛盾と困難　*95*

第3章　合作社の思想と救貧事業
　　　――于樹徳における「好人」の自治　*105*

　1. 貧窮問題と合作社の思想　*105*
　2. 近代中国における協同組合の実践と試行錯誤　*106*
　3.「地方の人格者」への期待
　　　――于樹徳の初期合作社思想　*110*
　　　3-1「農荒予防と産業協済会」　*110*
　　　3-2「わが国古代の農荒予防策――常平倉・義倉と社倉」　*113*
　　　3-3 合作社と「人」の問題　*116*
　4. 華洋義賑会における「合作」の実践　*117*
　5. 残された課題と矛盾　*122*

第4章　社会調査の実践と困難
　　　――**李景漢**の社会調査論　*129*

　1. 社会調査と社会政策の実践　*129*
　2. 民国期中国の社会学と社会調査　*132*
　3. 李景漢と中国社会調査運動　*138*
　4. 李景漢の社会調査実践――「人情」と「同情心」　*144*

5.「以農立国」と農村合作社の構想　*149*
  6. 社会調査を通じた貧窮者との連帯　*155*

第5章　救貧制度と社会的権利の成立過程——日本と中国における「慈善」概念の比較　*161*

  1.「慈善」と「社会連帯」のあいだ　*161*
  2.「慈善」のパターナリズムを超えて——日本　*163*
  　　2-1「郷党の善人」による防貧　*163*
  　　2-2「私達の社会」と「慈善」の対立　*164*
  　　2-3「無報酬の心」による「社会連帯」　*167*
  3.「組織」と「人」を求めて——中国　*171*
  　　3-1 慈善事業の遺産と「亡国」の危機　*171*
  　　3-2「各自為政」としての「慈善」　*172*
  　　3-3「社会連帯主義」と「人」の問題　*177*
  4.「人治」による「組織」の創出　*182*

第6章　「社会連帯主義」の可能性——柯象峰の社会救済論　*189*

  1.「社会救済」の歴史的な文脈　*189*
  2. タルドの社会学思想と人口問題研究　*191*
  3. 貧窮問題と中国の救済事業——「人材」への期待　*193*
  4.「社会救済」の思想と「人」の問題　*198*
  　　4-1 新県制と「人材」問題　*198*
  　　4-2 社会救済法と「社会連帯主義」　*200*
  　　4-3「人」による「人治主義」の解決　*204*
  5.「人」の共同社会　*207*

終章　*215*

1. 本書の要約　*215*
2. 「人」の共同社会のゆくえ　*222*
3. 今後の課題と展望　*229*

中華民国時期（1912-1949）救済事業・社会政策年表　*232*
参考文献　*237*
あとがき　*255*
索引　*258*
【資料】　*265*

序　章

　本書は，1920年代から1940年代にかけての「中華民国」の時期における近代中国を対象として，農村を中心とする貧窮問題の解決を図ろうとした知識人の思想を検討し，その可能性と限界がどこに存在したのかを明らかにする，歴史社会学的な研究である。

　第二次世界大戦後に「福祉国家」を形成した先進諸国では，1980年代以降に直面した「福祉国家の危機」以降，再分配と社会保障制度への政治的な支持と連帯感をいかに維持・再建していくのかは，大きな課題であり続けている。「福祉国家の黄金時代」のように，国民の間の「同胞愛の精神」を自明の前提にすることは困難になり，それに代わって，権利の対価として個人の責任と義務を求める政策が多く採られてきた（平野　2012）。

　他方で，同じ時期に後発近代化のアジア諸国（韓国，シンガポール，台湾，中国）では，急速な社会保障制度の整備と拡大が推し進められてきた（上村　2015）。本書で中心的に扱う中国について言えば，1990年代末から2010年代初めにかけて年金，医療，失業などの社会保障制度が矢継ぎ早に整備され，胡錦濤政権期における「和諧社会」と「適度普恵」のスローガンの下に，企業労働者から都市の一般市民，農村住民に至るまでの国民全体をカバーするものとなっている（沈　2014；沈・澤田編　2016）。ただし，福祉給付水準の低さや職域および都市・農村間の制度的な格差，強力な政府主導の手法

による国民的な支持基盤の脆弱さなど，様々な根本的な課題を抱えており，その後も果たして順調に定着・発展していくのかは依然として不確定な要素が多い（稗山 2017a）。事実，胡錦濤政権時代に唱えられた「適度普恵」（適切な水準による普遍的な社会保障）も，習近平政権下で打ち出されている「精准救助」（個々の貧困者の実情に即した的確な救済）も，福祉給付を切り下げるためのニュアンスを多く含んでいる[1]。以上のように，先進諸国でも後発諸国においても，人々の生活と生存を保障するために国家が責任を担い，人々がそれに合意および連帯するための社会的な根拠や条件が何かについて，改めて問い直して再定義していくことが喫緊の課題となっていると言うことができる。

　本書は，近代中国の救済事業と社会政策における思想と，それに基づく実践を研究対象としている。書き残されたものを対象とするのは，本書の関心が救済事業と社会政策の制度や活動の実態ではなく，そこにおいて政策立案者や事業家が直面していた課題や困難が何であったのかに置かれているからである。そうした課題や困難に関する記述は，しばしば混乱と矛盾に満ち，場当たり的で首尾一貫性を欠いたものであることが多い。しかし同時に，それらは彼らが向き合い取り組んだ「社会」そのものが抱えていた混乱や矛盾についての，重要な証言ともなっている。本書が思想史・学説史ではなく「歴史社会学」を掲げているのは，ある人物やテーマに関する思想そのものではなく，そうした思想の行間の中に——知識人自身も多くの場合は無意識的に——描き出されている「社会」と，思想の「社会」に対する実践的な相互作用を明らかにすることを目指しているからに他ならない[2]。

　この序章では，まず本書の問題関心がいかなる研究上の文脈の上に成り立っているのかを説明していく。第 1 節では，T. H. マーシャルを中心に「シティズンシップ」をめぐる歴史社会学的な研究

について，第2節ではイギリス，フランス，日本における，第二次大戦後に「福祉国家」が成立する以前の社会政策に関する歴史研究について，そして第3節ではとくに近年蓄積が著しい近代中国の社会立法と慈善事業に関する研究について整理・検討していく。

1. シティズンシップと「共同社会」

　現在でもシティズンシップをめぐる研究の出発点として必ず参照されるのが，T. H. マーシャルの比較的短い講義録である『シティズンシップと社会的階級』である（Marshall [1950]1992=1993）。マーシャルは，もともと階級的な権利であったシティズンシップの平等化と拡張という観点から，イギリスの歴史的経験に従って「市民的権利」「政治的権利」「社会的権利」というシティズンシップの三段階発展論を提示した。こうした歴史記述によって彼は，シティズンシップが平等であれば社会的階級の不平等は是認されるという経済学者アルフレッド・マーシャルの立論を批判し，社会的権利（彼の定義では実質所得と貨幣所得の分離）の発展した今日（第二次世界大戦後の西側社会）においては，もはやシティズンシップは経済的な不平等と両立することが困難になっていること，そして階層的な差異は残るとしても社会的地位にとっての重要な意味を失っていくことを示そうとした。

　周知のように，以上のマーシャルの議論に対しては膨大な批判があり，それ自体においてシティズンシップの研究史ともなっている[3]。とくにマーシャルの三段階発展論を批判的に継承してきた歴史社会学的なシティズンシップ研究は，普遍主義的な装いを持ったマーシャルのシティズンシップ論に対して，「国民国家」の政治的な権力や枠組みが果たしてきた役割を強調するものであった。

　ラインハルト・ベンディクスの『国民建設とシティズンシップ』

（邦題『国民国家と市民的権利』）は（Bendix 1964=1981；武川 2007: 220-2），マーシャルのシティズンシップの三類型に従いつつ，西欧においてシティズンシップ——とくに教育・結社の自由・参政権——が下層階級に拡張していくプロセスを，ヨーロッパ諸国を中心に比較歴史社会学的に叙述している。その強調点は単なる実質所得の保障を通じた社会的な地位の平等の実現ではなく，貴族や教会といった伝統的な中間権力を掘り崩して，「国民国家」と市民との直接的な関係を可能にするシティズンシップの能力にあった。ベンディクスによると，「シティズンシップの一属性としての社会的権利は，法の下，国民的政治社会の代理人によって支配されたことに同意したことに報いるための特典」「国民国家の中央機関と社会の各構成員との間の直接的関係を確立する平等の原理」なのである（Bendix 1964=1981: 136）。彼の歴史研究は，シティズンシップが世襲階級や職能団体の特権を「国民投票的」なものに変えていくという，権利と義務のナショナルな平等化を促進する役割を果たことを示すことで[4]，「ヨーロッパの封建制という共通の遺産から生じる西欧的経験の一般的な類似性」という，西欧近代の固有性を明らかにしようとするものであった（Bendix 1964=1981: 153）[5]。

1970年代以降，英語圏の社会学で国家形成の理論に関する研究が登場するようになると，国家と階級の概念をつなぐものとして「シティズンシップ」に対する関心が活性化するようになった（Somers 2008: 13）。そうした国家論の中心的な存在であったマイケル・マンやチャールズ・ティリーは，シティズンシップの形成における国家間の軍事競争の役割を強調している。例えばマンは，シティズンシップの経路はマーシャルが描き出したように一元的なものではなく，自由主義（アメリカおよびビクトリア朝イギリス），改良主義（マーシャルが描き出したイギリス，フランス，北欧など），権威的君主制（ドイツ，日本など），ファシズム，権威的社会主義という「5つ

の戦略」が存在し，その共通の要因として「戦争のインパクトと地政学」を挙げている（Mann 1987）。とくにマンは，福祉国家と社会的シティズンシップの歴史的な起源を，19世紀のフランスおよびアメリカにおける退役軍人への年金給付に求めている（Mann 1993=2005: 140-5）。またティリーは，シティズンシップの発展において，「第一の段階は，大衆的な国民軍の創出が，ヨーロッパ諸国における初歩の国民的（national）なシティズンシップを創り出した」ことで，第二段階においてブルジョワジーによる市民的および政治的な権利，そして第三段階で労働者による農民と国家との交渉プロセスの創出という，シティズンシップの拡張がはじめて可能になったと論じている（Tilly 1998）。

アンソニー・ギデンズの『国民国家と暴力』は（Giddens 1985=1999），マーシャルにおけるシティズンシップの三段階発展論に対して，英国においても現実はもっと複雑であったという従来の批判を踏襲した上で，シティズンシップを国家の監視活動における舞台として解釈すべきであると主張している。例えば，労働者に団結権やストライキの権利などのシティズンシップを付与することは，労使間の対立を国家が管理・調整可能な程度に制度化していくことを可能にする。この意味でシティズンシップは，マーシャルが想定したように階級や利害集団の間の対立を緩和していくというものと言うよりも，そうした対立に基づく交渉や闘争を国家の「舞台装置」へと帰属化させ，より容易に監視・管理が可能になっていくことに本質的な意義がある。シティズンシップが階級間の闘争を制度化・組織化するものという視点は，既にラルフ・ダーレンドルフが提示していたが（Dahrendorf 1959=1964; 伊藤 1996: 37-8），ギデンズはそれを国民国家の管理的権力（administrative power）の中に位置づけるものであった。

ロジャース・ブルーベイカーの『フランスとドイツにおけるシ

ティズンシップとネーション』(邦題『フランスとドイツの国籍とネーション』)は(Brubaker 1992=2005),シティズンシップとナショナリティの関係を主題化した。シティズンシップが国家の成員資格を定義するための,「社会的閉鎖」の手段および対象として形成かつ発展してきたことを論じ,その線引きがそれぞれの「ネーション」の自己理解に応じて異なることを,国家的・政治的なフランスと血統主義的でエスニックなドイツという,シティズンシップ(ここではほぼ「国籍」を意味する)の定義をめぐる政策や言説の比較を通じて明らかにしている(Brubaker 1992=2005)。ブルーベイカーの研究は,シティズンシップにおける権利の内容ではなく,誰がシティズンシップを有するのかの成員資格の線引きという形式の側面に焦点を当て,その線引きにおいて国民国家が歴史的に果たしてきた役割と多様な経路を描き出すものであった。

　冷戦崩壊と EU 統合,グローバル化のインパクトを受けた 1990年代以降の(多くはブルーベイカーの研究に触発された)シティズンシップ論は,移民や定住外国人,多文化主義の政策や運動などを事例に,国民国家とシティズンシップの一体性が根本的に動揺していることを,現代社会の重要な特徴として描き出してきた[6]。それらの事例が画期的な現象として注目されてきたのは,以上に見てきたように,国民国家という政治的な枠組みを通じてそのメンバーシップを定義するという,19世紀以来のシティズンシップにおける最も基本的な原理に対する挑戦として見なされてきたからである。

　国民国家の問題について,マーシャル自身の見解を理解する際に重要なのは,「共同社会」の概念である。マーシャルは「シティズンシップはある共同社会(a community)の完全な成員である人々に与えられた地位身分(status)である。その地位身分を有するすべての人々は,それに付与されている権利や義務に関して平等である」と簡潔に定義しているように(Marshall [1950] 1992=1993: 37),

シティズンシップの対内的な平等性（およびそれに伴う対外的な差別化と排他性）を維持するためには，「共同社会」による基礎づけを必要とすると考えていた[7]。先に取り上げた諸研究は共通して，この「共同社会」が第一義的には国民国家であることを，歴史的研究を通じて明らかにするものであった。以下に引用する，社会的シティズンシップの成立に関するマイケル・マンの文章は，そうした知見を簡潔に要約するものと言うことができる。

　　指摘しておく必要があるのは，以上の四つ（富の不平等の低減，累進課税，福祉国家のシステム，普遍的な教育と医療——訳者注）が国民国家の水準で（公的医療の提供はその地域性に結びついていたものの）シティズンシップを推進してきたことである。国民国家は，福祉と税のための再分配の単位であり，完全雇用はナショナルな労働市場における参加を提供するものであり，そして教育はナショナルな言語や文化における利便性を高めてきた。これはナショナルなシティズンシップの成長なのであり，同胞市民（co-citizen）としての共同社会（community）において共有されている感情なのである。（Mann 2012: 282）

　マーシャル自身のシティズンシップの概念についても，これまでの研究では，彼が明示的に議論を展開しなかっただけで，実質的には国民国家と共同社会の同一視が前提とされていたこと，そしてそこに彼のシティズンシップ論の問題点と限界があることが繰り返し指摘されてきた[8]。しかし，彼の記述を丁寧に追うと，そうした理解に収まらない要素も少なからず見られる。

　例えば，マーシャルは『シティズンシップと社会的階級』の最後の部分で，シティズンシップが社会的権利に発展した段階において「義務」の感覚を持つことが困難になっているという問題につい

て論じている。彼によればその困難の理由は，一つには強制的な税や社会保険の確立で自由な意志や忠誠心を働かせる余地が減ってしまったこと，二つには「共同社会」が手の届かない範囲に広くなったことで，「一人のひとの労働が社会全体に及ぼす効果など微々たるもの」と感じられるようになってしまったこと，そして最後に，完全雇用の実現によって，自らの職務を維持するために勤勉に働くという動機が失われてしまったことである。こうした社会的権利における義務の困難という問題に対して，マーシャルは「国民的共同社会はあまりに大きくかつ縁遠いものであるがゆえに，この種の忠誠心を押しつけたり，それを持続的な推進力として活用したりするのは困難」であるとして，むしろ「地域コミュニティや，なかんずく職場集団に向けられた，もっと限られた忠誠心を発展させることによって解決される」べきであると主張している（Marshall［1950］1992: 47 =1993: 103）。

マーシャルは後者の具体的な姿として「産業的シティズンシップ」を想定していたが[9]，少なくとも共同社会における義務の宛先を国民国家に還元してしまうことには，懐疑的な立場をとっていたことは明らかだろう。ここでマーシャルが提示しようとしたのは，単にシティズンシップの歴史的進化の到達点に社会的権利を位置づけて，そこにおける国民国家の役割を評価することでは必ずしもなく，20世紀の社会的権利の時代において，共同社会を統合する義務や忠誠の原理が——もしナショナリティではないとすれば——具体的に何であり得るのか，という問いであった[10]。本書は，このマーシャルの問題提起に従う形で，近代中国における社会的権利の形成に向けた思想と実践の中で想定されていた，共同社会を統合する原理や，「市民」に相応しいとされる人間像が何であったのかを，歴史的に検討していくことを一つの課題とするものである。

シティズンシップをめぐる議論の焦点は，マーシャルの時代のよ

うな「いかに市民となるか」という問題から，とくにブルーベイカーの研究以降に「誰が市民か」という成員資格の線引きの問題へと転換し（亀山 2013: 105），上述のようにそのメカニズムを説明するものとして「国民国家」の問題が着目されてきた。しかし，現代の福祉国家体制においては，ますます文化的・宗教的な多様性を深めていく移民の社会統合，膨張する社会保障費の抑制，社会福祉の地方自治体や地域コミュニティへの分権化といった様々な課題に直面する中で，その解決策として――直接ナショナリズムに訴えるのではなく――ワークフェアおよびアクティベーションの原則が広く採用されるようになっている。そこでは，形式的には国家のシティズンシップを完全に有する「国民」であっても，福祉給付の条件として就労および「自立」に向けた自助努力が厳しく求められる（応じない場合には文字通り「排除」される）傾向が強まっている[11]。そのように，「いかに市民となるか」という古典的な問題の重要性は，マーシャルの時代とは異なる形で――つまり社会的権利の拡張ではなく抑制と持続性が求められる文脈のなかで――高まりつつある[12]。

後に詳しく述べるように，ここで扱う時代の中国における救済事業や社会政策は，社会的権利の確立が絶望的なまでに困難な環境の中で，少なくとも実効的な面では失敗に終わったと評価すべき事例である。しかし本書では，そうした困難が同時に――マーシャルにおいては楽観的に描かれていた――「市民となる」ということが具体的に何を意味するのかについての，根本的な問題を照らし出す可能性を持つ意義を有するものとして検討していくことにしたい。

2. 歴史の中の社会政策と福祉国家形成

本書で言う「社会政策」とは，シティズンシップとしての社会的

権利に関わり，貧窮や不平等の問題を個人の人格や努力ではなく，「社会的」な問題として対処しようとする国家の政策を広く指し示すものである。こうした意味での社会政策および関連する救済事業がいかにして登場したのかを，その起源と系譜をたどって明らかにすることが本書の中心的な課題となる。

救済事業および社会政策において歴史的な研究が重要であるのは，それが他の政策に比べても，その社会が歴史的に蓄積してきた政治文化に埋め込まれている度合いが高いためでもある。例えば，19世紀後半から西欧諸国で採用されてきた様々な社会政策は，その時々の社会問題や政治的課題への対処という歴史的な文脈の中で展開されてきたものであり，「福祉国家」の実現を目指す政治勢力や政治思想が存在してきたからでは必ずしもない。『シティズンシップと社会的階級』に「福祉国家」という言葉が一度も登場していないことにも象徴されるように，この概念は1950年代になるまで社会政策論や社会科学のなかで一般的な概念ではなかった。またエスピン-アンデルセンの比較福祉レジーム論をひくまでもなく，この概念が定着した後も，社会政策はその国の歴史的な文脈と経路によって大きく異なった姿であり続けている。マーシャルも明確に述べているように，「『福祉国家』において，一方における政府の活動と，他方における個人の自由との理想的な関係を決定する科学的な手続きは存在しない。それで，少なくともこれらのラベルについてもっと多く知るまで，我々はそれらを具体的な歴史的現実の断片を結びつけることだけで満足しなければならない」（Marshall 1963=1998: 314）。

とりわけ，前述のように1980年代の「福祉国家の危機」以降，福祉国家の正当性や持続可能性が深刻に問われ続けている中で，その源流を19世以前の社会政策や救済事業にまで遡って検討する歴史的研究が多く蓄積されてきた。こうした研究においては，(1) 第

二次世界大戦後の福祉国家体制を歴史的到達点とする目的論的な叙述に対する批判，(2) 社会政策における国ごとの多様な経路への目配り，(3)「福祉複合体 (mixed economy of welfare)」論と呼ばれるような，慈善団体や協同組合などのインフォーマルな中間的な相互扶助組織の役割への再評価，等々の問題関心が共有されてきた（高田・中野編 2012; 田多編 2014）[13]。とくに以下で整理するとおり，福祉給付を（懲罰やスティグマを伴う）「恩恵」から「権利」としてのシティズンシップへと発展させる役割を果たしたのは国家の社会保険制度であるが（武川 2007: 226），その形成過程おいては中間的な相互扶助組織の仕組みを引き継いだ面が少なからずある[14]。

この項では，近年の社会政策史研究の中でも，とくにイギリス，フランスそして日本に関するものを取り上げ，それぞれの国の中で浮上した「社会問題」が何であったのか，それに対して構想・試行された社会政策がいかなるものであったのかについて，以下に整理しておきたい。

イギリス――救貧法体制の克服と自立した「市民」の育成

1601 年のエリザベス救貧法以来，一般的な救貧制度が存在してきたイギリスでは，一方では産業化と都市化によって本来の機能を果たせなくなっていた救貧法体制を改革し，他方では財政負担軽減のために救貧制度に依存しない自立した人格を形成していくという，二つの問題が社会政策において取り組むべき課題となっていた。

イギリスの救貧法は貧窮者の救済というよりも浮浪者の取り締まりを主目的とするものであり，困窮者を労働可能な貧民と労働不能な貧民に区別し，前者を労役場 (workhouse) に収容するものであった[15]。救貧法を実施する主体は地域共同体としての教区で，経費は教区の住民から徴収する固定資産税である救貧税からまかなわれていた。18 世紀以降，工業化と都市化による社会変動によっ

て教区共同体に基づく救貧法体制は動揺し、それに対して1782年のギルバート法による院外救済の導入や、1795年の直接的な賃金補助であるスピーナムランド制度による人道主義化の方向が一時期模索されたものの、労働者の怠惰を促進しているという批判をかえって激化させた。そして救貧行政の集権化と効率化が図られ、1834年に均一処遇、劣等処遇原則、院内救済という三つの原則に基づく新救貧法が成立し、被救済者はシティズンシップを剥奪されるという過酷な措置が採られることになった。

長谷川（2013）は、以上の救貧法体制の歴史的な背景として、18世紀以来、友愛組合や慈善団体などのヴォランタリズムに基づく中間団体が叢生・発展していたことが、この時期の社会政策をめぐる議論の前提になっていたことを明らかにしている。たとえば18世紀以降、熟練労働者の相互扶助組織としての友愛組合が、フランス革命への対応として労働組合が禁止されたこともあり、農村から都市に移住する若い労働者を組織して発展していった。友愛組合は週ごとに組合費を徴収して、疾病の手当て、医療、埋葬、遺族年金などを提供する社会保障の役割を果たすとともに、宗教的な祭礼の主催など祝祭的な機能も併せ持っていた（長谷川 2013: 52-8）。1834年の新救貧法体制も、地域における多様な中間団体と、それらを相互に調整する「福祉複合体」の存在を前提にしたものであり、そうした福祉複合体における情報の収集と流通の役割を担う全国的な団体が形成されることを通じて、「のちにいわれる『ナショナル・ミニマム』の確立を先駆的に志向することになったという意味で、福祉国家の起源とも言うべき役割を果たした」（長谷川 2013: 238）。

新救貧法体制における「福祉複合体」を象徴する存在が、1869年にロンドンで多種多様な慈善団体を組織化・連携させていくことを目的に設立された、慈善組織協会（COS）である。この組織に理論的支柱を与えたヘレン＆バーナード・ボザンケ夫妻は、貧困者を

「市民精神」をもった自活可能な「貧窮者」と，自立不可能で市民精神の回復が望めない「窮乏者」とに厳格に分離し，前者を民間の慈善組織や近隣および家族が支援し，後者のみが政府の救貧行政が責任を負うべきとした[16]。慈善組織協会はこの審査と選別を厳格に行うための，ケースワークの技法を発展させていくことになる。

新救貧法体制は，19世紀末に院外救済のなし崩し的な拡大と，「失業」という新しい社会問題への対応などをめぐって深刻な限界に直面する。さらに，チャールズ・ブースの貧困調査などを通じて，貧窮が個人の勤労意欲や生活習慣などではなく，低賃金などの「社会的」な要因で起こっているという認識が広まっていった。こうして新救貧法の抜本的な改革が求められる中で，ベアトリス＆シドニー・ウェッブ夫妻は，新救貧法とCOSのように既に存在する貧窮者への厳格な審査や事後的救済ではなく，政府が全国民に教育，労働時間規制，最低賃金規制などを内容とする「ナショナル・ミニマム」を保障して貧窮を未然に予防すべきことを主張した（江里口 2008）。これは，救貧法体制下の福祉給付に対する人々の依存的性格をいかに撲滅していくかという点において，COSと全く同じ課題を共有するものでもあった。ウェッブ夫妻のナショナル・ミニマム論は，あくまでイギリスの産業発展と勤勉で自立的な労働者の育成という観点から構想されたものであり，それゆえ政府による強制的な社会保険制度の導入には，自主独立の倫理と精神を失わせるものとして全面的な反対の立場を採り，友愛組合などの自発的な組織の活用と公的補助の組み合わせを提唱した（江里口 2008: 142-52）。1911年に自由党のロイド・ジョージ政権の下では，健康保険と失業保険を併せた国民保険法が成立することになるが，そこでは疾病手当て給付などの保険事業の財政運営において，友愛組合をはじめとする各種の認可組合の自律性に委ねられていた[17]。

一般に戦後西側世界の社会保障制度の青写真を描いたと評価され

るウィリアム・ベヴァリッジも、その有名な『社会保険および関連サービス（ベヴァリッジ報告）』(1942) だけではなく、『自由社会における完全雇用』(1944) におけるケインズ主義的な経済政策論の展開や、『自発的活動』(1948) におけるヴォランタリズムの役割の重視などに光が当てられるようになっている（小峯 2007; Backhouse and Nishizawa ed. 2010=2013; Oppenheimer et al. ed. 2011）。もともと「自由社会」を理念に掲げるベヴァリッジは、社会保障制度と完全雇用は共同体と連帯感を通じた「市民の義務」によって補完されてはじめて機能すると考えていた（小峯 2007: 401）。彼が社会保険制度を通じた「均一拠出・均一給付」の原則にこだわったのも、それが自立した「市民」を育成するという理念に基づくものであった（一圓 2014: 281-2）。それゆえ、当時の労働党政権が掲げる集権的な福祉国家体制には批判的な立場を採り、友愛組合と協力して『自発的活動』の報告書を書き上げ、友愛組合の伝統を再建すべきことを主張した[18]。その中でベヴァリッジは、「最後に人間社会は友愛組合となるだろう。そしてそれは、支部からなる支部連合型友愛組合（Atfiliat Order）的なものであり、大規模なものもあるが、多くは小規模で、各々が自由の名のもとに自らの生活を営み、公共の目的により、あるいはその目的を果たすべく連繋していく」という (Beveridge 1948: 324)、友愛組合の自治を基礎とした福祉社会を構想している（梅垣 2010: 41）。

　以上のように、近代イギリスにおける社会政策の歴史的展開について、慈善団体や友愛組合のインフォーマルな福祉・救済事業の自律性を産業化の要請の下で国家が掘り崩していった、という図式で理解することはもはや適切なものではなくなっている。むしろ、慈善団体や友愛組合の伝統の中に存在していた、政府の救貧政策に依存することのない勤勉で自立した「市民」をいかに育成していくかという課題を国家が積極的に引き継いだ、という歴史的な文脈の中

で，イギリスで福祉国家が先駆的に形成された要因もはじめて理解可能なものとなる[19)]。「共同社会」における市民の忠誠と義務の問題に強い関心を寄せていたマーシャルのシティズンシップ論も，まさにこうしたイギリスの歴史的文脈の中に改めて位置づけ直していくことが必要になるだろう。

フランス——中間的組織の再建と「社会的連帯」の思想

　フランスでは，革命によって成立した国家と個人の二元論に基づく社会契約論的な秩序原理を問い直し，救貧・防貧のために中間団体と「社会」をいかに再建していくのかが，社会政策が取り組むべき重要な課題となった（Castel 1995=2012; 田中 2006）。1791 年の人権宣言では，「公的扶助」の責務という生存権が明記されたものの，実際には政治的な混乱もあり，教会による慈善事業を縮小・解体させただけで，地方自治体があくまで任意で設けていた救貧事務局や病院・救護院などの他は，イギリスの救貧法に相当する救貧制度も創設されなかった（田中 2012: 123-8）。

　七月王政期の 1830 年代頃から，産業化と都市化による「新しい貧困」の問題の出現に対して，国家と個人の間の空白を埋める役割を果たすものとして，地域・職域で組織化された「共済組合」がインフォーマルな形で発展した。共済組合の業務は疾病給付を中心として，災害給付，老齢年金，遺族給付など非常に多岐にわたっていた。「共済組合は正真正銘の家族であり，私的な家族が持っているほとんど全ての特徴を持つものとならねばならない」とされていたように（Castel 1995=2012: 275），共済組合は自発的な結社というよりも家父長制的な原理に基づく共同組織であった。ルイ＝ナポレオン・ボナパルトの第二帝政は，共済組合の活性化を奨励するとともに，市長および主任司祭および名望家である「名誉会員」による監督という規制を課すことによって，それを地方行政の中に統合して

いった。第二帝政における共済組合は、とりわけ「パトロナージュ」と呼ばれる、経営者のパターナリズムに基づく企業内福祉の体制を前提としたものであった。ボナパルティズムの時期までは、パトロナージュのような言わば「未成年状態にある者にたいする啓蒙的後見の執行が支配する空間」が「社会的なものの代替物」となった (Castel 1995=2012: 287)。

　第三共和制で掲げられた「社会的連帯」の理念は、以上の共済組合を含む中間的な相互扶助組織の伝統を下敷きにしたものであった。19世紀フランスの社会経済学派を代表するシャルル・ジッドは、第二帝政期のフレデリック・ループレのようにパトロナージュや家族、伝統的宗教の役割を強調するものではなく、「社会的連帯」という言葉を積極的に掲げ、とくに雇用主と労働者が階級対立に陥ることなく相互に協調できるものとして、消費協同組合の役割を重視した（重田 2010: 152-4）。ジッドの社会連帯主義は、消費の問題を入口として、次第に卸売、生産へと経済組織全体の協同組合化を順次推し進めていき、最終的に「協同組合共和国」の体制が成立していくという構想を持つものであった。

　第三共和制下で首相もつとめたレオン・ブルジョワは、契約論的な視点から、人間は生まれ落ちた瞬間から社会から受ける様々な恩恵や利益などの「負債」を抱えた存在であり（「準契約」）、この社会からの負債を返済する義務と言う観点から、社会保険制度という、病気・失業・老齢などのリスクを保障するシステムに各人が平等に参加する義務を有することを主張した (Castel 1995=2012: 307-8)。ブルジョワは「社会的連帯」における国家の主導的役割の必要性を認めるものであり、全ての労働者と農民に年金加入の義務化を定める退職年金法をめぐって、ジッドの協同組合主義を厳しく批判している（田中 2006: 241-2）。しかし他方で、ブルジョワにおいても「社会的連帯」の中心に共済組合をはじめとする中間集団の自治

が位置づけられており,事実,第三共和制は1898年に共済組合が自由化されて,その数と活動範囲が急速に拡大していく時代であった(田中 2012: 135-8)。

カブリエル・タルドの「アソシアシオン」やエミール・デュルケームの「有機的連帯」(および同業組合への期待)など,フランスにおける創成期の社会学も,以上のような共済組合や協同組合などの中間集団の形成と確立が強く求められていた時代と深く関わっている[20]。彼らは「アソシアシオン」や「有機的連帯」の理論を,政治思想や社会哲学としてだけではなく,当時のフランスにおいて族生しつつあった,中間団体や協働の実践の経験の中からも導き出した。

フランスにおける社会保険制度の設立も,国家の単一金庫への加入ではなく,各地域や職域の保険機関の加入を原則選択自由とし,既に共済組合に加入している者は共済組合金庫に加入するという,「共済組合原則」に基づくものであった(廣澤 2005b)。1898年にフランスにおける最初の社会保険制度である労災補償法の設立は,国家が直接運営する強制保険ではなく,使用者が任意の責任で加入する形式を採用し,共済組合をはじめとする多種多様な組織が保険業務の運営を担った。1910年に成立した労働者農民老齢年金保険法は強制保険であったが,制度の管理運営は共済組合組織の任意に委ねられ,第一次大戦後に至るまで定着しなかった。第一次世界大戦後には,戦災者や寡婦・孤児の問題の発生で社会保険制度設立の世論が高まる。1928年に,疾病・障害・老齢・死亡・出産などに対して給付を行う社会保険法が成立するが,共済組合は政府の下に統一された単一金庫の原則に強行に反対した。この反対を受けて1930年に修正された社会保険法では,共済組合が設立した金庫が政府の設立する金庫と同格のものとして承認されることとなった(廣澤 2005b: 15-8)[21]。

以上のように，近年のフランスに関する社会政策史の研究は，共済組合などの中間的な相互扶助組織の果たしてきた歴史的な役割に言及するものが多く，フランス革命以来の中央集権による強力な国家の主導的役割というイメージは根本的に相対化されている。事実，フランスでは「福祉国家（État-Providence）」という概念は1960年代に至るまで，長らく批判的な文脈において，右派だけではなく左派的な労働組合からも侮蔑的な表現として用いられてきた（廣澤 2005a: vii‐viii, Castel 1995=2012: 309-10）。また第二次世界大戦後の社会保障制度も，「社会的連帯」の理念と社会保険原理の下に，使用者と被用者による当事者管理主義によって，非国家的な団体・組織を通じて自律的に運営されてきた（廣澤 2005a）[22]。フランスの福祉国家における，一方では普遍主義的な平等の理念に基づく政治文化と，他方では社会保障制度における「保守主義」的な性質（職域による社会保険制度の分立）という一見した矛盾は，共済組合をはじめとする中間集団の位置づけに焦点を当てることで，はじめて理解可能なものとなる。

日本――「隣保相扶」の「社会連帯」

　日本については，第2章と第4章でも詳しく触れる予定であるので，ここでは簡単な要点だけにとどめておくことにする。

　1874年に制定された恤救規則は血縁や地縁による扶養を期待できない「無告の窮民」のみを対象とした施策であり，理念的にも救済の水準においても公的扶助制度とは異質なものであった。1900年代になって，明治政府と内務省は地方行政改革の一環として，民間慈善事業の組織化と感化救済事業が推し進められるが，そこでは地域における相互扶助（「隣保相扶」）を原則として，地域の篤志家のリーダーシップによって人々の独立自営を奨励することが図られていく。1920年代になると内務省は，ドイツのエルバーフェルト制

度を参考にして，篤志家が無給の名誉職として同じ地域の貧窮者を調査・指導するという方面委員制度を推進し，1929年にこの制度の上に，政府の救済義務を定めた公的扶助制度である救護法が成立する。方面委員制度と救護法を支えた思想は，1920年代に内務官僚を通じて受容されたフランスの「社会連帯」の思想であったが，それは国家（およびそれと外延が完全に重なる「社会」）に対して能動的に貢献する能力と義務を持つ国民の育成という論理に基づくものであった（池本 1999; 冨江 2007）。

社会保険制度の形成過程においては，「産業組合」が重要な担い手となった。1900年の産業組合法の制定以降，地方行政の再編と組織化を目指す明治政府の指導・奨励により産業組合が設立され，1910年代半ばには全市町村の9割以上にまで普及していた。1930年代の農業恐慌の中で，内務省は農村の「自力更生」の号令の下に産業組合の役割を重視し，各県行政は無医村の廃絶を目指して医療利用組合の組織化を推進して組合病院の設立などを行っていく（高岡 2013）。内務省社会局は1930年代の農業恐慌による農村窮乏への対処として医療保険制度の設立を目指す際に，地縁に基づく「隣保相扶の精神」を組織化する役割を果たすものとして，産業組合を社会保険事業の運営を代行する組合に位置づける。医師会と産業組合との激しい対立を経て，最終的に「健民健兵」という総力戦の要請が後押しする形で，1938年に国民健康保険制度が成立する（青木 2017）。

以上のように，日本では方面委員制度にせよ産業組合にせよ，現実における貧困の深刻化への対応というよりも，まず国家と政府が未然に社会問題を設定し，とくに篤志家を中心とする地域社会における「隣保相扶」に委ねるという形で社会政策が展開されていくことになった。これが日本の社会政策にいかなる固有の課題と困難を与え，シティズンシップの理念を形作っていったのかについては，

第2章と第4章でそれぞれ検討していくことにしたい。

3. 貧窮問題と中国の近代

　中国では清朝末期の19世紀以来，国家の統治権力の弛緩を背景にして，大小の慈善事業が族生していた。中華民国期（1912-1949）においても，各地方救済院規則（1928），各地方倉儲管理規則（1930），合作社法（1934），社会救済法（1943）など，様々な社会政策立法が策定・施行されている。これらの社会立法は，実際の貧窮問題の解決にどこまで貢献できたのかはともかくとして，少なくとも解決すべく努力する数多くの人々の営為が存在してきた事実を証明するものだろう。

　しかし，近代中国の慈善事業や社会政策の歴史については，共産党政権の成立後に少なくとも組織や立法の水準では完全に解体・消滅してしまったこともあり，1990年代に至るまでまとまった研究が存在してこなかった。1990年代半ば以降になると，英語圏での中国の近世・近代における「公共領域」の成立をめぐる議論に触発される形で，日本や台湾・香港で明清期の慈善事業に関する研究が登場するようになった（梁其姿 1997, 夫馬 1998, 小浜 2000）。とくに2000年代半ば以降は大陸中国においても，市場経済化の急激な進展に対して遅れていた社会保障制度の整備が喫緊の政治的課題になるという背景の下——とくに胡錦濤政権における「和諧社会」のスローガンの後押しで——民国期の社会政策の意義に光が当てられるようになり，急速に研究の蓄積が進んでいる。

　これらの研究の内容としては，大別して以下の三つに分類することができる。

　一つ目は中華民国政府，とくに1928年以降の蒋介石・国民党政権（以下慣例に従って「国民政府」と呼ぶ）の社会政策立法に関する研

究である。国民政府の社会政策立法を過不足なく整理している岳宗福（2006），1920年に成立した賑務処をはじめとする災害や疫病に対する予防や救済のための立法や公共事業政策を扱っている楊琪（2009），さらに監督慈善団体法（1928）をはじめとした，民間の慈善事業を統制かつ効率化するための様々な立法を詳細に検討している曾桂林（2013）などを挙げることができる。さらに沈（2014）は，民国期の社会政策立法を共産党根拠地の社会革命事業との比較を通じて概観し，両者が対立しているだけではなく相互に浸透し合っていたことを指摘している。

二つ目は，民間の慈善事業や社会改良事業に関する研究であり，研究の量という点では最も充実している分野である。明清期から近代の初めにかけての伝統的慈善事業を扱った梁其姿（1997）や夫馬（1998）を皮切りに，2000年代以降は大陸中国を中心に民国期の慈善事業を対象として，上海（汪華 2013），北京（王娟 2010），天津（任雲蘭 2007），寧波（孫善根 2007），山東省（王林 2012），湖南省（向常水 2015），貴州省（余太興 2011）などの，各都市・各地方の詳細な事例研究が蓄積されるようになっている。さらに，慈善団体である中国華洋義賑救災総会について，協同組合（合作社）を積極的に活用するなど，この時期の中国における民間の救済事業としては稀有な成功例として注目されるようになっている（蔡勤禹 2005；菊池 2008；薛毅 2008）。これらの研究の多くは，国家と（民間）社会との関係のあり方に焦点を当て，両者が対立・緊張関係にあったのではなく，そうした二分法には必ずしも還元することのできない，協調的もしくは混淆的な関係にあった――と同時に，国家による統制も慈善団体による自主的な管理も不十分であった――ことを明らかにしている[23]。また合作社運動に関する研究の進展も著しい（第2章を参照）。

三つ目は，干ばつ・飢饉を中心とした自然災害および災害救援

活動に関する研究である。この分野は，鄧拓が1937年に若冠24歳で執筆した『中国救荒史』という古典的研究がある（鄧拓［1958］2011）。災害史への取り組みは比較的早く，1985年に歴史学者の李文海が中心となって近代中国災荒研究課題組という研究チームが結成され，1990年代以降に『近代中国災荒紀年』などの研究成果が刊行されている（高橋 2006: 9-12; 把増強 2013）。この10年ほどの研究業績としては，前述の楊琪（2009）が中華民国政府の防災・救災の政策や活動を概説しているほか，1876-78年に華北地方を襲った「丁戊奇荒」を扱った高橋（2006），第1章で詳しく取り上げる1920年華北大飢饉の研究である陳凌（2006），とくに被災規模が甚大だった河北省の社会環境から飢饉の発生要因を検討している池子華他（2011），貴州省の自然環境や社会経済と飢饉との関係を検討している欧陽恩良編（2011），南京国民政府期における河南省の災害状況と救災施策を詳しく整理している武絶艷（2014），民国期の救災施策に関する思想と議論を広く検討している文姚麗（2014）などの研究を挙げることができる。

　以上に挙げた様々な研究は，それまでほとんど無視あるいは軽視されてきた，近代中国における慈善事業や社会立法に関する歴史的事実を丹念に掘り起こしている点で極めて貴重かつ重要な業績であり，本書の各章でもかなりの程度活用されている[24)]。これらの実証研究の成果の上に，本書があらためて取り組もうとしているのは以下の二つの課題である。

　一つには，この時期の救済事業と社会政策を支えていた思想が何であったのかを描き出していくことである。それは，単に個々の為政者や知識人の思想というだけではなくて，例えば「一盤散沙（ばらばらの砂）」のような，中国社会の構造的な特性への自己理解などについての，彼らの間で広く共有されていた認識のカテゴリーをも含むものである。

そしてもう一つは，救貧の政策と事業がシティズンシップ（メンバーシップにおける権利・義務）として再定義される際に，その社会的な基礎である「共同社会」における中国の固有の特徴を，「比較」という社会学的な方法を用いて明らかにしていくことである。そこで本書では，必ずしも全面的なものではないが，比較の具体的な対象として日本の事例を取り上げていくことにする。ここで中国と日本とを比較するのは，20世紀前半の時代に，両国が東アジアという非西洋地域の中で，社会的権利の形成を主体的に目指した経験を持つ貴重な事例であると考えるからである。

もちろん民国期中国の社会政策について言えば，ともかくも戦前・戦時に導入された社会保障制度が戦後に受け継がれている日本とは異なり，共産党政権以降に全く継承されなかっただけではなく，当時における政策の実効性や影響力という面でも（とくに先に検討したイギリスやフランスの事例と）比較可能な内実を備えているとは言い難い。しかし，本書が着目するのは，そうした実効性や影響力ではなく，近代の中国も明確に比較可能な経験を有する以下の二つの事実である。

一つには，貧窮者に対する救済をどのように正当化し根拠づけるのかという，救済事業を立ち上げ社会政策を立案した人々の思想的な営みである。そしてもう一つは，そうした思想を事業や政策として実践的に展開していこうとする際に，彼らが直面してきた様々な課題や困難——例えば先に各国の事例で取り上げたような，慈善団体や協同組合などの既存の中間団体による相互扶助の伝統をいかに再編・統合していくか——が，その国の社会政策の固有性を規定してきた事実である。そのように本書の関心は，民国期中国の救済事業や社会政策を，単に中国における福祉国家形成の挫折した先駆的な試みとして評価していくことにあるのではない。むしろ，上述の思想と実践における試行錯誤そのものが抱えていた可能性と限界が

何であるのかについて,比較歴史社会学的な手法を用いながら,その中国に固有の輪郭を描き出していくことを目指すものである[25]。

以上のように本書の中心的な課題は,通常の社会政策史研究のように,社会政策の立法や制度の成立過程だけではなく,社会的権利の形成を目指した統治者や集団・組織の思想と実践の営みそのものを,その失敗や試行錯誤の経験を含めて記述・分析していくことにある。そうした作業を通じて,中国の社会政策および近代化のプロセス全体が最終的に「社会主義」に帰結せざるを得なかった背景の一端を解き明かしていくだけではなく,そうではない他の有り得た様々な可能性を照らし出していくことが本書の大きな目標である[26]。

4. 本書の構成

本書では,1920年代から40年代前半という比較的限定された時代の中国の近代において,飢餓や貧窮が「社会問題」として認知されるようなってから社会的権利の制度が成立するまでの,政府や民間の団体,学者などによって様々に展開された思想と実践を検討する。具体的には,1920年の華北大飢饉から日中戦争の最中である1943年の社会救済法の成立までの時期を対象としている。

本書の構成は以下の通りである。

第1章では,近代中国において貧窮が社会問題として立ち現れる歴史的な起源として,犠牲者50万人,被災者3,000万人と言われる1920年の華北大飢饉を取り上げる。ここで華北大飢饉に着目するのは,被害の規模が未曾有のものであったからでは必ずしもなく,国家・政府が被災者の生存と生活を保障する義務があるという規範が,はじめて真正面から語られる契機となった災害事件であるからである。そして,そうした契機となった歴史的背景に,当時新

しいメディアとし急速に成長しつつあった新聞の報道競争の中で華北大飢饉が大々的に報じられたことを指摘する。それに加えて，やはり新たな都市の知識階層である学生が，前年の1919年の五四運動における成功体験の高揚感をそのままに，この大災害の救援や調査に積極的に関与することで自らの中国社会の先導者としての存在を証明しようとしたことにあることを論じる。

第2章では，華北大飢饉の被災者救援活動を中心的に担った華洋義賑会の「合作社」の事業について検討する。具体的には，華洋義賑会が合作社を設立・運営する際の共同性と連帯の原理と，それを中国に構築するための困難や課題が何であったのかを，日本の産業組合政策や柳田國男の産業組合論との比較を通じて描き出していく。とくに，成員資格の理念と表象の問題に焦点を当て，華洋義賑会の合作社における定款（章程）において定められていた加入の要件や手続きだけではなく，「社員」として相応しいと見なされていた人物像が何であったのかについて，機関誌における論説の分析を通じて明らかにしていく。それと同時に，そうした成員の表象が貧農を包摂する際の限界になっていたことについても指摘する。

第3章では，華洋義賑会の合作事業における理論的な指導者であった于樹徳の合作社論を検討し，いかにして協同組合の原理を貧窮者の救済に適用しようとしていたのか，その困難や課題がどこにあったのかを明らかにしていく。とくに于樹徳がその初期の言論において，柳田國男と同様に，地域自治的な備荒貯蓄制度である「社倉」の伝統の再建を主張していた事実に着目し，中国の協同組合における共同性の固有の特徴を描き出していく。その上で，第2章で検討した華洋義賑会の合作事業が直面していた課題や困難に対して，于樹徳がいかに取り組み解決しようとしたのかを示していく。

第4章では，近代中国の社会問題と社会政策の発生における社会調査の歴史的な役割を，社会学者である李景漢の社会調査の思想

と実践を通じて明らかにする。李景漢だけではなく，当時の中国の社会学者たちの多くは学術的な「調査のための調査」を否定し，とくに貧窮が深刻であった農村の社会改良に資するものとして，社会調査の役割を位置づけていた。それは，単に李景漢たちがアメリカの社会改良的な社会調査から直接的に学んだというだけではなく，社会調査に応じるだけの生活の余裕も知識も絶望的なまでに不足していた農村住民をいかに調査に協力させていくか，という実践的な関心に基づくものであった。そして，そうした社会調査の経験の中から，李景漢が都市ではなく農村こそが中国の社会問題の中心であることを確信し，そしてその解決の手段として合作社に期待するようになるプロセスを描き出していく。

第5章では，中国で最初の社会的権利としての意義を有する公的扶助制度である社会救済法（1943）が成立する歴史的なプロセスを，日本の救護法（1929）との比較を通じて描き出していく。とくにここで比較の焦点となるのは「慈善」という概念である。両国では共通して，社会的権利が制度化されるに当たって，「社会救済」および「社会連帯」という理念および概念を用いて，人々の自営・自立を促進する能動的な救済の思想が喧伝される一方で，他方では「慈善」が克服されるべき依存的で消極的な救済として否定的に意味付けられるようになっていく。この章では，「慈善」の中の具体的にいかなる要素が「社会救済」「社会連帯」を阻害していると考えられていたのかを記述・分析した上で，日本との比較を通じて，社会的権利における共同社会を統合する核となる原理として何を想定していたのかについて，その中国的な特性を明らかにしていく。

第6章では，社会救済法の策定に深く関わった社会学者である柯象峰における社会政策の思想を検討する。柯象峰はフランスのリヨン大学に留学経験があり，ガブリエル・タルドの社会学や社会連帯主義の思想に深く影響を受け，人口問題や社会政策の研究に従事

している。とりわけ，彼が1940年代に展開した「社会救済」の思想が形作られていく過程に着目し，その中における中国に固有の「社会連帯」の論理が何であったのかを明らかにしていく。社会政策学者としての柯象峰自身は，独創的な思想や理論を展開した人物とは言い難い。しかし，彼が「社会救済」の実現を目指す際に，例えば既存の中国の救済事業に関する厳しい否定的評価など，中国社会の現実の中で直面した様々な課題や困難に関する記述が，それ自体において独自性を有する貴重な証言ともなっている。この章では，柯象峰の「社会救済」の思想を彼の論旨に即して要約的に紹介するよりも，主に彼の直面した問題状況に焦点を当てた記述と整理に努めていくことにする。

　終章では，本書を通じて明らかにされた論点を要約し，近代中国の救済事業と社会政策の思想における「共同社会」に固有の特質がどのようなものであったのかについて明らかにしていきたい。

注
1) 「適度普恵」については沈・澤田編（2016），「精准救助」については唐鈞（2017）を参照。
2) もちろん，こうした問題関心は社会学の特権では決してない。たとえば，村田（2012）は歴史学における思想史の類型の一つに「主題型」を挙げて，「ある主題にもとづいて史料を渉猟し，特定の時代における表象や観念の布置状況を叙述するタイプの思想史」「テクストの作者＝主体の『意図』や『動機』を同時代の文脈（社会的コンテクスト）に開いて，『現実』との相互作用を探究する方法」と定義している（村田 2012: 204）。最終的に明らかにすべき対象が思想にあるのか，それとも「社会」にあるのかの根本的な違いはあるものの，本書のスタンスもほとんどこれで説明尽くされている。
3) とくに1990年代以降に隆盛したシティズンシップ論の動向については，Joppke（2010=2013），田中（2011），中村（2012），樽本（2012），亀山

(2013) に詳しい。マーシャルに対する批判の系譜と, 擁護および再評価の動きについては, Heater (1997=2002: 31-44), 中村 (2012: 138-40) で整理されている。
4) ベンディクスはシティズンシップが単に不平等を消滅させるのではなく, 労働組合のような特定の利害関心を共有する団体が新たな特権と不平等を生み出す事実にも触れている。むしろそのような, シティズンシップとその中から生まれる個別集団の力との間の緊張関係をいかに緩和してくかというダイナミズムこそが, 西欧社会において全体主義とは異なる代表制民主主義を発達させてきた, というのがベンディクスの提示した論点であった (Bendix 1964=1981: 158)。
5) 以上のベンディクスの叙述は, 現在の目から見ると戦後アメリカ社会学における近代化論の典型に見えるが, 近代化論全盛時における彼の目的は, あくまで非西欧社会を含む各地域の近代化の多様な経路を記述・分析するための枠組みを構築することにあり, むしろ伝統社会から近代社会へというリニアな近代化論への批判を意図するものであった (Bendix 1964=1981: 13)。
6) 「ポストナショナル」なシティズンシップをめぐる研究の動向と論争については, 樽本 (2012) 第1章に整理されている。1990年代のこうした潮流に対して, 2000年代半ば以降はネオリベラリズムの動向を踏まえて, むしろ国民国家内部におけるシティズンシップの縮小あるいは再定義としてとらえる議論が増えている。例えばSassen (2006=2011) は, 二重国籍のような国民概念の拡張などのシティズンシップの変容は, 裁判所や国内法といったナショナルな国家の諸制度を通じて実現されており, それは国家の一体性を解体しているというよりも, 国民国家の諸制度それ自体が, その内部から「脱ナショナル」化していくプロセスを示すものと論じている (Sassen 2006=2011: 第6章)。さらにJoppke (2009=2013) は移民研究の立場から, 近年の欧米諸国におけるシティズンシップはナショナリティよりも「人権」の論理と融合するようになり, 国家が要求するアイデンティティも「リベラル・デモクラシー」に収斂化して「普遍的で包摂的な方向へと進化し続けている」ことを指摘する。その上で, それは国民的な権利の拡張なのでは決してなく, 強い義務感に基づく共同性や特定の文化的内容を伴うことのない「軽いシティズンシップ (citizenship light)」への変容を意味するものと解釈している (Joppke 2009=2013: 46-50)。また「ポストナショナル」なシティズンシップの象徴であるEU市民権についても, Kivisto and Faist (2007) は, それは国民国家を超え

るものではなく，例えば EU 域内の外国に移住した人の社会的権利を保障する手続きを各加盟国に要求するなど，あくまで「国家と国家を超えたレベルの双方で行われている政治的な選択や政策決定のインタラクティヴなシステム」という性質を持った，「入れ子状のシティズンシップ（nested citizenship）」であると表現している（Kivisto and Faist 2007: 124）。
7) 以上の訳文には，筆者が若干の改訂を加えている。community をどう訳するかについては，本書では岩崎・中村訳（Marshall [1950]1992=1993）に従い，あくまでシティズンシップ論の文脈に関しては一貫して「共同社会」という訳語を当てることにする。
8) ここでは一例として，マーシャルのシティズンシップ論を解説した，以下の一節を取り上げておく。「ここで注目したいのは，近代的シティズンシップにおいて前提とされる共同体とは，主権国家である点である。すなわち，近代的シティズンシップは『そもそもの定義において国家的／国民的 national』であり，それ以外の共同体の構成員であることに付随するであろう権利や義務に関しては，シティズンシップをめぐる議論から排除されている」（岡野 2003: 40）。
9) 「産業的シティズンシップ」の中身が具体的に何であるのかに関して，マーシャルの 1945 年における「仕事と富」という短い講演から理解することができる。その中で彼は，「全ての勤労者 worker は市民であり，そして私たちは全ての市民が勤労者であるべきだと期待するようになった」ことを，「シティズンシップという民主主義的な概念」の特質として説明している（Marshall 1963: 220-1=1998: 258）。さらにマーシャルは，勤労者は政府の産業的な問題への対処や社会保障政策に対する信頼を通じて「市民の完全な権利と尊厳を享受していることを知らなければならない」だけではなく，「彼が働いている産業単位，つまり工場という小宇宙におけるある種のシティズンシップにあてはまるという感覚」を形成していくことの必要性を説いている（Marshall 1963: 230=1998: 270-1）。そのようにシティズンシップの核心に「工場共同社会のメンバーシップ」を見ていたマーシャルはまさに，ロベール・カステルの言う，20 世紀半ばの「賃労働社会」の申し子であったと言うことができる。
10) この問いに基づく歴史社会学的な研究の一つとして，戦前期日本の社会事業思想に関する冨江（2007）の研究を挙げることができる。冨江はマーシャルなどを引きつつ，シティズンシップにおける共同社会への義務，とくに国家に対する「国民」の義務を要請するという側面を指摘し，「シティズンシップは，その基盤である『国家』や『社会』という共同社会そのも

のの暴力からは，個人を守ることができない」という限界を持っていることを指摘する（冨江 2007: 283）。その上で，戦前期の日本の救貧政策に表れているシティズンシップが，個人の国家に対する権利でも「慈善」や「恩恵」でもなく，「困窮者に対して，『国民（臣民）』としての権利義務の主体となるための能動的な努力を要請するもの——つまりシティズンシップへの救済」という性格を持つものであったことを論じている（冨江 2007: 283）。

11) この傾向が福祉レジームの違いを超えた先進諸国に共通のものであることは，Taylor-Goody（2009）および新川編（2015），田中（2017）で記述されている，各国の社会保障政策に関する近年の動向を参照。

12)「いかに市民となるか」という問題の再浮上は，Heater（1999=2002）の提示した区分である，「自由主義的シティズンシップ」に対する「市民共和主義的シティズンシップ」への回帰もしくは新しい転回として評価することもできる（圷 2016）。ただし，この区分を採用する研究では，例外なくマーシャルを「自由主義」の典型的な代表としているが，上述のように彼には「共同社会」への忠誠と義務という市民共和主義的な側面への問題関心が明確に存在していた。こうしたマーシャルに対する評価の問題を含めて，本研究ではここで扱う歴史上の社会的権利の思想や政策論が持っていた多面的な要素を，「自由主義／市民共和主義」の二分法で分析していくことは必ずしも適切ではないと考えるので，この区分を記述概念という以上には用いないことにする。

13) 近代イギリス史研究を中心とする，1980年代以来の福祉複合体論の系譜および批判ついては，長谷川（2015）を参照。比較福祉レジーム論に代表されるこれまでの福祉国家研究において，NPOや協同組合，共済組合などの「社会的経済」の組織の果たす役割が，必ずしも積極的に扱われてこなかったことは，近年次第に批判されるようになっている（Evers and Laville eds. 2004=2007; Pestoff, 2009; 大沢 2013: 113-5）。福祉国家のアプローチは大きく産業化論，権力資源論，歴史的制度主義，文化主義の四つに分類されるが（Béland 2010: 82-9），いずれも国家あるいは中央政府の水準の経済動向，政策と政治過程，社会制度，思想・言説を扱うもので，ここで言う社会的経済の組織の役割を積極的な対象とするアプローチではない。

14) 本章ではドイツの例を扱うことができなかったが，これはドイツの福祉国家形成についても同様である。例えば旧来はビスマルクが社会主義勢力や労働者を懐柔するための，国家主義的な政策として理解されてきた1880

年代の社会保険立法は，1883年に設立された疾病保険の運営など，既存の共済金庫を活用して労働者による自主管理を志向するものであったことが指摘されている（福澤 2009）。
15) イギリス救貧法の歴史については，大沢（1986）および長谷川（2012），矢野（2012；2013）の諸研究を参照。
16) ボザンケ夫妻の思想については，芝田（2006；2013）の研究に詳しい。
17) この国民保険法の策定にも関わったベヴァリッジは，認可組合制度について，様々な欠点があることを列挙しつつ，「この制度は，国の保険が任意保険の基礎の上につくりあげることを可能にし，偉大な友愛組合運動の経験と組織とを社会のより広い分野に行き渡らせることを可能にした」と高く評価している（Beveridge 1942=2014: 44）。
18) 『社会保険および関連サービス』の中でも，ベヴァリッジは認可組合制度の廃止を提言しつつ，友愛組合が政府との協定をあらたに結ぶことで，引き続き保険給付の管理に責任を持つ機関となることを提案している。「友愛組合の協力を得ることによって個々人の問題を地域の実情に即して取り扱うことができるし，さらに現金支給だけではなく病人の福祉一般を十分に考慮できるということである」（Beveridge 1942=2014: 46）。
19) 戦後イギリスの福祉国家が結果として自由主義レジームとなったことの要因の一つとして，しばしばベヴァリッジの影響が指摘されている（一圓 2014）。『ベヴァリッジ報告』それ自体は，一方では普遍主義的な社会保障を志向するものであったが，他方では彼が強くこだわった均一拠出・均一給付による最低限度の保障という原則は，それを補完するための公的扶助と任意保険の役割を大きなものとした。
20) タルドにおけるアソシアシオンは，社会的分業の必然的な産物という点ではデュルケームの有機的連帯と同じであるが，後者が非人格的に制度化された相互依存の体系を前提にしていたのに対して，前者は「発明」という個人の創発性を出発点にした，多数多様な団体の群生状態を想定していた点で異なっていた（中倉 2011: 380-402）。
21) 1925年に著されたマルセル・モースの『贈与論』は（Mauss 1925=2009），こうした社会保険制度の整備の気運が高まっていた時代の雰囲気と密接に関わっている。モースは『贈与論』の結論部において，部族社会における強制的な義務を伴う贈与の体系の原理が，失業や医療，年金などの社会保険制度の整備や，国家，同業組合，共済組合などの様々な団体や集団の発展という形で，フランスを含む現代の西欧諸国に回帰していると論じている（Mauss 1925=2009；重田 2010: 237；佐久間 2011）。

22）1980 年代以降のフランスは，中間団体を主体的な担い手とした労使自治と社会保険原理に基づく「社会的連帯」が，高齢化と介護などに加えて長期失業・若年失業による社会的排除という新しい社会問題に直面し，労使自治に対する国家の介入強化，社会保障財源の租税化や社会参加の促進と支援といった形による再定義が図られるようになっている（Rosanvallon 1995=2006; 尾玉 2010）。

23）「国家」と「社会」の二分法図式は，1999 年初版の鄧正来・亜歴山大（Jeffrey Alexander）主篇（［1999］2005）による中国語圏への市民社会論の本格的な紹介以降，大陸中国の社会学界で広く——とくに中国における国家と社会との「良好な相互作用」の関係を強調する文脈で——用いられてきた分析枠組みであるが，最近は様々なミクロなメカニズムをこの二元論的かつ全体論的な枠組みに単純化してしまうものとして，批判も多くなっている（丁恵平 2015）。本書においては，「国家」「社会」は分析概念にはなり得ないという立場を採り，あくまで記述概念としてのみ用いる。中国の近代および現代中国社会の分析における「市民社会（公民社会）」概念の可能性を追求したものとしては石井・緒形・鈴木編（2017），現代中国における市民社会論の動向については李（2017）を参照。

24）これらの（とりわけ大陸中国における）先行研究に共通する問題点を一つ挙げるとすれば，当時の慈善事業と救貧政策の無力さに関する説明が，全体的に戦乱や政府の腐敗，技術的な未熟さなど，容易に指摘できる背景的要因の総花的な記述にとどまっていることにある。例えば曾桂林は，監督慈善団体法（1929 年）が実効性を持つに至らなかった要因として，行政システムの不安定さ，行政と司法の独立性の欠如，終わりのない戦乱を挙げている（曾桂林 2013: 423-5）。また向常水は，中華民国前期の湖南省の慈善救済事業の欠点として，財政難と戦乱を背景とする長期的な計画の不足，専門的な救済人材の欠如，伝統的な因果応報や迷信の観念，政府と民間慈善団体との意思疎通の不足を挙げている（向常水 2015: 467-72）。

25）ここで言う「比較歴史社会学」は，マックス・ウェーバーに源流を持ち，先に取り上げたベンディクス，ティリー，スコチポルなど，1970 年代以降の英語圏で蓄積されてきた社会学の方法論を直接的に指すものである。言うまでもなく「比較」それ自体は歴史社会学（ひいては社会学一般）の基本的な方法であるが（Lachmann 2013: 4），ここではとくにマクロな「近代化」の歴史的なプロセスの解明に根本的な関心を持ち，先験的に普遍史的な近代化論を設定することによってではなく，近代性を代表するとされる特定のテーマを設定した上で，複数の歴史的な事例を比較分析して記述

していく研究を指すものである。
26) ここで「可能性」と言う場合，最終的に「体制」として公的に制度化されることはなかったが，思想と実践としては歴史的事実として確実に存在し，体制に対しても潜在的な影響を与え続けきた，様々な試行錯誤の営みを指すものである。

第1章 災害体験と貧窮問題の形成
——1920年華北大飢饉

1. 大飢饉の近代中国史

　本章は，1920年に直隷省や河北省などを中心とする華北地方で発生した干ばつによる，被災者3,000万人，犠牲者50万人と言われる「華北大飢饉」の事例を検討する。それを通じて，この災害体験が社会的権利のための前提条件となる，貧窮者を救済すべき政府の義務という規範と「国民」の間の連帯感とを，中国においていかに生み出したのかを明らかにすることを目的とする。

　あらかじめ断っておくと，1920年華北大飢饉は，中国の歴史の中で災害の規模や犠牲者の数において未曽有のものであったわけではない。中国災害史の古典とされる鄧拓（雲特）の『中国救荒史』（初版1937年）によれば，中国の歴史において干ばつは19世紀以降から1940年代に至るまで92件と（鄧拓［1958］2011: 49），3年に2度弱の頻度で発生しており，それ自体はごく「ありふれた」災害であった。とくに，華北大飢饉以上の甚大な被害をもたらした干ばつ・飢饉として，1876年から1878年に華北地方で発生した「丁戊奇荒」と呼ばれる大飢饉（推定犠牲者900〜1,300万人），1928-30年の華北・北西地域で発生した大飢饉（同1,000万人），1942年の河南省を中心とした大飢饉（同300万人），そして1958年から61年の「大躍進」政策に伴う大飢饉（同1,600〜2,700万人）などを挙げ

45

表 1.1　華北地方を中心とした近代中国の主要な災害（1850-1950）

年	場所	災害	省数	被災者数	犠牲者数
1876-79	華北	干ばつ	5	—	900-1,300万
1912	海河	洪水	1	1,400万	—
1917	海河流域	洪水	1	560-80万	—
1920	華北	干ばつ	5	3,030万	50万
1924	海河流域	洪水	1	150万	—
1928-30	華北・北西	干ばつ	8-9	5,730万	1,000万
1939	海河流域	洪水	4	450万	1万3,000
1942	河南省	干ばつ，戦災	1	1,100-1,600万	200-300万

出典：Li（2007: 284）

ることができる[1]（表1.1）。さらに震災や水害そして戦災など，他の種類の災害も対象に加えるならば，華北大飢饉に匹敵する規模の災害は，同時代において決して珍しいものではなかった。

　本章で華北大飢饉を敢えて取り上げるのは，中国の政治体制の枠組みが中華民国という「国民国家」の枠組みへと転換して以降に，最初に経験した大規模災害であったことがある。例えば，同じく華北地方が壊滅的な被害を蒙った清朝体制下における19世紀後半の「丁戊奇荒」では，江南地方の人士からの論評として，飢饉は天の成り行きに任せて貯蓄を怠っていた華北の人々の習性こそが原因であり，いたずらな救済はかえって江南を窮乏に導く危険性もあるという，ある種の自己責任論や地域エゴイズムが多く語られていた（朱滸 2008）。1920年の華北大飢饉においては，本章で検討する通り，少なくとも管見の限りそうした類の議論は全く見られなくなっている。

　華北大飢饉は，被災民は同胞としての「民族」「国民」として無条件に救うべき対象であり，そして国家・政府はその統治下の人々

の生存を護るべき義務と責任があるという,そうした規範がはじめて明確化される契機(少なくともいくつかの重要な契機の一つ)となった災害体験であった。それは,「現在は中華民国であるのに,このように民生が顧みられないのを見ると,まだ以前の清の皇帝のほうがましだった」(「天災中之陝西人禍」『晨報』中華民国九年十月二日)というレトリックの登場からも理解することができる。序章で述べた通り,西欧においては,工業化と都市化に伴う新しい貧困問題を背景に,労働運動などを通じた「シティズンシップ」の拡大・深化や,そうした民衆の社会運動を国家が「国民化」していくプロセスの帰結として社会的権利が成立したと説明されてきた。それに対して,本章では中国における災害体験の果たした歴史的な役割に着目していくものである。

以上の問題意識に基づき,本章は華北大飢饉という災害それ自体の実態ではなく,この大規模災害をめぐって様々に語られた意味や解釈を分析の対象とする。災害の復興プロセスや防災活動などの人々の営みを対象とした社会学的な研究は,とくに2008年の四川大地震や2011年の東日本大震災以降に著しい蓄積が見られるが,災害体験がどのように当事者および第三者によって意味づけられたのか,そしてそうした意味がいかにして人々の意識や政治・社会の変動の方向性を規定してきたのかを,歴史的に分析したものは必ずしも多くない[2]。本章は災害という事象が,それを直接体験していない第三者を含む社会全体にどのような波紋を引きこしたのかという観点から,主に当時の新聞資料を題材として華北大飢饉をめぐる言論を分析していく。

2.「赤地千里」の中国——華北大飢饉の概要

まず1920年華北大飢饉の全体的な情況について,この災害につ

図 1.1　粥廠の前で一日中時間を潰している飢民（黄鳳華 1922: 8）

いての既存研究や当時の新聞記事に従いながらその概略を述べることにする[3]。

　1919 年の夏から秋にかけて，華北地方の大部分で干ばつが発生した。翌 1920 年の夏から秋にかけて干ばつはさらに続き，前年の不作が連鎖的に凶作を引き起こし，多くの地域で収穫が平年の 3 割から 1 割以下という情況となり，直隷，河南，山東，山西，陝西にわたる広大な地域の農村が大飢饉に陥った。とりわけ被害が深刻であったのは，直隷省（現在の天津市と河北省の一部）西部の地域であった[4]。

　華北大飢饉を伝える当時の新聞記事や調査報告は，いずれも被災地の情景を「赤地千里」（見渡す限りの干涸びた大地）と表現している。農民たちは家畜をつぶすだけは全く足らず，糠，木の葉，樹皮，草の根，雑草など，少しでも口に入る可能性のある，ありとあらゆるものを食物にした。幼児は当然ながら，こうしたものを口にするこ

とができずに，死ぬしかなかった（黄鳳華編 1922: 10）。死を免れた子供も，売りに出されるのでなければ，木に縛り付けられて見捨てられ，あるいは井戸や河に投げ捨てられた（李文海他 1994: 140）。さらに，飢饉から逃れるために，あるいは物乞いをするために，当時建設されて間もない鉄道（とくに災害地域を南北に横断する京漢線）の駅や沿線は被災民で溢れ返っていた。食糧を積んだ汽車が到着すると被災民はそれに殺到し，落ちた穀物を争い取るために怪我人や死者が続出した（黄鳳華編 1922: 11）。

　運よく列車に乗ることが出来た者も，地方の役人は飢民の殺到を恐れて省境を越えて下車することを許さず，途中の駅で強制的に降ろされ，そのまま放置されて死ぬ者が後を絶たなかった。さらに京漢線の沿線地域では，コレラなどの感染症といった，干ばつに伴う二次災害も引き起こされていた（李文海他 1993: 9）。

　北京大学の学生であった羅家倫は，京漢線で南に向かっている時に目撃した様子を，以下のように記している。

　　直隷省の南から信陽県に至るまで，ずっと大地が干涸びていた（赤地千里）。災害の状況のひどさは，これまでに見たことのないほどである。荘田は失われ，うぐいす（黄鳥）もおらず，二，三匹のバッタだけが，まだ枯れ草の間を飛び跳ねている。炎天下で目にするのは群れを成す災民ばかりで，汽車が駅に到着する度に痛哭の叫び声がして，聞くに忍びないほどであった。線路上に停まっている貨車にも，災民が群れを成して乗っている。聞くところでは，山西一帯に行くらしいのだが，最近山西からの電報で，彼らが向かうのを許さず，ゆえに途中で止まっているのだという。このような，風雨にさらされて野宿し（露宿風餐），飢えて体が痩せ細っている（鳩形鵠面）様子は，鄭俠の『流民図』[5)]でも表し尽くせないだろう。（羅志希「京漢道上災情目撃

記」『晨報』中華民国九年九月十七日）

　同じく北京大学の学生であった楊鐘健は，陝西省華県に帰省した時の見聞として，飢民は野垂れ死にするのでなければ，食料を隠し持っている家に大勢で押しかけて略奪し（「吃大戸」），さらには本格的に「土匪」になる者もいるなど，「中国の社会は土匪の世界になってしまった」と嘆いている（楊鐘健「今年暑假回家的所得（三）」『晨報』中華民国九年九月十九日）。

　こうした深刻な災害の被害情況と社会の混乱に対して，当時の中華民国・北京政府も 8 月 21 日に大総統令を発布し，山東，陝西，河南の督軍からの災害状況報告に基づいて，それぞれ二万元を配分するという通達を出している[6]。さらに 10 月 16 日以降に，災害救援の専門部署である「賑務処」を設置し，各地方長官の委託を受けた救済人員が，衣食の施与，粥廠（粥の配給所）の設置，工賑（臨時の公共工事）などを実施している（楊琪 2009：70）。

　しかし，これらの救済策は近代以前の「荒政」の域を超えるものではなかっただけではなく，賑務処自身の調査でも，資金調達が非常に困難であること，調達できたとしても地方官による義援に名を借りた着服や不正流用が後を絶たないこと，そして何より地方官で被災地の状況を正しく報告する者が少なく，多くが被災民の困窮に対して無為・無関心であることなどが，繰り返し報告されている（李文海他 1993：14-17）。被災地を調査した学生の一人は，「中国のあの忌々しい官僚，あの忌々しい金持ちは，実に忌々しいことに，こんな時でも燕料理のご馳走を食べ，自動車や馬車を乗り回し，妻を抱きかかえている」（王鑑武「旱災調査員五組報告之二」『晨報』中華民国九年九月三〇日）と，憤りを込めて報告しているように，役人の腐敗は被災地の現場に行くほどむしろ深刻であった。

　華北大飢饉における災害救援活動を主導した慈善組織である中国

華洋義賑救災総会の報告書は，被災地域の範囲は5省317県，被災者総数は1,989万5,114人と報告している（黄鳳華 1922）[7]。しかし，華北大飢饉は比較的規模の大きなものではあったものの，繰り返すように，「飢饉の大地」と呼ばれた当時の中国において（Mallory 1928），そして干ばつの常襲地域であった華北地方において，人々の想定を超えた特異な災害であったというわけではない。これまでと大きく異なっていたのは，この災害を眼差す社会の視線の側であった。そのことを，次節以降で検討していくことにする[8]。

3. メディアの中の災害体験
——ナショナリズムと災害ユートピア

3-1 新聞業の発展と報道競争

　華北大飢饉がこれまで中国が経験した大規模災害と異なるのは，新聞という当時において新しいメディアを通じてリアルタイムで詳細に報道されたことであった。とくに袁世凱が死去した1916年以降，北京政府を強力に束ねる権力が不在になったことを背景に，事実上の「言論の自由」の空間が生まれ，新聞業は飛躍的な発展を見せていた。当時の不完全な調査による推計では，中文紙の数は辛亥革命前の1910年では100未満だったのが，袁世凱政権による収縮期を経て，1919年の段階で360紙を超え，新聞発行部数は1912年の3,700万強から1920年には8,000万部ほどにまで増大していた（戈公振 1927: 304-5；小関 1985: 10-5）。

　華北大飢饉に関する当時の新聞報道は，先の8月21日の大総統令を伝えるものが最初である（「大総統令」『晨報』中華民国九年八月二十二日）。9月に入ると，『晨報』（北京），『申報』（上海），『大公報』（天津），『民国日報』（上海）などの大都市の主要な新聞が，華北大飢饉

に関する記事を積極的に掲載しはじめる。最も早いものとして，上海の日刊紙である『申報』は９月３日の記事で「飢えを耐え忍ぶ者すでに数万人がいま，草，根，木，葉，糠を食とし，一家で食が尽きたために自殺しているものもある」という被災地の惨状を伝えている（「中国北部之大飢」『申報』中華民国九年九月三日）。北京の日刊紙である『晨報』では，９月９日に「本社の緊急通告」として，「今年の北方の凶作・飢饉は数省に広がるに止まらない。一面の干涸びた大地（赤地千里）にあって，政府が対応している様子はなく，輿論もまだほとんど注目していない。……憂時の士がこの焦眉の問題を無視することなく，災害の状況を詳細に叙述し，多くの方法で現実的な対策を考え，人が驚くような思い切った議論を投稿することを強く願うものである」と（「本社緊要啓事二」『晨報』中華民国九年九月九日），「輿論」の喚起を読者＝「憂時の士」に訴えている。この９月９日から『晨報』は「災荒特載」と題する華北大飢饉の特集記事の欄を設けているが[9]，各新聞もこれと競うかのように，一月余りにわたって華北大飢饉に関する記事を掲載している。

このように，華北大飢饉は中国の都市部において新聞という新しいメディアが急速に発展しつつある最中に発生したことにより，新聞の間の報道競争における積極的な対象となり，実際の被害規模以上のインパクトと影響力を「輿論」に対して与えることになった。

3-2 ナショナリズム

協同組合（合作社）の理論家であった于樹徳という人物は（第２章を参照），日本に留学中に故郷（直隷省静海県）にも程近い場所で発生した大飢饉の惨状を知り，その衝撃を以下のように記している。

> わが国の今年の北方四省の大干ばつは，およそ三千万人あまりの人が食物を得ることができず，草や根，樹木や葉がすべて

飢えを満たすための材料となった。現在では草，根，樹木や葉はすべて食べつくされてしまい，冬のおとずれに直面しようとしている。この三千万あまりの人は，いったいどう生活すればよいと言うのだろうか。こうした現象は，20世紀では，われわれ大中華民国特有の現象であり，これは世界のどんな劣等民族・亡国民族でも，われわれがいる場所に追いつくことはできないだろう。実にこれは，地球の全ての場所に自慢することができるものだ。(于樹徳[1920] 1923: 1-2)

華北大飢饉をめぐる新聞の記事や言論の中で多く表現されていたのも，こうした「亡国」の危機意識に基づくナショナリズムであった。危機意識の具体的な内容については，以下の三点にまとめることができる。

第1に，外国の迅速で活発な救援活動に対する中国の緩慢な反応や対応である。もともと華北大飢饉を最初に伝えたのは，外国人宣教師と上海の英字新聞によるもので[10]，中国の政府や新聞はそれに完全に遅れをとっていた。例えば『晨報』の記事では，アメリカやイギリスによる国際的な義援活動の動きを伝えた上で，「中国の北部は急ぎ速やかに救済すべきである。そうしなければ，外国の義援金(賑款)が来たときに，それを行うのが紅十字会であろうと，外債であろうと，飢えた人はとっくに死んでしまっている。急ぎ四億の同胞は，早く行動を起こしてこれらに追いつき，救済に尽力すべきである」と(「北方四十年未有之奇災」『晨報』中華民国九年九月十二日)，「四億の同胞」に対して外国の救援活動に急追すべきことが語られている。

第2に，中国が政治的に「統一」できていない現状への自覚である。当時は，北京の他に広州にも孫文らによる「中華民国」を名乗る軍政権が存在していたが，北京政府内部では1920年7月に大飢饉の被災地を舞台とした戦争(直皖戦争)が展開され，他方で広

東軍政府も分裂し，反孫文派が離反して「南北和議」を目指して北京政府と接触を試みていた。こうした混迷極まる政局騒動に対して，先に取り上げた楊鐘健は，「何が『国民大会』なのか，何が『南北和議』なのだろうか。単に大会が開かれず，和議が成立しないことを心配したところで，それで中国人の大半が餓死することはない」と（前掲「今年暑假回家的所得（三）」），激しい憤りを表明している[11]。「南北統一」の問題に関わる言論については，後に再び取り上げることにする。

最後に，政府の無能力や腐敗である。先にも触れたように，政府の無策や地方官の横暴を非難する記事は数多いが，ここでは保守系の総合誌である『東方雑誌』に掲載された，楊瑞六という人物の文章を以下に引用する。この文章でも，外国の迅速な対応との比較で，自国政府の無策に対する批判が語られている。

> まさにこの巨大な飢饉が発表される以前，政府からはいまだいかなる報告も聞かれなかった。北方の各省は，もともと督軍・省長を持ち，北京も各部機関を持っているが，彼らは毎日自分たちのために平民の膏血を搾り取っている。この種の近くで起こった災難について，彼らは見て見ぬふりをしていた。だから外国の宣教師の外国語新聞における通信を待って，はじめて都督が急いで省に引き返したのである。それでは彼らが司っているのは何事であるのか。どうしてわが民は全く無関心でいる長官を，日々納税して家畜のように養っているのだろうか。（楊瑞六 1920: 14）

また，政府の腐敗と無能力による不信感は，被災者救援のための協力と連帯を妨げる要因として理解されていた。例えば，『大公報』に掲載されたある評論では，義援金を出すことは「およそ国民

であれば反対する理由はない」にも関わらず，なおも反対する者がいる原因について，それは必ずしも良心が欠けているためではなく，「政府がその信用を失っている」ために「名を借りて人民にさらなる負担を課そうとしているに過ぎない」と見なされているからだと論じている（去非「救災問題（続）」『大公報』中華民国九年十月二十三日）。

3-3　災害ユートピア

災害という事象は，以上のようにそれまで潜在的に抱えていた矛盾や困難を顕わにするというだけではない。とりわけ，無差別的にあらゆる人々に襲い掛かる非日常的な体験が，逆説的に「災害ユートピア」と呼び得るような，ある種の利他的な連帯感や幸福感を生み出すことも，広く知られている事実である（北原［1983］2013；Solnit 2009=2010）。例えば，1923年の関東大震災においても，「貴きも賤しきも，富たるも貧しきも，位あるも位なきも，皆一様平等に玄米の握飯にまで生活の規準を引き下げられた」「一町一画の住民が激動に疲れきった身体を徹夜して，互いに相警め，互いに相扶け合ったあの真剣な精神」(権田保之助)という，階級的秩序の解体による平等と相互扶助的な行動（その裏面として朝鮮人虐殺のような排外主義）の出現が観察されている（筒井 2011: 103-10）。

華北大飢饉におけるそうした災害ユートピアの一つとして，未曽有の慈善事業の活性化を挙げることができる。もともと清末の20世紀初頭から，アメリカを中心とする外国からのキリスト教宣教師と中国の有力官僚や郷紳とが協力し，「華洋義賑会」と称する慈善事業団体を結成する動きが部分的に生まれていたが，華北大飢饉の経験はこれを全国的な規模へと広げることになった。

1920年の9月初めに北京で汪大燮や熊希齢を中心に北五省旱災協会が，そして同時に梁士詒を中心に華北救災協会が組織され，続けて上海，天津，済南，漢口，開封，太原など各地に「華洋義賑

会」を名乗る救災団体が次々と誕生した。10月上旬には北京の石達子廟で中国と外国の慈善団体の代表が集まり,「北京国際統一救災総会」を成立させた[12]。華北大飢饉における救援活動が終了した後の1921年11月16日には,北京を中心とする七つの地方の「華洋義賑会」を統合して,中国で最初の慈善事業の全国的な統一組織である「中国華洋義賑救災総会」が結成されている。

華洋義賑会の活動は,「救人救徹」(最後まで徹底した救済)と,救済対象を自然災害の被災者救助のみに限定して政治と宗教を徹底排除するという二つの原則の下,衣食の施与や粥廠,孤児の保護など従来の救済方法の他に,被災地の調査と「以工代賑」(将来の自然災害や飢饉を防止するための公共工事で被災者に仕事を配分すること)に重点を置いたことに特徴があった。救災活動に一区切りがついた後に,飢饉を永続的に防止するために協同組合(合作社)の事業が推進されるが,これは第2章で詳細に検討していくことにする。

災害ユートピアのもう一つの現象として,被災者支援のための様々なチャリティ・イベントを挙げることができる。京劇俳優の梅蘭芳が北京の新明大戯院で9月22日から2日間のチャリティ公演を開催したほか,10月にかけて各学校や慈善団体が被災地調査の報告や講演,古物展覧会,野外映画上映,花火打ち上げなどを挙行している(陳凌 2006: 137)。

こうした義援活動の活性化の動きを踏まえ,『申報』のある評論は「中国の不統一」の原因として「武人」「官吏」「政客」の存在を挙げた上で,「南北のどの場所で災害に遭遇したとしても,全て寄付と救済が行われ,境界の分け隔てがなく,次第に他人の事にまで広がっていく。人民の団結力は既に固く,いわゆる不統一の権力は独りで勝手に自壊しようとしている」という,「統一」への期待を表現している(冷「救災与統一」『申報』中華民国九年九月二十二日)。また『民国日報』の評論でも同様に,「北方人が餓死しようとして,

第 1 章　災害体験と貧窮問題の形成

図 1.2　北京の急募賑款大会の開催の際に設けられた「急募賑欸」の牌坊
(『晨報』中華民国十年二月二十五日)

南方人が彼らを義賑で救おうとしているのに，まだ南北統一とは言えないのだろうか」と述べられている（佐治「北方人還不該死麼！」『民国日報』中華民国九年九月二十八日）。このように，政局に基づく合意や妥協ではなく，今回の華北大飢饉における義援活動の盛り上がりを通じて生まれる情緒的な連帯感こそが，真の「南北統一」の契機になり得るという論理がしばしば語られていた。

12月16日に甘粛省海原県を震源とした大地震が発生し（海原地震），推定犠牲者20万人という被害をもたらすと，翌年の2月以降に，この震災と華北大飢饉とを併せて，華洋義賑会の主導の下で義援金を募るための大規模な「賑款大会」が各都市で次々と開催され，パレードが挙行されている。上海で実施された「賑款大会」を報道した記事によると，騎馬が先導して自動車や軍楽隊，花車などが続き，車の上には仮装した人が乗っており，そして仮装の中身は，「一方が富者の様子に扮し，もう一方が被災者の状況に扮して，貧

57

富が極めて等しからざることを非常にわかりやすく表現」するもので，その趣旨は「大部分が富者が惜しみなく救災にお金を出すよう勧めるものであった」という（「急募賑欵大会游行紀」『申報』中華民国十年三月十四日）。『晨報』は全国各地の「賑款大会」で総額約230万元が集まったことを報告し，以下のようにその成果を称えている。

　　今回の全国急募賑款大会は，各界の人士が積極的に協力し，実に中国の慈善事業の新しい世紀を開くものである。最も注目すべき点は，（一）平民のための慈善運動で，各地の郷紳，商人，学者など各界で，この盛挙に参加していない者はないこと。（二）現在の中国政治が混乱している時に，南北問題は容易に解決できず，また各省も自分勝手に振舞っており，あらゆる事業がすべて実行できなかったが，今回は全国が一致した行動を行うことができていること。（三）今回の各国の中国に来ている人士で，熱心に協力しない者はなく，これもまた国際的な互助の先駆けとなっていること。今回の大挙動の成就は，もとより災民がその恩恵を受けるだけではない。(「全国急募賑欵大会之募欵総額数」『晨報』中華民国十年三月二十三日）

言うまでもなく，こうしたチャリティ・イベントの盛り上がりは，あくまで大都市部における一過性のものに過ぎなかった。しかし，束の間とはいえ「全国一致の行動」を実現し得たことは，国際社会における中国の後進的な地位，終わりの見えない政治的な混乱，政府の無能力や腐敗といった，華北大飢饉が顕わにした様々な問題や困難を解決する契機になり得るという期待を，人々に抱かせることにもなった。

　以上に描き出した「ナショナリズム」や「災害ユートピア」は，しかしながら，階層や集団による災害体験の質的な相違を考慮に入

れたものでは全くない。次に，学生という特定の層に焦点を当てて，学生のアイデンティティとその変容という視点から華北大飢饉における災害体験の意味を検討していくことにしたい。

4. 災害体験と学生のアイデンティティ

4-1　五四運動と学生の高揚感

　1920年華北大飢饉における最も特色のある事象のひとつが，当時はまだ萌芽的な新しい都市の知識階層である「学生」が被災地に直接赴いて，大規模かつ組織的に調査や救援の活動を行ったことである。

　『晨報』の紙面に掲載された告知によると，華北大飢饉の後に結成された慈善組織の一つである北五省旱災救済会が，北京の学生団体である北京学生聯合会に被災地の調査を要請し，それに対して北京学生聯合会は「社会に奉仕（服務）する必要」があることを認めてこれに応じたという（「北京学生聯合会特別啓事」『晨報』中華民国九年九月十四日）[13]。調査団は記事と写真撮影の担当がそれぞれ1人，衛生隊である医学生が2人の4人で一つの調査班をつくり，全部で10班が組織された。調査記事は主に北京の『晨報』に掲載され，しばしば他紙にも転載されているが，ここでは『晨報』の記事を中心に扱っていくことにする[14]。

　被災地調査を請け負った北京学生聯合会は，1919年5月4日の天安門前での学生によるデモ（および暴動）を母体として結成された，北京の「五四運動」を主導した学生団体である。五四運動自体は，「愛国」を掲げて日本の占有する山東半島の主権回復を目指す群衆デモであるという以外は，きわめて多面的な要素を持つ歴史事件である[15]。しかし，少なくとも都市の学生層に限定して言えば，五

四運動はラディカルな伝統文化批判を通じた「社会」の根本的変革という1910年代の新文化運動を，都市におけるデモや街頭での講演活動などを通じ，非知識層である都市の民衆(「平民」)と一体となって実践した，という意義を持つものであった[16]。

当時の学生は都市において依然として少数の新興階層であり，また結果的に「売国官僚」の罷免とパリ講和条約の調印拒否という「成果」を勝ち取ったこともあって，学生たちは「社会」を先導する少数者としての自負心や使命感を強く抱くようになっていた。先にも取り上げた羅家倫(前年5月4日の天安門前のデモを主導した学生リーダーの一人で，「五四運動」という言葉を創り出した人物でもある)は，五四運動以降の学生界を批評して，あらゆる物事に何でも口出ししたがる「学生万能」の観念が蔓延していることを指摘している(羅家倫 1920: 851)。

こうした五四運動直後における学生の高揚感は，華北大飢饉においてもそのまま引き継がれている。例えば，北京学生聯合会の副主席であった汪徳耀は[17]，被災者救援の活動が盛り上がりつつある中で，「われわれ学生界がこの件について何の動きも聞かない」という現状に不満を表明し，「われわれ全国の学生に希望する。『五四』『六三』の精神を用いて[18]，『社会』奉仕の事業を行い，あの二千万の死の淵にある同胞を救済せよ！」と訴えている(汪徳耀「災区的救済与学生」『晨報』中華民国九年九月十九日)。彼によれば，学生がこの災害において担うべき役割は，文字を通じた被災地の宣伝・報告を通じて「社会の同情心を引き起こすこと」にあり，もし学生が組織による一致した行動を実行できれば「その結果は，『五四』『六三』運動に劣るものではない」という(同前)。

4-2 被災民と学生の出会い

このように，華北大飢饉であらためて刺激された，五四運動以来

の学生たちの自負心や使命感はしかし，実際の被災地調査の経験を通じて深刻な挫折や困難に直面することになる。例えば，彰徳（現河南省安陽市）への調査を担当した王鑑武という学生は被災地調査への出発に先立って，「われわれ北京の学生は，日ごろ全国の文化運動の中心的なリーダーであることを自負している。現在それが試される機会が訪れた。われわれが結局のところ本物なのか偽者なのか，そして中身がないのか現実的なのか，それが試されようとしているのだ」と（「忠告旱災調査員」『晨報』中華民国九年九月二十日），「学生」としての使命感を力強く語っている。

しかし，実際に被災地に赴いて被災民のあまりの悲惨な姿に直面した彼は，その時の衝撃と取り乱した様子を以下のように率直に記している。

　私はその時に安陽の崇宜村で飢民の集団と話をしたが，そこで受けた衝撃はとてもひどいものであった。つらくて私は三日熟睡できず，心の中はいつも彼らのために苦しめられた。――どうして野生の植物を食べてもまだ腹をすかせているのか，どうして御馳走の余った食べ残しを食べなければならないのか，妻子が離散し，外に糊口を求めて逃げているというのに，どうしてあの忌々しい官僚どもはそれでも彼らの入境を禁止するのだろうか。

　このような有様だったので，決して下車して彼らと話しをしたり，まともに彼らを正視したりしないようにした。彼らが車の周りを囲むと，私は急いで目を閉じたが，それでも彼らが私の目の前で苦境を訴える様子が目に見えるようだった。「道をあけないか！　この方が来られたのは災害の調査であって，救済ではない！」という，私たちを護送する軍隊の叱咤の声が聞こえるだけだった。この声を聞きながら車はガタゴトと通り過

ぎたのだが，心の中では，飢民たちが後を追って私を罵り恨んでいる情景が目に浮かぶようだった。

　およそわれわれが通過した村では，災害の調査に来たと聞きつけただけで，どの村の村長も外まで出迎えて額ずいて苦境を訴えないものはなかった。彼らは「生き仏さま，あわれな民をお救い下さい」と言うのでなければ，「欽差大臣，多くの恩典を施し下さい」と言うのだが，私たちは全くどうすることも出来なかった。実に滑稽で哀れである。私たちはどうしようもなくなり，彼らにいくつかの言葉で諭すことしかできなかった。
(王鑑武「磁県到臨漳県沿途的惨景」『晨報』中華民国九年十月八日)[19]

羅家倫も先に取り上げた記事の中で，同様の体験を記している。彼は，乗っている列車の窓から父親が死んで泣いている母子を目撃し，堪らなくなって列車を降り慰めの声をかけようと思ったものの，母親が野菜を切るための刀を手にしていたのを見て怯んでしまい，「私は心が苦しくて，これは実に語ることも困難な話である」と，自らの無力を正直に告白している（前掲「京漢道上災情目撃期」）。以上の記事からは，五四運動の経験を通じて強い使命感と自負心を抱いていた都市の学生たちが，（皮肉にも彼らの批判対象でもあった地方軍閥の）軍隊に護られて被災地の調査を行いながら，被災民をまともに直視することすら困難という現実に対して，深刻な無力感に苛まれることになったことを窺うことができる。

4-3 「五四運動」への自己批判

被災地と被災民の惨状に対して学生たちが全く為すすべもないという現実は，そもそも「五四運動」の経験それ自体に欺瞞があったのではないかという自己批判を生み出すことにもなった。例えば，北京高等師範中学の学生であった李亮恭は，以下のように語っている。

去年の「五四運動」以来，われわれは常に愛国を想い，国を愛すべきであると語り，また人類を愛すべきであることを理解している人もいる。しかしこれらの「愛」は，口先ばかり，頭で考えたものばかりで，何の役にも立たない。ちゃんと現実に実行しなければならない。われわれは山東問題という非常に重大な問題のために，誰もが力を尽くして闘った。しかし，今回の華北五省の災害はきわめて大きな問題であり，まさに中国が死の運命へと至るのに十分である。皆はどうして，このことをまだ自覚せずに，全力で救済の方法を考えず，常々語っている「愛」を実行しないのか。(李亮恭「這次華北五省災荒底影響和学生底責任（続)」『晨報』中華民国九年十一月四日)

　彼はこう述べた上で，「現在，新文化運動に従事している人は非常に多い。しかし，一日日が暮れるまで『デモクラシー』を唱えたところで，それは中身のない話（空話）である」と切り捨て，むしろ科学の研究を通じた物質や事実にもとづく「社会改造」こそが学生の責任であると論じている（同前)。その意味で，華北大飢饉という災害体験は，「学生が常日頃言っている愛国愛同胞が，まだ中身のない話であることを自覚し得た」という自己批判としての意義を持つものであった（「論民国政府的放棄責任」『晨報』中華民国九年十月一日)。ここで学生たちが「中身がない」という自己批判を執拗に繰り返しているのは，四書五経に代表されるそれまでの「虚飾的」（陳独秀）な伝統文化とは異なり，彼ら自身が五四運動の経験を通じて，都市の民衆＝「平民」に根差した，真に中身のある「愛国」や「社会」の意識を獲得したと自負していたからに他ならない。

　華北大飢饉が起こった時期は，ちょうどイギリスの哲学者であるバートランド・ラッセルが中国を訪問し，西洋文明批判を講演している時期と重なっていた。さらに新文化運動を主導した陳独秀が急

速に政治的志向を強めてマルクス主義に傾倒するようになり,胡適と李大釗の間に有名な「問題と主義」をめぐる論争と対立が起こっていた。以上のような,近代西洋文明への憧憬と楽観的なリベラリズムに彩られた新文化運動に対する確信を動揺させる事態も,学生たちのある種の過剰な自己批判の背景に存在していたと考えられる。

　全体的に見れば,依頼されて被災地調査を担ったことを除けば,学生層は五四運動の時のようには[20],華北大飢饉の救援活動や啓蒙活動に対して能動的な役割を発揮することはできなかった。そのように,学生は災害体験における挫折や困難を通じて,自らの社会的な役割はその先端的な知識や価値意識を通じた啓蒙ではなく,「社会」の諸問題を具体的に解決できる能力にこそ置かれるべきという(それ自体は新文化運動の中にも潜在していた)観念を強めていくことになったと言うことができる。五四運動を契機に活性化した中国の学生運動は,1920年代を通じ,共産党や国民党などの政治勢力の動員と組織化によって徐々に自律性を失っていくが(呂芳上 1994),その自律性は華北大飢饉における災害体験の中で既に動揺を見せはじめていた。

5. 災害体験と貧窮問題の形成

　毎年のように災害・飢饉に見舞われた中国の近代において,1920年華北大飢饉は同時代の人々によって,活発に様々な意味や解釈が語られたという点できわめて特異な災害体験であった。一方では,南北分裂や政府の無能・腐敗などに対する危機意識に基づくナショナリズムが,他方ではチャリティ・イベントなどの義援活動の空前の活性化を通じて,それらの危機と困難を解決するための契機となり得るという期待(「災害ユートピア」)が生み出された。その中で新興の知識階層としての学生は,被災地調査などの災害体験の

中で自らの無力さを痛感することで，前年の五四運動の経験に対して「中身がない」という自己批判を展開するようになっていく。

　以上のような，華北大飢饉をめぐる活発な語りや言論をもたらしたのは，本章で示してきた通り，「中華民国」という国民国家の政治的な枠組みが成立して間もない時期であったことに加えて，二つの社会的な条件を指摘することができる。つまり，一つには，比較的自由な言論空間の下で新聞という新しい大衆的なメディアが急速に成長・拡大しつつある時代であったことである。そしてもう一つは，学生層が前年の五四運動における成功体験を通じて自負心と使命感を高揚させていた時期と重なったことで，彼らの学生としてのアイデンティティを刺激し，かつ深刻な動揺をもたらしたことがある。こうした大衆メディアや学生といった社会的な場を通じて，ある種のナショナリズム感情と結びつく形で，政府だけではなく「国民」一人ひとりが貧窮者の救済に責任を負っているという規範が共有されていくことになる。このように，華北大飢饉は中国における救貧のための連帯意識や社会的権利の観念が成立するための原初体験として位置づけることができる。

　最後に指摘しておく必要があるのは，先に取り上げた于樹徳の嘆きに象徴されるように，この災害体験の中で露呈した様々な深刻な諸問題が，多く中国の社会的・文化的な特性の問題として語られていたことである。例えば，先に取りあげた天津の『大公報』の評論の中で，「わが国人には一種の慣性があり，為すべきことがある場合，多くは政界の名士および地方の声望ある郷紳（士紳）に依存してしまう。一つの国で政界の名士および地方の声望ある者は，極めて少数である。今年の災害地域の広さや災害状況の深刻さは，少数の人に依存したところで一体何の役に立つというのか」と（去非「救災問題」『大公報』中華民国九年十月二十二日），「国人の慣性」として，必要な事業が政府ではなく「少数の人」に委ねられていることが，

今回の大飢饉の根本原因であると論じられている。他にも，「中国人がこれまで自治能力がないために衛生観念が非常に薄弱であることは，隠し立てするまでもない」(「災区衛生調査後的我見」『晨報』中華民国九年十月十日)，「われわれ中国人は組織の能力が，実際のところ零度以下一万度にまで下がっている」(宗錫鈞「現時災民生活的情形与婦女救済問題」『晨報』中華民国九年十月二十日) など，しばしば華北大飢饉は「中国人」の根本的な病理を映し出すものとして語られている。

これらの言説は，一面では新文化運動の伝統文化批判と連続しているものであるが，他方で異なるのは，それが正統文化をめぐるヘゲモニー闘争としてではなく，目の前の飢餓や貧窮を具体的に解決するための実践的な批判が目指されていたことにある。貧窮問題の解決を志向する為政者や知識人にとって，中国社会の特性が何かを理解していくことは，次章以降でも検討していくように，近代中国の救済事業と社会政策において一つの重要な課題となっていく。

注
1) 大躍進期については，最も標準的と思われる中国近現代史の概説書の記述に従った (浅野・川井編 2012: 121)。
2) これはとくに，日本における「戦争体験」をめぐる歴史社会学的な研究の分厚さと比較すれば (もちろん体験の質や事象の規模の違いを考慮するとしても) 明らかである。本章と問題関心が近い歴史社会学的な研究としては，江戸安政大地震後に流行した鯰絵に表現されている人々の期待や願望を分析した北原 ([1983]2013) や，関東大震災後の大衆社会化における社会意識の変容を扱った筒井 (2011) などを挙げることができる。
3) 以下の華北大飢饉の記述については，この災害を全面的に扱った研究である陳凌 (2006) に拠るところが大きい。その他，華洋義賑会 (北京国際統一救災総会) の活動報告書である黄鳳華編 (1922) および Peking United International Famine Relief Committee (1922)，そして 1990 年代に

組織された近代中国災荒研究課題組の研究成果である，李文海他（1993: 1-23, 1994: 135-144）を参考にした。
4) とくにこの地域が繰り返し大飢饉に見舞われた原因として，池子華・李紅英・劉玉梅（2011）は，華北地方の黄土が水を蓄積しにくく川底に溜まりやすい性質を有しているという自然環境の要因に加えて，18世紀以来の慢性的な過剰人口，10畝以下の戸数が8割という耕地面積の絶対的な不足，耕作地の拡大による急速な森林面積の減少，それによって連鎖的に引き起こされる干ばつと飢饉の加速などを挙げている。
5) 鄭俠の『流民図』とは，11世紀の北宋の時代の詩人鄭俠（1041－1119）が1074年に，前年に目撃した河北，河東，陝西の大飢饉を描いて神宗皇帝に献上したものである。鄭俠が『流民図』を描いた目的の一つは，王安石の新法が失政であることを訴えることにあった（髙橋 2006: 138-40）。
6) これが当時において，災害対応として迅速であるのか緩慢であるのかの評価は，必ずしも簡単なものではない。例えば，日中戦争の最中に起こった1942年の河南大飢饉においては，被災地の救援よりも戦争のための資源徴集が優先され，翌年の3月まで蔣介石は大飢饉そのものを認知しようとせずに放置していた（石島 2014: 21-31）。
7) 賑務処報告と合わせた数字では，325県2,764万1,568人であり（李文海他 1994: 140），文献や研究によってかなりの幅がある。犠牲者50万人という数字は鄧拓（[1958]2011）に基づくもので，根拠は定かではない。
8) ただし，以上に述べた華北大飢饉の被害の激甚さと凄惨さの実態については，一部に異論も出されている。例えば東亜同文書院が実施した調査では，「我等が経過せし地に於て飢民が生活に窮し遂に死に瀕せりとい云ふが如きは之を聞かず」と，干ばつによる被害が極めて限定的であることが報告されている（東亜同文書院研究部 1921: 35）。藤田（2014）も東亜同文書院の調査を取り上げて，「書院生の記録によれば，当時の旱魃や飢饉はメディアによりかなり大げさに誇張されて報道されたもの」として，より客観性が高いものと評価している（藤田 2014: 120）。
9) 『晨報』の「災荒特載」は，10月半ば以降に記事を徐々に減らしたり中断したりしながら，11月5日まで続いている。
10) 華北大飢饉に関する初期の報道では，しばしば上海のNorth China Daily News（中文では『字林西報』）の記事が転載・紹介されている。
11) ここで言及されている「国民大会」とは，直皖戦争に勝利した直隷派の呉佩孚が提案したもので，商・工・農・教育の各界の代表が一堂に会し，憲法制定などの国家的課題について話し合うという，一種のコーポラティ

ズムに基づく直接民主制のことを指す。「国民大会」の構想は一時的に盛り上がりを見せたものの、呉佩孚が上官の曹錕や奉天派の張作霖の反対に簡単に折れてしまったため、9月上旬には運動は自然消滅している（味岡 1986: 365-70）。

12) 以下の華洋義賑会の成立過程については、華北大飢饉における華洋義賑会の救援活動の報告書である黄鳳華編（1922）のほか、川井（1983）、陳凌（2006: 114-52）、薛毅（2008）などを参照。

13) 学生団体に調査を依頼する方針は、会が結成された9月11日において既に決定されているが（「北五省災区救済会之成立」『晨報』中華民国九年九月十二日）、職業的な新聞記者や研究者ではなく、わざわざ学生団体に依頼した経緯や理由については明確には記されていない。第4章で検討する、既に一部の大学で講義・実践されていた社会学的な社会調査の影響については、「『社会調査』（Social Survey）は社会学の中の非常に重要な一部である」（繆金源「怎様做旱災調査報告」『晨報』中華民国九年十月二十六日）という断片的な言及のほかは、ほとんど確認できない。

14) 『晨報』と「五四運動」の関係は深く、1916年8月に『晨鐘』として発刊された際には、李大釗が編集主任を務めている。編集長であった陳溥賢（淵泉）は文化欄である「副刊」で李大釗とともに精力的にマルクス主義の翻訳・紹介を行い、五四運動を積極的に支持する報道を展開していた（石川 2001: 31-2）。1920年8月1日には胡適や李大釗、陶孟和、高一涵など新文化運動を牽引した知識人7名で、表現と集会結社の自由を求める「自由を争う宣言」が発表されている（胡適他「争自由的宣言」『晨報』中華民国九年八月一日）。

15) 五四運動に関する近年の研究動向は、吉澤（2012）を参照。別稿において筆者は、五四運動の性格規定について、「反帝国主義」あるいは「反日」「民族主義」という価値や目的から理解するのではなく、むしろ社会学的な観点から国家形成の一環としての都市のインフラストラクチャー建設の役割に着目したことがある（穐山 2009）。

16) 五四運動における学生の活動や意識については、齋藤（1986）が非常に詳しい。

17) 学生の経歴については、徐友春主編（1991）および中国人名大詞典編集委員会編（1992）を参考にした。

18) 「六三」とは1919年6月3日に北京で学生デモと警察との衝突が発生し、以降の数日間にわたって群衆運動の高揚がピークに達し、結果として北京政府による「売国官僚」の罷免の決定をもたらしたという一連の出来事を

19) 王鑑武は同様に，以下のような体験も記している。「一人の5，60歳の老婆が私に訴えて言うには，子供が自分を置いてけぼりにして逃げてしまったそうで，他に親類もおらず，私に代わりに子供を探し出してきてくれという。……そう言うと，跪いてゴンゴンと頭を打ちつけた。わたしはこの時，すぐにいくつかの慰めの言葉をかけたが，振り返って見ると，後ろに生菜を座って食べている者がいるではないか！　私は足の向きを変えて走り出した。私は実のところ心臓が強くなく，二度と災民の状況を見ようとはしなかった。心の中は，考えるほど耐えられなくなり，つらくなるほど心は焦り，さらに憂鬱になるという道理で，口を開けば人を汚く罵るようになってしまった」(「旱災調査員五組報告之二」『晨報』中華民国九年九月三〇日)。

20) 華北大飢饉で学生たちが行った他の活動として，五四運動と同様の，街頭での宣伝活動を挙げることができる。例えば辛亥革命の引き金となった武昌蜂起を記念する建国記念日である1920年10月10日の「双十節」において，以下のようなビラが撒かれていた。「おめでとう，本当におめでとう。今日は民国九年の建国記念日である。今年はこれまでの年とは大きく異なる。直隷，山東，河南，山西と陝西を見よ。四十年あまり見たこともない大凶旱に遭遇している。人間が一斤につき三毛いくらで売られている。樹の葉は高級食材となり，富人でも一斤五枚を食べている。糠，秕，野草，樹皮，草の根などは，すっかり食べつくしてどこにも見当たらない。老夫や老婦は動くことができず，そのじっと見つめている両目は飢えている。死は村の子供たちにさらに襲いかかり，生きている者は井戸に投げ込まれ，河に投げ捨てられ，土に埋められ，おそらくは食べられている。さらにこれに加えて疫病が発生している場合，その疫病はいっそう無慈悲なものとなり，死者は山が埋め尽くされるほどである。皆さん，このあまりの悲惨さを見てほしい。これがまさに民国九年の建国記念日なのである」(「京学生国慶日之伝単」『民国日報』中華民国九年十月十四日)。

第2章　協同組合と農村救済
——日本の産業組合政策と華洋義賑会の合作事業

1. 近代中国における「合作国家」の可能性

　序章で論じたように，福祉国家の歴史的起源の解明を目的とする社会政策史研究では，互助と連帯の理念および感情を具体的に組織化するものとして，イギリスの友愛組合，フランスの共済組合そして日本の産業組合など，中間的な相互扶助組織の果たした役割に言及するものが多くなっている。本章では，以上の国々と比較可能性を有する中間組織として，中華民国期（1912-49）に展開された「合作社」（co-operative の中文訳）の思想・運動を検討していくことにする。

　言うまでもなく民国期の中国では国民政府による構想は存在したものの，限定的な形でさえ社会保険制度は成立することはなく，合作事業は（立法化されたという意味での）社会政策との直接的なつながりを持つことはなかった[1]。しかし，ここで合作社に着目する理由は，一つには，都市の労働者や小農を市場経済のリスクから守るための補完的な組織というだけではなく，度重なる（とくに華北地方における）農村の飢饉を防止するという生存保障の機能を積極的に担わされていたことである。言い換えれば，友愛組合や共済組合などが元来は救貧事業とは基本的に無関係な労働者の互助組織であったのに対して，中国の合作社は当初から貧窮問題の解決を目的に推進

されたものであった。そもそも，互酬性の原理に基づく相互扶助組織は，返礼の義務を履行する能力を欠いた貧窮者を結果的に排除してしまう性質がある。本章における課題は，こうした限界を乗り越えて互酬性の原理を通じた救貧をいかにして実現させようとしたのか，さらには合作社という組織を統合するための共同性の核として何が想定されていたのかを明らかにしていくことにある[2]。

さらに本章で合作社の思想と実践を取り上げる理由は，当時の中国における，とくに合作社を提唱する知識人の中で，合作社が「社会」や「国家」を統合するための根幹となる組織として位置づけられていたことである。例えば，1930年代に農村改良運動（「郷村建設運動」）を展開した梁漱溟は，小規模工業と小作農がほとんどで社会組織が「散漫」な中国の農村では，まず倫理的・情誼的な関係を核とした農民の結合による合作社が生産の拠点にならざるを得ないとして，「大勢から見て中国は必ずや合作国家となるだろう」という見通しを語っている（梁漱溟 [1937] 2005: 424-33）。

この農村的福祉国家とでも言うべき「合作国家」の構想は，具体性を欠いてはいたものの，当時の中国において合作社に期待されていた役割の大きさを象徴するものと言うことができる。梁漱溟だけではなく，合作社は国民党と共産党がともに積極的に推進していた事業であり，当時の中国において合作社に背負わされていた期待と役割は，日本の産業組合などよりもはるかに大きなものであった。本章では，1920-30年代の中国における初期の合作社の思想と実践を通じて，梁漱溟が示したような可能性を描き出していくと同時に，他方では現実にそうならなかった経緯を，単に経済発展の水準や戦乱といった外在的な要因だけではなく，そうした思想と実践それ自体が抱えていた矛盾や限界の中から描き出していきたい。

以上の課題に応えるために，本章では比較歴史社会学的な手法を用いて，日本における産業組合政策との比較・対照を通じ，中国に

おける合作社の思想と実践における固有の特性を描き出していくことにする。具体的には，日本の産業組合および中国の合作社に関するテキストや雑誌論文など公に刊行された文章と概念を対象として，協同組合を通じた救貧の実践における共同性と連帯感を支える原理とメカニズムとして何が想定されていたのかを記述・分析していきたい。

2. 日本の産業組合政策——地縁的紐帯と「好意の独裁」

2-1 明治政府の産業組合政策

日本における協同組合の思想は，民間の断片的な実践を別にすれば，後に大蔵大臣となる平田東助のようにドイツに留学した官僚を通じて最初にもたらされた[3]。とくに平田がブルンチェリの下で国家学を学んでいた1870年代のドイツは，いわゆるシュルツ式（都市型，有限責任で利益配当あり）およびライファイゼン式（農村型，無限責任で無配当）という信用組合制度をめぐる論争が激しい時代であった。

1888年から90年にかけての市町村制と郡府県制という行政機構の成立に伴って，これを実質化するための「地方自治の予備校」（山県有朋）として，協同組合への着目が高まるようになる。その目的は，「優勝劣敗の自由競争界」の環境の中で「中産以下人民」に対して「自助の能力」を高めていくことにあるとされた（平田・杉山［1891］1977: 66-71）。1891年に平田らはシュルツ式を原則とする「信用組合法」の法案を帝国議会に提出するが，ライファイゼン式を主張する農商務省の激しい反対に遭って廃案となる。しかし日清戦争後，明治政府は食糧自給体制の構築と農業生産の増強を目指し，農工銀行法（1896年）や農会法（1899年）を始めとする農業政

策関連法規が制定され，その一環として1897年2月に今度は農商務省から「産業組合法」の法案が提出される。この産業組合法案は，役員を名誉職として，信用組合が購買や販売，生産，使用を兼営するという，ライファイゼン式の原則が大幅に取り入れられた。しかし，一口10円という出資金の高さなどが問題となり，2年にわたる2度の審議を経て1900年2月に提出された法案では，信用組合の兼営は禁止が定められると同時に（ただし後の1906年に兼営の容認に改正される），出資金は金額の明示が避けられた。最終的に，法案は衆議院と貴族院を通過して1900年3年に産業組合法が公布された。1905年には平田の主導で全国組織である大日本中央産業組合会が結成されると同時に，機関紙『産業組合』が刊行されている。

以上の産業組合政策で改めて着目されたのが，二宮尊徳の報徳思想を信奉する「報徳社」であった。平田は品川弥次郎内務大臣の命で，既存の日本における信用組合に類似した経済組織として「報徳社」を調査した。平田は報徳思想の意義を否定はしなかったものの，篤志家の慈恵的な寄付に依存している点については批判し，「慈恵的資本に依頼するの念を断ち，営利資本を利用して低利の資本を普く社員に貸付する」ような，自由競争の経済に適応した組織の改革を主張している（平田・杉山［1891］1977: 125-7）。報徳社と産業組合との関係については，後に柳田國男の項で再び触れることにする。

以上のように，日本の産業組合は下からの「自治」の要請に応えたものと言うより，内務省と農商務省の主導による「官製」の側面が強く，その問題は政策の当事者たちにも強く自覚されていた。例えば，「諸君は即ち仏師である。産業組合という仏を造り上げるのである。仏を造る上は，何卒，魂を入れて貰いたい。魂が這入る。即ち産業組合という大精神が現はれる」とか（平田 1908: 7），「今日は組合の形は出来ていても，まだ十分魂が這入て居ない」などと（小松原 1911: 2），「仏＝形」に対する「魂」の重要性が繰り返し強

調されていた。そしてその背景にあったのは、「抑もわが産業組合は官庁の厚き勧誘の下に立つたのである……若し，今日の官庁の世話がなかつたならば，解散する者多くあるであろう，是れでは真に組合の発達を望み得ないのである。故に今日の産業組合の幾部分は，未だ官治的依頼主義の域に在るのである，と批評されても弁解の言に苦しまねばならぬ」という（西垣 1913: 10），官僚的パターナリズムが産業組合の活動の空洞化を招いているという問題意識であった。

そのように，「組合員が自動的に組合の必要を覚らず，又自分の幸福なる生活は是非組合に依らなければならぬといふ心が無くて，只お隣の何某も加入したからとか，又は村長さんから八釜敷云はれるから加入しなければならぬといふ考よりして組合員となつた」という（可禰 1910: 2），体制順応的なパターナリズムをいかに克服していくのかが，日本の産業組合の思想と政策における中心的なテーマとなっていく。

2-2 信用組合と「郷党の結合心」

協同組合，とくに人格的な「信用」のみを担保とする信用組合の設立において，その共同性と連帯感を支えるための具体的な条件を何に求めるのかは，極めて重要な問題であるが，日本の産業組合において重視されていたのは地縁による紐帯であった。

もともとライファイゼン方式の農村信用組合は，無限連帯責任という方法により，組合員同士の強固な信頼と紐帯の存在を前提としたため，組合の適正規模は住民数 3,000〜4,000 人の教区や連合村を単位として設立されることが重要な原則の一つであった（村岡 1997）。ライファイゼン方式を取り入れている日本の産業組合法も「市町村ノ区域以内ニ於テ之ヲ定メ」ることが規定され（第九条十二項），さらに「無限責任組合模範定款」でも「本組合の区域は何県何郡何村とす」（第四条），「組合員たる者は本組合の区域内に居住し

且独立の生計を営む者に限る」(第六条) など, 組合の地理的範囲と成員資格を「村＝区域」で区切るべきことが明確に示されている[4]。

平田東助はこの規定について,「信用組合の各員は互に相知ることを必要とし平素に於ける勤惰の如何及び財産上の実情如何を常に熟知することを得て以て其の間に十分の信用を保つに非されば組合の基礎を鞏固にする」と (平田 1900: 18),「信用」の基礎が居住の近接性による近隣の経済状況の熟知にあると解説している。また駆け出しの官僚として産業組合政策に従事していた柳田國男も同様に, 以下のように「信用」の基礎が「郷党の結合心」にあることを論じている[5]。

  故に若し能ふべくは, 軒並み悉く加入して, 小字限り又は大字限りの住民の団結するは可なれども隣町村, 隣郡等平日往来も繁からず朝夕其行動を審にすること能ざるものは之を組合員とせざるが原則なり。是蓋し組合制の特色にして<u>我国の如く数百年の間養成せられて而も漸々廃弛せんとする郷党の結合心を恢復し, 社会道徳の制裁によりて, 個人の弱点を匡正し, 唯利的原動力の外に純粋の対人信用制を設けて以て国民の品性を上進せしめんとするものなり</u>。(柳田 [1902] 1999: 95-6, 下線引用者)[6]

地縁による紐帯と道徳的規制を「信用」の根拠に求める考え方は, どのテキストの中でも比較的丁寧かつ詳細な説明が加えられており, 日本の産業組合における共同性を支える中心的な原理であったと理解することができる[7]。例えば, もし一定の地域以外の人物を組合員として認めてしまった場合,「元来組合の精神とする所は, 啻に経済上の利害関係のみならず, 徳義上の修養その他地方改良を涵養するの関係あるものなるが故に……法律上区域の規定を欠くと雖も,

一定の区域を設くるを可とす」とか（佐藤・山本 1912: 109），「啻に事業をして茫漫たらしめ独り節制の機能を欠くのみならず，組合成立の根本たる組合員間に於ける相識と信用とをして無意味に終わらしむる」ことなどの危惧が語られている（松崎 1916: 282）。

以上のように，日本の産業組合論における地縁的な紐帯の重視は，市町村制という新たな地方行政組織の枠組みを背景としつつ，同じ地域に居住していることが自ずと情誼的関係と人的結合に基づく「信用」を生み出す，という強い想定に支えられたものであった。この想定は，もちろん文字通り自然なものではなく，様々な矛盾や困難を内包するものであったことを，次に柳田國男の産業組合論を通じて検討する。

2-3　柳田國男の産業組合論──「好意の独裁」の克服

日本民俗学の祖としてあまりに著名な柳田國男は，若い時期に農務官僚として農政学や産業組合に関する著作・論文を数多く遺したことでも知られる[8]。柳田は 1900 年に東京帝国大学を卒業後に農商務省に入省し，その 2 年後に法制局参事官となるが，そこでは産業組合論のテキストを作成すると同時に，およそ 10 年近くにわたり産業組合政策のための講演活動に従事している。

柳田は 1907 年 2 月の第二回産業組合講習会で「日本に於ける産業組合の思想」という講演を行っている。この講演の趣旨について柳田は，「西洋で完全無欠の制度と目さらるゝ産業組合の制度も或は我国には適応しないものではないか」という懸念に対して，「我国の人民は果して組合を造る素質があるか，乃至は必要があるか，必要が現在に存在して居るかと云ふことを根底より調べて見る必要がある」と（柳田［1910］1997: 308），産業組合の設立と定着に当たっての日本に特有の課題が何であるかを明らかにすることにあると説明されている。

まず柳田は産業組合が必要になった理由について，かつては封建的な身分差別に基づく保護が行われていたのが，江戸中期以降に藩の領地の拡大，人口の増大と移住の増加，大地主勢力の衰退によって困難になり，「金持の方でも飢饉に出逢はうが十分世話をして呉れず，此方（百姓――引用者注）は又世話を受ける気も無い」ような関係に変わり，結果として飢饉も多く発生するようになったと説明している（柳田 [1910] 1997: 312-6）。こうした状況の中で「時勢の必要に迫られて」設立されたものとして，柳田は朱熹を思想的源流とする「社倉」の存在に着目している[9]。柳田は社倉について，朱熹以前から中国に存在してきた「義倉」が大きな行政区域に基づく官庁による一方的な施与であったことの対比で，「町村の長老先輩といふような名望ある者」による「自治」によって運営され，飢饉の年だけではなく平時にも「貸付というふことを主」としていた点で「近来の所謂信用組合に近くなつて居る」と高く評価している（柳田 [1910] 1997: 322-4）。日本でも江戸時代後期には，朱子学の強い影響で中井竹山や山崎安齋などの朱子学者が社倉の研究を行い採用する藩も現れたが，それらの社倉に対して柳田は「即ち町村の信用組合には非ずして，今で申せば地方長官に当たる所の領主が自身で保管して居る一種の備荒儲蓄であつたのであります。藩の領地の広い処では郡奉行とか代官とか云ふものが管理しておりましたが，兎に角人民の持でもなければ，独立の団体でもなかつたのですから，朱子の所謂社倉ではないのであります」と（柳田 [1910] 1997: 327），自治的ではなく官製的なものとして限定的な評価しか与えなかった。

　柳田の日本の社倉に対するこうした評価は，報徳社に対する批判にも通底している。柳田は報徳社に対して，一つには貸付を行う際の選抜を比較的厳格に行ったこと，そしてもう一つは町村の小さい組合とより広域的な組合との連繋が組織化されていたことを，「朱子も未だ説かざる社倉の経営法」として高く評価している。しかし

他方で，柳田は報徳社の短所として，信用組合の機能が弱く，平時の貸付けがなく災荒対策に偏っていること，無利息貸付を謳う一方で「元恕金」と呼ばれる礼金をとるなど偽善的な方法をとっていることを批判し，以下のように「営利法人」に再編されるべきと提案している。

> 今若し民法のやうに総ての公益法人に非ざる法人を営利法人とすれば産業組合などは明確に営利法人であるべきです。又営利法人であることを決して恥ることはないのでありまして，報徳社も亦同じことで，教義の研究とか伝道とか寺院方面ばかりに力を専らするか，若しくは救済者と被救済者との交詢機関或ひは昔の報徳役所の如く救恤機関としてのみ立つて居るか，又は寄付金醵金ばかりを以て維持存続して居れば是は公益法人と云はなければならぬかも知れませぬが，若しさうではなく始終利益といふ点にも著目して，<u>且つ一方に与える人があり他の一方には受くる人があると云ふやうな慈恵的組織では無く，法人自身が寄附金ばかりに拠らず自ら生活し得べき一つの団体であるならば</u>，此意味に於て営利法人と云ふ名で満足して居つては如何かと思ひます。（柳田［1910］1997: 366-7，下線引用者）

以上のように，柳田の報徳社に対する批判の論点は——それが正当な批判であったか否かは措いておくとして——平田と同様に市場競争経済の需要に適応できないという問題意識だけではなく，救済者と被救済者との非対称的かつ不平等な関係をもたらすおそれのある，「救恤」「慈恵」の道徳的パターナリズムにこそ向けられていた[10]。柳田も道徳の重要性を認めてはいたものの，それは個々人の修養によってではなく産業組合という経済組織における自助と協同の実践を通じて養成されるべきものであった。

こうした問題意識は，報徳社と論争したおよそ20年後の『都市と農村』(1929) の中で，より明瞭に述べられている。柳田は，農村において産業組合は当初の期待を超えて普及したものの，肝心の「貧窮孤立の癖のある者」に恩恵が及んでおらず，その理由として「それが旦那衆の思ひ付に出たからで，しかも組織の基礎は相助平等の主義であったゆえに，自然に近似の境遇に居る者だけを糾合」してしまったことにあると述べている。彼によれば日本の産業組合は，「名は組合であるけれども其実は僅少の篤志者が，官府の厳密なる監督の下に，普通は好意の独裁を敢てし得る団体」でしかなかった（柳田［1929］99: 284-5)[11]。それゆえ，いま農村に必要なのは「親分気質の指導者」ではなく「穏健なる組合人の資格を作ること，即ち村の平等感の練習」なのであるが，「是には近年の名士たちの村のためによく尽くしたといふ者迄が，幾分感情の上から反対しようとさへ居た」ために，小農は相変わらず憐憫と同情の対象として自尊心を失ったままであるという（柳田［1929］1998: 305-6)。このように柳田は，日本の産業組合が抱える問題の根幹は，少数の篤志家による「好意の独裁」というパターナリズムにより，救済者と被救済者という非対称的な関係を生成・強化し，力の弱い農民の自立と自尊心の確立を妨げていることにあると考えていた。

　序章でも触れたように，産業組合は1930年代における農村の無医村問題への取り組みや，医師会と中小自営の商工会による反産業組合運動への対抗を経て，中央政府への依存と共闘を今まで以上に強めることで，勢力の維持と拡大を図っていくようになる。結果として，「好意の独裁」による不平等の温存と貧農の排除をいかに克服するかという柳田の示した課題は，戦時体制の時代における産業組合（1943年に帝国農会と統合して中央農業会に再編）への強制的な加入と平等化の推進という形で「決着」を迎えることになる。

3. 華洋義賑会の合作事業

　日本の産業組合が貧富の格差の拡大を未然に防ぐための,「官製」による上から与えられた組織という側面が強かったのに対して, 中国の「合作社」は当時の中華民国政府が内戦を繰り返していたこともあり, 農村で頻発していた目の前の飢饉と飢餓をいかに防止するかという差し迫った課題の中で, 民間の団体によって担われたものであった。

　中国における合作社の実践は 1910 年代半ばから存在するが（第3章第2節を参照）, 実効的・継続的に運営されたものとしては, 前章で触れた「華洋義賑会」の合作社が最初である[12]。華洋義賑会は, 1920 年の華北大飢饉の災害救援活動に一区切りがついた後, これらの活動をいかに永続的なものにし, 来るべき次の飢饉に備えるかという課題を解決するものとして, 合作社の方法を採用した。その理由と経緯について于樹徳の説明によると, 当時華洋義賑会は金額的に空前の救災活動を行ったものの, 分配が終わると少しも痕跡がなくなってしまい,「人民の困窮は昔のままで, 第二次, 第三次の水災・旱災が相継いで襲来し, これと同様の救済を行ったが, まさに浪費と言うべきである」という問題に直面した。これ対して華洋義賑会は,「『防災』が『救災』に比べてより重要であることを理解する」ようになり,「防災」の最も有効な方法として合作社の設立を提唱するようになったという（于樹徳 1933: 5-6）。

　華洋義賑会が合作社の事業に着手したのは 1922 年 1 月である。章元善や燕京大学経済学系の J. B. テイラーなどを責任者として農利分委辦会の成立を決定し[13], 水利や道路の建設と同時に, 農民を高利貸の搾取から解放するための互助制度の設立を行う方針を定めた。1923 年 4 月には合作社の定款である「農村信用合作社章程」

45 条を制定している[14]。これは地名と合作社名を後で書き込むために空白になっていたので「空白章程」と呼ばれ，1929 年 3 月までに 5 回改定されている。「空白章程」では，満 20 歳で「品行端正」かつ正当な職業を持つ「村人」であることが社員の資格要件とされ，ほかに無限責任，社員株（社員股）の購入義務，利潤は積立金（公積金）と活動経費に当てて配当しないことなどが定められていた。おおむねライファイゼン方式の農村信用組合のモデルに従うが，出資金の拠出義務など逸脱する要素も多く存在する[15]。

合作社の運営体制は，理事会である執行委員会と合作社の運営状況を監督する監査会によって構成されていた。執行委員は年 2 回の全体会議で 5 人が選出されて任期は最長 4 年，監査委員は社員が 20 人を超える場合に相互の推薦で 6 人が選出されて，任期は最長 3 年であった。執行委員は「職員」，監査委員は「監事員」と呼ばれた。

「空白章程」が制定された 1923 年の 6 月に，河北省香河県城内の福音堂で最初の合作社である香河県第一信用合作社が開設され，25 年 10 月には合作事業の専門執行機関としての農利股が設立されている。その後の合作社設立の増加に伴い，1926 年 4 月に農利分委辦会は合作社相互の連繋と交流を目的として「農村信用合作社聯合会章程」を制定し，各村で設立された合作社を 30 里四方毎の区域にまとめ，信用合作社聯合会を組織している。

宣伝と教育についても，1924 年 6 月から合作事業の機関情報誌である『合作訊』を刊行し（図 2.1），さらに 1925 年から毎年農閑期の 11 月に人材訓練のための合作講習会が開催されている。『合作訊』は毎月 10 日に発行される冊子体の月刊誌であり，5 期まで発行したところで一度停刊し，1926 年に再刊され，日中戦争で活動が停止に追い込まれる 1937 年 7 月の 142 期まで続いている。『合作訊』は出版市場には流通しない非売品であり，華洋義賑会か

図 2.1 『合作訊』の紙面

らの資金援助と指導を受けている承認合作社に対して 3 部，未承認の合作社に対して 2 部が無償で配布された。合作社に関する論説だけではなく，合作講習会の開催案内と事後報告，各地の合作社の成績考課表，調査員による現場報告，読者の投稿などが掲載されていた。

『合作訊』の趣旨は「合作の情報を伝達し，合作の思想を普及し，合作事業を提唱することを主旨とする」ものであった（「合作訊月刊簡章」『合作訊』第一至五期合刊，中華民国十六年十二月十日）。『合作訊』の「発刊辞」では，「われわれ中国は農業を国の根本としており，農民の人口は全国人口の最大多数を占めている。全国最大多数の同胞が，このような窮地に陥っているのに，私たちはどうして救済の方法を講じないことができるだろうか。救済の方法については，最もよいのは以上に述べてきた困窮する農民を感じ取り，一つの塊

に結合し,経済生活上の利害が相互に助け合う団体をつくることである」(「発刊辞」『合作訊』第一至五期合刊,中華民国十五年)と,合作事業の問題意識および目的が説明されている。

合作社の設立および承認については,量的な拡大よりも質的な水準の高さが追求された。まず各地の郷紳との協力や宣伝を通じ,農民が自発的に合作社を組織し支援を要求するのを待って[16],華洋義賑会ははじめて章程と登録申請書(註冊)を各合作社に送付する。申請書(社員一覧や活動実績などの報告)が返送・提出されると審査して承認し,承認後も実績に応じて五段階にランク付けした上で財政支援の配分を決定した(章元善・于樹徳 1935: 139,劉紀栄 2015: 112-3)。審査不合格となった未承認社も存在し,数の上では承認社よりも多く[17],正式な承認に向けて農利股の指導と審査を受け続けた。

以上の華洋義賑会の信用合作社は,日本の産業組合とは異なり,政府による支援や法的根拠を持たないものであった。そのため,組織を維持し農民に広く支持を得ていくためには,上述のように自発性の原則および審査と承認の手続きの厳格さよって,経営が破綻する合作社を可能な限り発生させないことが重視されていた。華洋義賑会の活動拠点である河北省でも,1934年の段階で合作社から融資を受けたことのある農家は全体の0.5%に過ぎなかったように(張曼茵 2010: 122),これは合作社の量的な拡大を犠牲にするものであった[18]。しかし,華洋義賑会は中国における合作社の事業が実験的な試行錯誤にとどまっていた段階において,一つひとつの活動の実績を地道に積み上げることで,社会的な信用と信頼を着実に獲得していくことが優先されていたと言うことができる。

それでは以上の華洋義賑会の合作事業は,実際のところどの程度貧窮者を包摂し得ていたのだろうか。この問題に関して華洋義賑会自身は,「合作社の社員の多半は中産以下の学問のない農民である」(「視査員的感想」『合作訊』第十二期,中華民国十五年),「合作社は大抵が

中農および貧農による組織である」(章元善・于樹徳 1935: 141) ことを繰り返し明言しているように，合作社の成員の中核は下層の貧農であるという認識を持っていた[19]。しかし当時の調査報告では，華洋義賑会の合作社における社員の平均土地所有が県全体の農家平均よりも多く，土地を持たない貧農の加入が事実上困難で，「合作社の利益は全く最も切迫した窮農には普及していない」ことが指摘されていた (高枟暉 1936: 6)。近年の研究でも，華洋義賑会自身が作成した年次活動実績報告の統計データを二次分析して，「華洋義賑会から貸付を得ることができたのは主に自作中農」で (薛毅 2008: 196-9)，「主要に貧農，雇農を除く形で農村基盤を確立する試みであった」こと (菊池 2008: 314-5)，そして「貧農は信用合作社から排除されていただけではなく，小作農は入るための入り口にも届かなかった」ことが論じられている (劉紀栄 2015: 262)[20]。以上のように，華洋義賑会の合作事業が貧農の包摂に失敗した背景として，先行研究では以下の二つの問題が指摘されている。一つには，無限責任原則や出資金拠出義務のような，貧農にとっては過重な負担を要求する組織原理の存在である (薛毅 2008: 197; 蔡勤禹・李娜 2010: 104)。これは先に述べたように，貧窮者にも均等な負担を求めるような，互酬性の原則における限界を示すものと言うことができる。もう一つは，合作社における貸付の回収率重視の観点から貧農が排除されたという，経済合理的な要因である (菊池 2008: 315)[21]。

以上のように華洋義賑会の合作事業が，どうしてその理念と目的に反して貧農を排除する結果となったのかについて，次節では「社員」という成員資格の問題から検討していくことにしたい。

4. 合作社における成員の理念と表象

4-1　合作社と「成員役割」

　先に述べたとおり，先行研究では華洋義賑会の合作事業が貧農の包摂に失敗していたことが指摘されてきた。本節ではその上で，そもそも貧農が獲得できなかった合作社の成員資格とは何であったのかという問題に着目していくことにする。ここで成員資格の問題に着目する理由は，この問題を真正面から検討している先行研究がないことに加えて，上の二つの説明だけでは十分ではないと考えるためである。つまり，負担義務の重さや経済合理性が要因で貧農が排除されていたとして，それではなぜ華洋義賑会が貧農の救済を掲げながら，合作事業からそうした要因を取り除こうとしなかったのかが，一つの問題となるからである。この問題を理解するためには，この会の合作社がそもそも貧農に対してどのような「社員」であるべきことを求めていたのかという，成員資格の理念の問題に焦点を当てていくことが必要になる。合作社も近代のフォーマルな組織を志向するものである以上，成員と非成員を区別するための成員資格が一般的な形で明確化されていると同時に，正規の成員に対しても組織における「成員役割」の遂行が厳しく求められることになる（Luhmann 1964=1992）。この観点から本節では，あるべき合作社の成員（＝「社員」）としていかなる人物や人格が想定されていたのか，という成員資格の理念と表象の水準から，華洋義賑会の合作社が貧農の包摂に成功しなかった要因を記述・検討していく。

　先に論じた通り，日本の産業組合論においては，「信用」の根拠として地縁を基盤にした道徳的規制の役割が強調されており，産業組合法やその模範定款においても成員を「区域」に限定することが

定められていた。しかし，中国における華洋義賑会の「空白章程」や1934年に南京国民政府が制定した合作社法には，成員を「区域」で区切るという明確な規定は存在しない。合作社のテキストについては，日本の産業組合論の翻案によるものが多いので，地域による限定の必要性に言及されていること自体は少なくないが，日本のように必ずしも組合員の間の「信用」を基礎づけるという文脈では語られていなかった[22]。

むしろ華洋義賑会の合作社における成員の定義において重要なのは，厳格な無限責任制を採っていたこともあり，社員になるための審査基準が比較的高く設定されていたことである。「空白章程」では，信用合作社の成員資格として，「品行端正」かつ正当な職業を持つ「村人」であることが定められていた（第4条5項）。そして，合作社への入社を希望する場合は，既存の社員2人の紹介と，理事会における社員全体の四分の三の同意が必要とされていた（同6項）。入社する際は出資金として社員株を購入し，金銭を納付できない場合でも合作社から借金して納付しなければならなかった（同7項）[23]。さらに「信用」を失った社員は理事会の投票で三分の二の同意を得て除名することができた（同9項）[24]。また貸し付けに当たっては，社員の「信用程度」に対する評定会を開いて信用程度表を作成する必要があった（第6条18項）。章程には明記されていないが，社員の信用程度は「品行」「技能」「経済」の各項目について審査され，100点満点で採点された（薛毅 2008: 189）。社員の人数が，1933年の時点で1社あたりの平均25.4人とごく小規模であったことも[25]，以上の社員資格の厳格さを示すものと言うことができる。

4-2 「好人」と「不良分子」

合作社の成員資格の厳しさは，章程に公式化・制度化されていただけではなく，理念的な水準においても同様であった。華洋義賑会

の農利股主任を務めた楊性存は，合作社を立ち上げる際の社員の基準について，以下のように述べている。

> 第一に，<u>社員は善良な人（好人）に限ることであり，急いで数を集めて，良し悪しを区別しないようなことがあってはならない。</u>それは，物事を成功させることができないばかりか，物事を台無しにしてしまう（成事不足的人，他便敗事有余）ので，慎重にしなければならない。第二に，社員は自主的であることを主として，ある人が好人だからと言って，強引に招き入れてはならない。往々にして，合作社は急いで人を加入させようとして，人々に対して「入社してください，入社すればお金を貸してあげますよ」と言ってしまうが，このようなことは大きな誤りである。信用合作社は，もちろん金を貸し与えることもあるが，決して簡単なものではなく，その効果はこの点に止まるものではない。もし社員が金を借りることだけしか知らなくて，他のことを問題にしないのであれば，さらにどんな希望があるだろうか。（中国華洋義賑救災総会編 1933: 13，下線引用者）

ここでは合作社の成員資格の条件として，善良な性格の人物＝「好人」であることと，合作社に参加する能動性とが要求されているが，このように華洋義賑会は合作社の成員役割をしばしば「好人」として表象した。入社に当たり社員二人の保証を必要とするという「空白章程」の規定についても，「一人の好人に二人の好人の担保を加えれば，非常に信頼できるものとなる」からと述べられているように（「説『無限責任』」『合作訊』第六到八期，中華民国十六年），合作社は「好人」だけで構成されるように慎重に制度設計が施されていた。

　無担保かつ低利の貸し付けを経済的に循環させていくために，構

第 2 章　協同組合と農村救済

成員の人格的な資質の問題が重視されるのは，日本の産業組合論にも見られることであって，それ自体は華洋義賑会のみに特徴的なことではない。しかし華洋義賑会の場合は，信頼できる「好人」と信頼できない「悪人」「不良分子」とを強く対比させた上で，後者を慎重に排除すべきという論理を繰り返し展開している点に特徴があった。例えば，『合作訊』の論説では以下のように述べられている。

　　合作社は人の団体である。ゆえに社員は合作社の基礎である。各社の社務の良し悪しは，社員の資格がいかに定められているか次第である。社員の信用が十分であれば，社の信用も高くなり，その土地で信頼を得ることも容易になる。また社員の知識が高く，仕事ができる人材であれば，社務も自ずときちんとするようになる。<u>もし社員の中に不良分子がいれば，あるいは考え方が明確ではない人がいれば，合作社の活動もおのずと希望の持てないものとなる</u>。(「視査員的感想」『合作訊』第十二期，中華民国十五年，下線引用者)

　　ある合作社の成否は，職員と最も大きな関係があることを理解しなければならない。ある合作社がもし善良な分子を職員にしたならば，日の出の勢いで発展し，信用も日に日に高くなるに違いない。もし悪い職員を選出したら，この合作社の社務は，ますます悪くなり，信用も日に日に低くなるだろう。一つの合作社の社員の良し悪しは，合作社全体の栄誉に関係している。これがどれほど重要なことか，一般の社員はこれを知らなければならない。<u>選挙のときになったら，意見を出して好人を推挙すればよいのであって──新しい社員の入社を承認するかどうかを決定する投票も職員の選挙と同じような関係がある──く</u>

れぐれも悪人に利用されることがあってはならない。もし無関心で人任せにし，各人の自らの意見を放棄するのなら，言うまでもなく，合作社も失敗することになるだろう。(「職員的好壊影響考成」『合作訊』第九十四期，中華民国二十二年，下線引用者)

　以上のように，「社員」および「職員」の資格として「好人」という人格的資質が強く求められていたのは，「不良分子」「悪人」の跋扈による合作社の運営の失敗を未然に防止することを目的とするものであった。しかし，ここで注意しなければならないのは，上の文章で言及されている「不良分子」「悪人」は，道徳観念上の仮想敵なのでは決してなく，合作事業の当事者における実際の経験の中で具体的にイメージされた存在であったことである。

　例えば，虞振鏞という人物による視察報告では，「不良分子」の存在が出発点となって合作社が「ばらばらの砂」と化してしまった事例が記されている。まず，彼は合作事業の調査に赴くために，ある合作社に手紙を送ったが，「家に用事があって行けません」「勝手にしてくれればそれでいいです」という返事ばかりで，会合が開かれる場所と時間に行ってみても，小学校教師である一人の事務員の他は誰も来なかった。「その事務員によると，(一) 社の中には不良分子がいる，(二) 社員が信用合作社の趣旨や総会の借金の意図を悪用している。(三) 合作社を管理している事務を疑う人がいて，物事がめちゃくちゃになり(弄解)，ゆえに総会もお金を貸そうとしない。(四) さらに，総会の金は既に借りているのに，流用されているとデマを言う者がいる。(五) 職員も各人の職分を守ること，社員を教え導くことを理解していない。このように社員が発する意見，人心は一つにならず，無形のうちにこの信用合作社は消滅し，お互いに疑い，信用することのないばらばらの砂(散沙)に変わってしまった」(虞振鏞「因一個不幸的経験再来警告大家」『合作訊』第三

十七期，中華民国十七年，下線引用者)。こうした経験に基づき，虞振鏞は「合作社における職員，つまり合作社のリーダー（領袖）たちの品行がよいかどうか，物事の取り組みに熱心かどうかは合作社の存亡に関係している」と（同前)，読者に「領袖」の人格的資質に対する注意喚起を促している。

　このように，「悪人」「不良分子」を合作社の成員から排除すべきことが繰り返し訴えられていたのは，単に社員に対する道徳上の戒めとしてではなく，それが合作社における実際上の運営の成否を決する切実な課題であったからと理解することができる。こうした，構成員の人格上の善し悪しが合作事業の根本問題であるという認識は，合作社の内部だけではなく外部の農村の協力者についても同様であった。例えば華洋義賑会の総経理だった章元善は，合作社の活動を妨げる要素の一つに「土豪劣紳」を挙げ，一見したところ「彼らは知識や大義をよくわかっているように見え，公正士紳とほとんど何の区別もつかない」ので注意が必要であると述べている。彼によれば，「われわれが希望するのは，郷村の中の好人が出てきて合作社の中堅分子になることである」が，現実には「好人」ほど「表に出ることを最も恐れている」という（章元善 1936: 2)。同じく，華洋義賑会の鄒樹文という人物は，さらに踏み込んで明確に「地方における人士の手を借りないこと」が主張されている。彼はその理由として「地方ではたとえ公正な人であっても，私がその人に頼むと，その人は別の人に頼み，頼む相手が転々として事がいつまでも終わらず，責任もとらず，往々にして事を誤ることになる」からと説明している（鄒樹文 1933)。

　以上のように華洋義賑会は，「好人」と「土豪劣紳」とを慎重に見分けるべきことについて注意を促しつつ，それが現実には決して容易ではないことも明確に認識していた。それゆえ上述のように，会による審査や訓練を受けていない外部の「地方人士」は，一律に

合作事業から遠ざけるべきという主張も生まれることになった。

4-3 「情面」「面子」の論理

「好人」や「不良分子」「土豪劣紳」は具体的な経験の中で認識される存在であるので，そもそも両者を分ける一般的な基準が示されることはなかった。むしろ，華洋義賑会が抱えていた問題意識は，合作社の中に「不良分子」が生み出されてしまう原因が何か，という問題であった。その原因として指摘されていたのが，「情面」「面子」という，社会生活において近親者の情実と体面の考慮が優先される，中国社会に固有の人間関係の規範および作法の存在であった。

例えば，「品行のよい人だけが入社できる」と題する記事では，冒頭である合作社からの投書で，社員同士が互いを攻撃し合っている手紙を紹介している。この記事ではその原因として，「新しい社員が入社を希望する時に，社員が勝手気ままに紹介している」こと，そして「執行委員が情面に妨げられ，訳も分からないまま入社を許可し，その人の品行がどうであろうと，全く問われてこなかったためである」ことが論じられている（「只有品行好的人可以入社」『合作訊』第二十六期，中華民国十六年）。こうした問題の発生を防ぐために，この記事では以下のように「情面」（情実と体面）の論理を打破すべきことが訴えられている。「合作社がもしうまく運営しようとするのであれば，品行が正しくない人（品行不端）を社員にしてはならない。もしこの種の人がいれば，彼を退社させる方法を講じるべきであり（章程第四条第九項），情面に妨げられて互いに口を閉ざしてはならない。これから以降も，好きなように品行が正しくない人の入社を許可してはならない。社員もまた，くれぐれも情面に妨げられて，好きなように他の人を紹介して入社させてはならない」（同前）。

さらに「情面は合作社の致命傷である」と題する記事でも同様の議論が展開されている。この記事の冒頭では，「われわれ中国は根

深い家庭制度を持っているために，どのような大きさの事情に遭遇しても，総じてまず人情に託そうと考えている」と，中国が家族を中心とした「人情」を原理とする社会であること，そしてこの「人情」が「往々にして一般の悪人が悪さを誤摩化すための道具」となり，「信用合作社においてもこの悪癖が犯され，全村民の信用と名誉を一，二の不良分子のために余すことなく破壊させている」結果をもたらしているという（「情面是信用合作社的致命傷」『合作訊』第八十三期，中華民国二十一年）。

その具体的な事例として，合作社の事務員が金を着服して逃亡した事件を挙げ，これが「情面」を原因とするものであることを，以下のように論じている。

　　われわれはこの事件から以下のことを理解しなければならない。（一）合作社の職員は非常に肝要である。選挙の時は，人の機嫌を損ねることを恐れなければ，最後には真面目に仕事をする人を選ぶことができ，後の憂いを免れることができる。（二）監事員は，それでは申し訳ないなどということを心配することなく，常に職員の職務を監督するべきである。金銭に対してとくに注意すべきである。お金に余裕があれば期日前に返済させたり，あるいはお金を近くの信頼できる商店に預けたりするのは，全てこの種の不幸な事件が発生することを防ごうとするためである。みんなが全ての情面に気を配り，人を困らせたくなかったことが，全社の名誉を一敗地に塗れさせている。ゆえにわれわれは大義に就いて小さな節義を捨てるべきである。
　　私たちの合作社はもちろんうまく運営されているものが非常に多い。しかし，<u>上のいくつかの例は，すべて平時の情面を保とうとしたために，後に混乱をもたらしたのであり，これまで良い結果は存在してこなかった。情面，情面，これが人に与え</u>

る害は深く，これに対するみんなの注意を望みたい。(同前，下線引用者)

　以上の『合作訊』の記事からは，華洋義賑会が「不良分子」の問題を生み出す源として，「情面」「面子」の問題に悩まされていたことを窺うことができる。そこでは，近親者との情誼的な関係や体面を配慮することが優先され，その人物が真に「好人」であるか否かを厳しく問わないことが，合作社の社員として「不良分子」を合作社の中に招き入れる結果になっていると認識されていた。

　では，華洋義賑会の合作事業は現実に「情面」「面子」の論理を克服できていたのであろうか。この問題を実証的に明らかにすることは容易ではないものの，『合作訊』の断片的な記事からは，むしろこの会の合作社が「情面」「面子」の論理に深く埋め込まれていた可能性についても指摘することができる。例えば，「道徳は信用合作の基礎である」と題する記事では，信用合作社の基礎である「道徳」が重視されていない現状が批判され，その具体的な事例の一つとして「面子」の問題を挙げている。

　　社員の中には，「私たちが合作社の設立を申請したのは，面子を取り繕って，持ち上げただけに過ぎませんよ」と語る者もいる。しかし本会は，面子は取り繕う必要がないことを理解しなければならない。というのも，本会の事業は一貫して実事求是であり，人々が面子を立てることを望まないからである。(「道徳是信用合作的基礎」『合作訊』第二十九期，中華民国十六年，下線引用者)

　この記事で示されているのは，合作社の健全な運営を妨げる要因としての「面子」は，合作社の立ち上げを可能にするための現

実的な契機にもなっていた可能性である。事実,『合作訊』で華洋義賑会の外回り（外勤）の職員が各地の合作社から接待を受けている事例がしばしば報告され（「華北合委会調査員受懲」『合作訊』第百四十一期, 中華民国二十六年),「外勤人員もまた情面を打破すべきである」ことが厳しく戒められていたように（「外勤人員不応接受招待」『合作訊』第百二十八期, 中華民国二十五年), 華洋義賑会から直接指導と承認を受けていた合作社も,「情面」の論理から決して自由ではなかった。むしろ,「情面」の規範・文化に埋め込まれていた多くの農村住民にとっては, 華洋義賑会が求める「好人」とは逆に, 他者の体面を尊重できる人物こそが「好人」として認識されていた可能性が高い。そのように, 合作社の設立と運営において「情面」「面子」がインフォーマルに重要な役割を果たしていたからこそ, その克服が喫緊の課題として繰り返し表明されていたと理解することもできる[26]。

5.「好人」の矛盾と困難

　日本でも中国でも協同組合は, 都市部におけるよりも先に農村における恒久的な貧窮の防止と生産の向上を基本的な目的として導入・推進されていた。近年福祉国家の成立を中間的な相互扶助組織との歴史的な連続性や協働的関係から解き明かそうとする「福祉複合体 (mixed economy of welfare)」論が有力になっているが, もし華洋義賑会の合作事業が成功を収めれば, この「福祉複合体」の貴重な事例となったと考えられる。しかし先行研究では, 華洋義賑会の合作事業が全体として貧農を包摂できていないことが指摘されてきた。本稿はこの問題について, 日本の産業組合政策との比較を通じて, 合作社における成員資格の理念という側面から再検討を行い, 以下のようにその背景と経緯を描き出した。
　日本の産業組合政策をめぐる議論においては, 居住と生活の近接

性という地縁的な紐帯（＝「郷党の結合心」）に基づく情誼的な関係や道徳的規制が，「信用」を根拠づけることが繰り返し語られていた。そこでは，救済する側と救済される側という非対称的な関係が解消されない要因として，例えば柳田國男は報徳社における道徳的権威に基づく「慈恵」や地域の篤志家による「好意の独裁」のパターナリズムを批判していたが，それは柳田の言う「郷党の結合心」を核とした産業組合そのものが抱える矛盾として理解することができる。

それに対して，中国の華洋義賑会における合作事業においては，社員の資格要件として「好人」という人格的資質が強く要求されており，合作社の運営の成否はいかに「好人」を発掘および選抜し，「悪人」「不良分子」を排除していくかが重要な鍵であると理解されていた。そのため，華洋義賑会は社員における人格的資質の要求水準を極めて高く設定し，成員資格の理念として社員を「好人」のみに限ることを明示すると同時に，社員になるための手続きと審査を厳格にしなければならなかった。しかしこうした厳格さは，合作社の安定した経営を可能にした一方で，「信用」を証明できるだけの農業生産の実績や資源の豊富な中農以上の人物に有利で，そもそもそうした実績合作社の章程の内容を理解することも容易ではない下層の農民の包摂を困難にしたと考えられる。

それに加えて，「情面」「面子」という，情実と体面の維持が優先される中国社会に固有の人間関係の規範と作法が，貧農を合作社から排除する結果になった要因として指摘することもできる[27]。華洋義賑会は，「情面」「面子」を「不良分子」を合作社に招き入れてしまう要因としてフォーマルには厳しく否定したが，インフォーマルには合作社の設立と運営において重要な役割を果たしていた可能性が高いことは先に述べた通りである。もしそうだとすれば，合作社に加入する社員には，自ずと在地のエリートや有力者と社会階層を同じくする近親者が多くなり，その体面が配慮される機会の

少ない貧農が相対的に排除される結果になったと考えることができる[28]。

以上のように，協同組合を通じて貧農を包摂することの困難を成員資格という観点から記述していく場合，日本の産業組合がもし柳田の言うように篤志家のパターナリズムに着目すべきであるとすれば，華洋義賑会の合作社の場合は，合作社の経営の成否が個々の成員の人格的な資質に依存するものであっため，加入に際する要件を必要以上に厳格にせざるを得なかった点に求められる。先にも述べたように，現実には情実と体面の論理が合作社の設立にとって重要な役割を果たしていた可能性が高い。しかし，華洋義賑会はそうした論理を克服するためにこそ，「好人」という成員役割の要求水準をより厳格なものとしなければならず，結果として貧窮者にとって参加のためのハードルをより高いものにしたと言うことができる[29]。

最後に，中央政府による合作社政策と華洋義賑会の合作事業の動向について簡単に述べて，本章を締めくくることにしたい。

1927年4月に成立した国民党の南京国民政府は，孫文の民生主義の理念を実現する手段として合作社の推進を図り，翌28年に政策として重点を置く七つの運動の一つに「合作運動」を掲げる。1928年に合作事業を宣伝・指導する団体として中国合作学社が設立され，全国各省では続々と合作社の条例が制定されるようになる。国家の法律としても31年に農村合作社暫行規程が制定され，34年3月には合作社法が，翌35年8月には合作社法施行細則が公布されている。こうした中で，北京政府の下ではほとんど放任されていた華洋義賑会の合作事業は，一躍国策として公認されるようになる。当初は河北省に止まっていた信用合作社の活動範囲も，安徽，湖南，陝西，福建などを中心に，全国的な展開を見せるようになっていく。

このように合作事業が量的な拡大を実現していく一方で，華洋義賑会からは「量の方面ではこのように進展してはいるものの，質的な方面では満足できるものではない」（「農村合作社社務進展標準」『合作訊』第百二十八期，中華民国二十五年）という危機意識が，頻繁に語られるようになる。とりわけ国民政府の主導による，華洋義賑会の直接的な指導と影響を受けていない合作社は，伝統的な相互扶助組織である銭会や血縁的な同族集団を通じて，主に在地エリートの郷紳に請け負わせる形で設立されたりしたもので，華洋義賑会が考える形での組織化は進まなかった（飯塚 2005; 趙泉民 2007: 310-6）。そこでは，華洋義賑会ではフォーマルには否定されていた「情面」「面子」が，合作社の組織化に当たって躊躇われることなく動員されていたであろうことは容易に想像される。

　結局のところ，1937年の段階でも「不良分子を排除して合作社の進展を阻害させないようにし，他にも新しい社員を吸収することを宣伝し，合作を必要とする善良な農民に合作社に加入する機会を与えなければならない」ことが訴えられていたように（「落伍与進歩」『合作訊』第百三十九期，中華民国二十六年），華洋義賑会は最後まで「不良分子」の問題を解決できないまま，7月以降の日本軍の華北侵攻による合作事業の終焉を迎えることになった。

注

1) 個別的な事例としては存在してなかったわけではなく，例えば河北省河間県馬戸村の信用合作社が1929年8月から実施した種痘や施薬などの医療事業や，1936年2月に江蘇省立教育学院が無錫で行った，低額の保険料による無償医療などが存在する（劉紀栄 2015: 330-2）。
2) ここで言う合作社のメカニズムとしての「互酬性」とは，個人間関係の対称性を前提とした，社会的な規範および義務として遂行される贈与と返礼の相互行為を指すものである（Polanyi 1944=2009）。返礼履行能力を持た

ない人々に，その能力をいかに付与して互酬性を実現するかは「社会政策」をめぐる重要な主題であるが（平野 2012），ここではこの主題を十分に展開できなかったことを断っておく。
3) 以下の，平田東助を中心とする日本の産業組合政策の記述については，産業組合史編纂会（1965），伊東（1977），Najita（2009=2015），並松（2015）を参考にした。
4) ただし，シュルツ式原則に基づいていた 1891 年の信用組合法案でも，「組合員は同一の組合区域内に居住する者たるべし」と居住地原則が明示されていたので（産業組合史編纂会 1975: 166），これ自体はライファイゼン式によるものではない。
5) 産業組合における「信用」を支えるものとしての「郷党の結合心」は，柳田の産業組合論の中心的な原理を示すものとして，既存研究でも特筆されることが多い（藤井 2008: 88；牛島 2011: 71；並松 2012: 72-3）。
6) 柳田は「産業組合の区域」についても，同様の説明を行っている。「信用組合にありては組合の区域となすべく，市と村とをあわせて区域としまたは数町村ないし郡等をもつて区域とするあたわず。その理由は区域小なるときは交通も容易に，常に組合員または組合員たらんとする者の行状資力を熟知し，怠惰にして業を衰えしめ粗暴にして産を傾けんとする者あらば，あらかじめ警戒を加えまた相当の匡正方法を設けて，組合全体が不評判，不信用を蒙るの害を免るるを得べければなり」（柳田 [1900] 1999: 22）。
7) 日本における産業組合論において，人的結合を確保するものとして地縁的紐帯が重視されたことについては，神吉（2006）でも詳細に検討されている。引用文も一部重複している。
8) 堀越（2016: 69-70）によれば，1901 年から 1933 年までの柳田國男の産業組合に関連する論文は 53 点である。柳田の農政学と産業組合論から民俗学への転回について，これまでの研究の多くは共通して，日本の農村と農民における協同的な自助の可能性を探求するという，一貫した関心に支えられていたと論じている（佐藤 2001；藤井 2008；牛島 2011）。
9) 柳田は東京帝大時代に，農政学者の松崎蔵之助（河上肇の師匠でもある）の下で，常平倉，義倉，社倉という伝統的な備荒貯蓄制度を検討した『三倉沿革』という卒業論文を執筆している（小島 2012）。
10) 柳田の報徳社批判は，一官僚として基本的には政府の立場を代弁し，またレトリックとして経済的合理性の側面を強調したため，「近代資本主義の優越性を激賞することによって，日本の農業部門改革という行政上の使命

を遂行した」という批判的な評価を生み出すことにもなっている (Najita 2009=2015: 232-3)。しかし言うまでもなく，柳田は経済と道徳の二分法に立っていたわけではなく，むしろ経済の道徳的側面の重要性を認識するがゆえに「日本のライファイゼン式信用組合」として報徳社に期待するものであった。また彼が「営利」を強調したのも，報徳社における「慈恵」「慈善」的側面の徹底克服の要求と，農民の「自立自営」の実現を意図するものとして理解される必要がある。

11) 以下のように，少数の指導者に依存した組合経営に対する批判は柳田によって繰り返し語られている。「其人があればよろしい，あの人さへやつて呉れゝば宜しいといふので以て，産業組合を作つても其人にのみ信頼して，他の者が学ばずに怠けて居るならば，其人が一朝亡くなったが為に永久の価値ある組合事業が直に亡びて仕舞ふといふことでは仕方がない」(柳田 1916: 11-2)。「日本の組合はやたらに人にばかり縋りつく産業組合である。互に助け合はうとしない産業組合である。同じ境遇に在る者を教育しやうと云ふ心持のない産業組合である。私は斯くの如き組合が長く繁栄することをそんなに酷く喜んでは居らぬ。之から先どうしても本当のものにしやうと云ふ為には，先づ以て如何なる人間が出て来ても，何も改まつて代表者などと言はなくとも，どの組合員を連れて来ても同じでなければならぬ。日本国民としてもさうでなければならぬ。即ちどの国民を連れて来ても日本の国の為に政治が出来るやうにしなければならぬ」(柳田 1933: 15)。

12) 華洋義賑会を中心とする民国期中国の合作社の運動と政策については，川井 (1982) の先駆的な研究のほか，趙泉民 (2007)，菊池 (2008)，薛毅 (2008)，張曼茵 (2010)，劉紀栄 (2015) など，この10数年の間に研究の蓄積が進んでいる。しかし総じて実証的あるいは概説的な記述に終始しており，合作社運動の中国の近代化や国家形成における意義という点については，必ずしも明確ではない。

13) J. B. テイラーはイギリス国教会の宣教師で，1921年に燕京大学経済学系の教授に招聘される。1922年以降，華洋義賑会の合作事業における指導的人物の一人となる (菊池 2002: 102-3)。テイラーは1930年代には農村工業の発展こそが農村救済の鍵とする立場から，1932年に華北工業改進社を設立して，毛織，製鉄，陶業，職業教育などを対象に，合作社の手法による農村手工業の組織化と技術改良に尽力した (菊池 2002: 81-8)。

14) 章程の原本は，中国国民党中央委員会党史委員会編 (1980a: 463-70) を用いた。また，日本語訳として川井 (1983: 98-104) がある (翻訳の原文は張鏡予編 1930: 192-9 が用いられている)。「空白章程」は全部で5回

15) 19世紀ドイツにおけるライファイゼン型組合の全てが出資金負担義務を否定していたわけではなく，一部に導入されたものも存在している（村井 1997: 115）。
16) 于樹徳は合作社が組織された最初の契機について，動員ではなく「風聞」によるものであったことを述べている。「合作社の創立は，大抵がみな各地の人士の風聞によって起こった自発的な組織であり，社を組織する動機の源は，親戚を訪ねたことによるもの，市に行ったことによるもの，合作講習会によるもの，各社職員の提唱によるもの，教会の牧師が広めたことによるもの，合作訊の閲覧によるものなどである」（章元善・于樹徳 1935: 138-9）。
17) 華洋義賑会自身が作成した統計では1933年に承認社は408か所で社員数は11,865人，未承認社は506か所で社員数は11,332人である（于樹徳 1933: 8）。
18) ただし総人口ではなく家族世帯数との比率で見ると，1930年の河北省定県における平均家族人数（5.8人）を参考にした場合（李編 1933=2005: 149），2.5%にまで達する。
19) もちろん，華洋義賑会自身の論説や報告の中には，こうした公式見解に反するものも見受けられる。例えば1937年の『合作訊』における文章では以下のように指摘されている。「合作社に加入する人がいるのは，合作の必要があるからとは限らない。合作の必要があっても，一部分の人によって支配されているために，合作社に加入する事ができないことがある。また合作社の社員も，中農・富農が多くを占めて，小農・貧農は門の外に閉め出されている。合作社は全ての人民のもの（全民的）であるのに，大多数の人は加入する機会がないと，自然と力は減少し，人の興味をひかなくなり，同時に人材の源も少なくなってしまい，ゆえに業務が発達しなくなる」（「落伍与進歩」『合作訊』第百三十九期，中華民国二十六年）。
20) ここで言う「富農」「中農」「貧農」は，単純に貧富についてのカテゴリーであり，地主，自作，小作との区別とは必ずしも対応していない。そもそも当時の華北農村社会における農民は大多数が自作農であり，地主や小作農は少なかった（三品 2017a, 2017b）。
21) 若干の例外として，川井悟の先駆的な研究は，合作社の社員の土地所有状況のデータを詳細に分析し，華洋義賑会の指導力が強かった早期に設立された合作社では1畝から40畝の下層農民が中心であったことを指摘して

いる。しかし，国民政府の合作社政策の影響下で設立された後期の合作社になると，上層とくに 100 畝以上の富農に偏るようになったという（川井 1982: 50-4）。

22) 例えば于樹徳の『合作社之理論与経営』(1929) では，「社員の資格」として「高尚な人格」「相当な生計を営む」「相当な知能を有する」に加えて，「地域の限定は，地域内の住所を有する者にすべきである。章程上で合作社の業務の区域を規定する時は，必ず区域内に住所を有する者が，はじめて入社して社員になることが出来るべきことは，言うまでもないことである」ことが述べられている（于樹徳 1929: 85）。ただし 4 番目と優先順位は低く，二行の簡単な記述で具体性はない。また楊性存は，「集会が容易で，社員に対する監査が便利であることを基準にすべきであり，自ずと小さいほうがよく，大きくてはならない。特別な状況を除けば，一つの村であるのが最もよい」と説明しているが（中国華洋義賑会救災総会編 1933: 12-3），これも日本のように信用の社会的な基礎というよりは運営上の便宜という意味合いが強い。さらに国民政府の合作社法が社員と活動における地域の限定を定めなかったことについて，1935 年の合作討論会では，「同一の合作社の社員がそれぞれ挙行している大会が，全く地域上の関係によるものではないので，『区』の字を取り去ることで誤解を免れることができる」と，合作社は居住地域ではなく活動範囲において定義されるべきものとしている（中国国民党党中央委員会党史委員会編 1980b: 393-4）。これは 1935 年 9 月に施行された合作社法施行細則の「合作社の設立は社員が合作を実行できる範囲を基準とする」（第三条）という条文にも反映されている。

23) 章程の中には明記されていないが，加入資格は個人ではなく，世帯における「家長」であることが要件とされていた（「只有家長可以当社員」『合作訊』第二十五期，中華民国十六年）。その理由として，無限責任である信用合作社では，社員が自らの財産を所有していない場合，万が一のことがあった場合に，合作社の負債を分担することが不可能になってしまうことが述べられている（同前）。

24) この入社資格基準は，日本の産業組合法（1900 年）における信用組合模範定款が，区域内に住所を有し「独立した生計を営む者」という簡潔な規定だけが存在しているのと比べて，きわめて厳しいものと言うことができる。華洋義賑会の合作事業のモデルでもあった，ドイツのライファイゼン型農村信用組合も，組合員は教区・村落の住民が自動的に加入することが前提であったこともあり，成員資格の規定は華洋義賑会ほど厳密なもので

はなかった（村岡 1997: 109-10）。
25) これは承認社と未承認社を合わせた数字である（「河北省合作事業歴年推進状況比較表」『合作訊』百期特刊，中華民国二十二年）。
26) 以上はあくまで華洋義賑会の合作社の内部の話であり，その外部の農村や農民に関わる際に直面していた「情面」に至っては，もっと露骨で質の悪いものであった。例えば，章元善は農村における合作事業の活動の中で，以下のように村民から「漢奸」として遇された経験を記している。「以前に河北省の東部で農賑を行っている時期，その時にある地方で，民衆が私たち活動人員を見たとき，彼らは偽国派（満州国の一派のこと——訳者註）が人心を買収に来たと考えた。彼らはこう語った。『私たちはあなた方が来ることをとっくに知っていましたので，旗（満州国の五色旗——訳者註）を準備しておきました。あなた方が来られたので，私たちがその旗を持ってきて掲げたら，労せずしてあなたたちから買収に来られたわけです』」（章元善 1936: 2）。
27) 三品（2010）は『中国農村慣行調査』に対する分析の中で，華北農村で「面子」に囚われない生き方をした人物として，貧民や無頼者のほかに，村落を超えたレベルで活動している外部からの「有力者」を挙げ，しばしば村落住民との紛争や訴訟に発展していたことを明らかにしている。これは，貧農が「情面」ゆえに排除されたという仮説を傍証すると同時に，華洋義賑会が「面子」を全面否定できたのも，まさにこの会が農村における後者の存在であったからと理解することができる。
28) 2007年の農民専業合作社法の施行以降普及した現代中国の合作社においても，少数の出資者リーダーの主導権や，情実による「関係」の論理が強いことが指摘されている（浅見 2015）。同時に，これらの合作社の実態が営利企業に限りなく近く，貧困農家の加入が進んでいないという問題を抱えていることも明らかにされている（寶劔 2017；劉 2017）。おそらくこの問題も，合作社の運営を指導者の人格的資質やインフォーマルな人間関係に依存していることが，結果的に貧農を排除してしまうというメカニズムの中で理解される必要がある。
29) 本章では深く検討できなかったが，華洋義賑会における，農村と農民の潜在能力に対する否定的な姿勢が貧窮者を排除した可能性も指摘することができる。章元善によれば，「ばらばらの砂」で「私心が極めて重い」中国の農民に，組織の能力と互助の習慣を養成することこそが合作社の重要な使命であった（章元善 1936: 1-2）。華洋義賑会は南京国民政府の合作事業に対する介入への警戒をしばしば表明していたが，それは農民の自治の

能力を信頼すべきであると考えていたからではなく，逆に「わが国の人民の知識は低劣で，役人は不正を働くことに長けている。人民の福利を図る組織によって役人に搾取の機会を与えてはならない」という（「合作社法草案──華洋義賑会之意見」『大公報』中華民国二十二年二月二日），質の悪い役人に騙されないための知識と能力が農民に欠如しているという認識によるものであった。こうした，華洋義賑会における中国の農民の力量に対するネガティヴな認識──そのコインの裏面としての農民の指導・啓蒙に対する強い使命感──も，結果として貧農を包摂する際の阻害要因になったと考えられる。事実，合作社に類する伝統的な互助組織の意義や役割についても，華洋義賑会はほとんど触れていない。具体的な実践のレベルで，そうした互助組織が華洋義賑会の合作社の設立にどの程度寄与したのかについては，「清咸豊帝の年に本村に合作社に類似した会体を提唱した者がいた」「本村は人民はすべて合作互助の性質を有していた」「本村は昔から合作社に類似した挙動があった」「はじめ本村は民国元年より合作社と大同小異に似た聯合互助会を組織した」などの断片的な報告があるものの，ここで言及されている「会体」「互助組織」「互助会」についての詳細は明らかではない（中国華洋義賑救災総会 1926: 99-101; 川井 1983: 56）。

付記：本章は，『社会政策』11 巻 1 号（2019 年）に掲載された論文「中国初期協同組合における救貧事業──華洋義賑会の合作事業と成員資格の問題」をもとに加筆・修正したものである。

第3章　合作社の思想と救貧事業
——于樹徳における「好人」の自治

1. 貧窮問題と合作社の思想

　本章では前章に引き続き，華洋義賑会の合作事業の理論的な面での指導者であった于樹徳（1894-1982）の著作や論説を検討し，この会の合作事業を支えていた思想と，それに基づく実践の試行錯誤のプロセスを描き出していく。

　于樹徳の合作社思想に関しては，現在のところ華洋義賑会の合作事業に関する研究のなかで断片的な言及があるだけで，その全体像を扱った研究は皆無に等しい。しかし，彼が近代中国における合作社の思想と実践に果たした歴史的な役割は，決して断片的な言及で済まされるような小さなものではない。于樹徳は華洋義賑会の合作事業の指導者の一人であっただけではなく，後に検討するように，『信用合作社経営論』（1921年）という，合作社に関する中国で最初の本格的なテキストを作成するなど，この時期を代表する合作社の理論家の一人でもあった。また周恩来や李大釗など中国共産党の指導者の友人で，1920年代から共産党員として国民革命にも参加して毛沢東らを相手に合作社の理論を講義し，共産党政権下では合作事業の要職を歴任して常務委員も務めている。于樹徳自身はマルクス主義者としての文章を遺すことなく，最後まで合作社の理論家としての立場を越えて，一定の政治的立場に積極的にコミットするこ

とはなかった。そのように，政治運動に関与しつつ明確な立ち位置を持たなかった于樹徳の合作社論はしかし，当時の中国における合作社の思想と実践が，政治イデオロギーとしての意義を超えた「全民族」的な課題として人々に受け止められていたことを示すものと言うことができる。

前章では，協同組合における「信用」の基礎として日本の産業組合政策が地縁的な紐帯に基づく道徳的規制に置いていたのに対して，華洋義賑会の合作事業においては合作社の成員と指導者が善良な人格者（好人）であることに求めていたことを論じた。本章では于樹徳の合作社思想を詳しく検討することで，前章で検討したような，例えば「好人」を発掘・選抜して「不良分子」を慎重に排除するという華洋義賑会の課題について，彼がどのように取り組んで解決しようとしていたのかを明らかにしていきたい。

2. 近代中国における協同組合の実践と試行錯誤

現在の中国語（普通話）で「合作社」と表記される"co-operative"の思想が中国に本格的に流入するのは，他の社会思想や政治イデオロギーよりもかなり遅く，1910年代に入ってからである。

中国における最初期の合作社としては，1914年に河北省定県翟城村に，当地の郷紳である米迪剛が設立した「因利協社」がある[1]。米迪剛は，日本の早稲田大学に留学して「産業組合」の理論と地方改良運動の実践を学び，帰郷した後に「村治」の運動の一環（他には納税組合，義倉，井戸の掘削など）として因利協社を設立した。因利協社は，元は他村の良質の棉種を買い付けること目的に設立され，金融，消費，購買，販売の四つの部門を備えていた。とくに金融協社は，学校の運営費など村の公的な資金を調達する役割を果たすなど，村の中央銀行とも言うべき役割を果たしていた（伊仲材編述

1925: 76-8; 李景漢 1933: 103）[2]。

　1919年の五四運動は，若き毛沢東が「民衆の大連合」という文章でその歴史的意義を高らかに謳ったように，中国の都市部で様々な政治結社や社会団体を活性化させ，その一つとして"co-operative"への着目も高まることになった。例えばベルリン大学に留学して協同組合の理論を学んだ薛仙舟は，帰国後の1919年に所属する上海の復旦大学の同僚や学生とともに，シュルツ式の都市型信用組合である上海国民合作貯蓄銀行（以下「合作銀行」）を設立する。その目的は「合作主義」の提唱，預金者の利益の保存，小営業の援助であった（菊地 2008: 71-4）。さらに薛仙舟は復旦大学の学生が組織する平民週刊社の『平民』に合作社に関する文章を多く掲載し，1921年には平民週刊社を平民合作社に改組して「合作主義」の宣伝に努めた。合作銀行は投資額が伸び悩んで規模は順調に拡大せず，1930年までに閉鎖された。『平民』も1924年10月に軍閥抗争に巻き込まれる形で停刊を余儀なくされた（趙泉民 2007: 82-3; 菊地 2008: 24-8; 張曼茵 2010: 82-3）[3]。

　本章で中心的に扱う于樹徳も，このように農村における郷紳から都市の知識人に至るまで，合作社に関する理論を完全に手探り状態で学びつつ，断片的な試行錯誤を繰り返していた人物の一人であった。于樹徳（永滋）は河北省静海県（今の天津市）の生まれで，天津の北洋法政学堂では李大釗とは同窓であった[4]。同じ天津の南開中学に在籍していた周恩来とも知己となり，李大釗と一緒に「新中学会」を結成する。1917年頃に日本の京都帝国大学に留学して「産業組合」の研究に取り組み，その成果として1921年に『信用合作社経営論』という654頁にもなる合作社論のテキストを刊行している。

　この本の「例言」によると，1919年頃に書き始めた時のタイトルは「平民銀行経営論」であったが，その後「金融協会経営論」に，

そして脱稿時には「金融協業会経営論」と改められ，上海の新聞社が「合作社」という名詞を多く用いているのを見て，現在のタイトルに変更したという[5]。元は「新中学会経済叢書」シリーズの第1弾として刊行されたものであり（その後続刊の形跡はない）[6]，李大釗など新中学会のメンバーが補訂や校正に助力している。後に于樹徳自身が「雑多であるのを免れない」と反省しているように（于樹徳 1929: 序言 3），冗長で論述に首尾一貫性が欠けている面は否めないが，中国で最初に編纂された合作社に関する総合的なテキストである点は考慮されるべきであろう[7]。

この本で定式化されている信用合作社とは，私営銀行のように「営利的団体」でもなければ「慈善的団体」でも決してなく，「平民以下の人民」による「自助互助的団体」であり，「中産以下の金融機関」であると定義されている。その性質は「会員が小額の資金を出し，小さな信用を合わせて大きな信用をつくるという道理に基づいて，相互に団結し組織が成立する」ことにあるという（于樹徳 1921: 6）。于樹徳によれば，「わが国の中産以下の人民は，様々な悪影響を受けているが，その主要な原因は，この種の完成された金融機関が存在しないことにある」（于樹徳 1921: 11）。ここで言う「悪影響」というのは，具体的には小作農家が重い小作料負担のために頼る高利貸，小商工業者が材料を仕入れる際の高利・高価格，賃金しか拠るべきものを持たない労働者の生活難のことを指している（于樹徳 1921: 12-5）。

そして信用合作社の効用として，(1) 平民に対する儲蓄の利便，(2) 中産以下の人格的信用の向上，(3) 平民に対する低利率の資金供給，(4) 小産業者に対する指導，(5) 平民の知識水準の引き上げ，(6)「郷党」の生活習慣（「風俗」）の改善，(7) 人民の自助心と互助心の発達，(8) 地方自治の発達と地方経済の独立の八つを挙げている。とくに第7の点について，「他人の保護を受けず，他人の干渉

も受けない，つまりこれは"デモクラシー"の真の精神」に基づく互助を養成するものと説明している（于樹徳 1921: 15-25）。

さらにこの本では，信用合作社の目的や欧米諸国や日本における状況，組織運営の具体的な方法のほか，シュルツ式（都市型, 地域無限定, 有限責任, 配当あり）とライファイゼン式（農村型, 地域限定, 無限責任, 配当なし）の区別など，信用合作社の理論や原理についても詳しく解説されている。于樹徳はシュルツ式のみを，他人の恩恵に頼らず自助の精神を養うものとして高く評価し，それに対してライファイゼン式は，「宗教的慈善心」に基づき，独立心を失わせて依存心を助長する弊害があり，中国では決して採用するべきではないと論じている（于樹徳 1921: 88-9）[8]。

于樹徳が熱心に学んだ日本の産業組合政策についての評価は，意外にも極めて低いものであった。彼によると，日本の産業組合はライファイゼン式を中心的に採用しているために，設立が農村に偏重しているという欠点を抱えていた（于樹徳 1921: 67）。また，「合作社は平民の自助互助の機関である以上，官庁の痕跡が入り混じると合作社の精神を失わせてしまうことは，日本の組織が証明している」と（于樹徳 1921: 80），その官製的な性格についても辛辣な批判を行っている。

以上のように，于樹徳は『信用合作社経営論』の中で合作社を資本主義経済への対抗手段であるだけではなく，「慈善的」な他者への依存，そして国家・政府への依存を克服する経済組織として位置づけていた。次節では于樹徳が，合作社における互酬性の原理と貧窮者に対する救済の実践とをいかに結び付けようとしたのかを検討する。

3. 「地方の人格者」への期待――于樹徳の初期合作社思想

3-1 「農荒予防と産業協済会」

　于樹徳は『信用合作社経営論』を執筆するかたわら，保守系の総合誌である『東方雑誌』に数篇の文章を寄稿している。それらは内容的には決して洗練されたものではないが，『信用合作社経営論』では明確に語られていなかった，彼自身の素朴な問題関心がストレートに表現されている。その意味で，当時の中国が抱える問題（とくに貧窮の問題）にとって合作社がいかなる意義を持っていたのか，そして合作社を中国の社会的条件の下で実践する際の課題や困難が何であったのかを理解する上で，きわめて貴重なものとしてここで検討することにしたい。

　その一つとして，日本留学での勉強の過程で執筆されたと思われる，1920年の『東方雑誌』第17巻20号，21号に掲載された「農荒予防と産業協済会」という文章がある（于樹徳［1920］1923）。第1章で検討したとおり，この年に直隷省や河北省を中心にした華北地方の大干ばつで犠牲者50万人，被災者3,000万人と言われる大飢饉が発生していた。新聞紙上では，一面干涸びた農地，糠や雑草，木の皮を争って食物にする農民，井戸に投げ捨てられた幼児など，悲惨きわまりない情景が報道されていた。于樹徳の故郷である河北省静海県も，被災が激甚であった地域と隣接していた。「農荒予防と産業協済会」は，留学先の日本で華北大飢饉のニュースに接した于樹徳が，その衝撃の中で執筆したものである。この文章の冒頭部分で彼は「われわれ大中華民国特有の現象であり，これは世界のどんな劣等民族・亡国民族でも，われわれがいる場所に追いつくことはできない」と慨嘆した上で（第1章3節参照），以下のように論じ

ている。

> しかし，われわれが少し考えてみたほうがよいのは，他人の救済を仰ぐ者が一つの国家で三千万あまりもいるというのは，どのような現象なのかということである。まさか，思慮遠謀（久長之計）のわけはなかろう。言うまでもなく，現在は寄付や義捐による救済を除けば，もとより他に方法があるわけではない。しかし，もし急いで農荒を予防する方法を講じ，根本的な救済を図らなければ，おそらく飢饉の期間が今年の一年には止まらず，飢饉の範囲も北方四省にも限られることなく，飢饉の襲来も大旱魃によるものだけではなくなるだろう。(于樹徳［1920］1923: 1-2)。

このように于樹徳は華北大飢饉の衝撃を受けて，飢饉を予防する根本的な方法として，「仁人・志士」の救援活動に期待するのではなく，そもそも「他人の救済を仰ぐ」ような人々の出現を未然に防止することが必要であると主張されている。その上で彼は，農村の飢饉を予防するものとして，植林や水利工事などの技術的な方法だけではなく，農民が低利子で資金を融通できるような，経済的な方法こそが重要であるとして，「産業協済会」つまり合作社の設立を提唱している。

于樹徳は産業協済会の性質として，(1)「小産業者」の結合，(2) 貧富の懸隔の解消，(3) 自助・互助による団結，(4) 営利団体でも公益団体でもない，という4点を挙げている。とくに第3の点については，「誰が救済者であり，誰が被救済者であり，誰が客で誰が主であるのかの区別は全く存在しない。救済することについては全員が救済者なのであり，救済されることについても全員が被救済者なのである」という，互酬性の原則に基づくものであることが論

じられている。そして第4の点については，とくに慈善団体が「世の中の人を広く救済することが目的」で対象が限定されないのに対して，産業協済会は「人の団体であり，その会員は必ず一定の条件を備えていなければならない」ために事業の範囲は会員だけに限られ，「会員以外の人は協済会の事業の利益を享受することができない」というメンバーシップの原則に基づいていることが説明されている（于樹徳［1920］1923: 10）。

続けてこの文章では，金融（信用），販売，購買，生産・利用という（これは日本の産業組合法の分類に従っている）4つの協済会について，それぞれ簡単な解説を施している。例えば「金融協済会」（信用合作社）の意義について，農村における金融機関の不在を埋めるものと論じている。中国の既存の金融機関としては銀行が存在するが，営利を目的としているために貸し付け業務は都市部の中・上層だけに集中し，農村と小農業者に普及することができない。その結果として，農民は高利貸に苦しめられて担保としていた土地を失い，華北大飢饉のような惨状がもたらされている。それに対して「金融協済会」は，非営利で相互の救済を目的とした団体であるため，「人の信用」以外の担保を必要とせず，貸し付けの利率も低くなるという（于樹徳［1920］1923: 16-7）。

結論として于樹徳は，産業協済会は飢饉を防止するに止まらず，国家さらには世界の産業の発展に大きく貢献するものであると主張している。しかし，今のところ中国では産業協済会を運営するための法律や政府・官吏は全く存在していないため，「その運用は全て職員の熱心さにかかって」おり，「ただ政府や官吏が破壊しないことを希望する」しかない現状にある（于樹徳［1920］1923: 44）。そこで于樹徳は，以下のように「地方の人格者」という在地の人格的リーダーの出現と奮起を訴えている。

最後に私は,「わが国の地方には人材があまりに少ない」と言わねばならない。地方における事業は,全て数人の土豪劣紳（劣紳土棍）によって支配されており,志のある者は大都市に行って活動しているが,それも程なく「全くのあぶれ者（純流氓）」になってしまい,実に嘆かわしいことである。産業協済会という組織は,地方の同志による結合であって,決して土豪劣紳を混入させてはならない。<u>私が切に希望するのは,志のある者および地方の人格者が,地方の堕落を座視することなく,手厚い援助の手を差し伸べ,毅然として協済会の職員を担うことである。</u>こうした援助は,金銭の犠牲を必要とするものでなければ,土豪劣紳との奮闘・苦戦を必要とするものでもなく,少しばかりの人力や精神を出してもらえれば十分である。……産業協済会の前途がどうなるのかは,地方でこの種の組織の任を毅然として担う人材に全てかかっている。筆者は敢えて大きな声でこう呼びかけたい,地方の志ある者は立ち上がれ！　志のある地方の者は立ち上がれ！（于樹徳 [1920] 1923: 6-11, 下線引用者）

3-2 「わが国古代の農荒予防策──常平倉・義倉と社倉」

　続けて于樹徳は,同じ『東方雑誌』の1921年第18巻15号から16号にかけて「わが国古代の農荒予防策──常平倉・義倉と社倉」という文章を掲載して（于樹徳 [1921] 1923）[9],伝統中国における備荒貯蓄制度である,「社倉」の再建を主張している[10]。

　社倉は,凶作時には籾殻を無償・無利子および低利子で放出し,豊作時には高い利子で貸し付けるという原則に基づき,官による救済ではなく郷村自治による相互扶助で運営される。社倉は12世紀に朱熹が構想・施行した社倉法に由来するが,長らく一部の限られた試みにとどまった。明代後期の16世紀以降,在地の儒教的名

望家(郷紳)が「郷約」という道徳的な規約を通じて，地域社会の統治を自律的に担うようになる過程で広く施行されるようになった。清朝はこの遺産を受け継ぐ形で，康熙帝の時代の 17 世紀後半に農村において常平倉，義倉，社倉の三つの備荒貯蓄制度の体制が確立されるが，太平天国などの戦乱によって 19 世紀後半以降に大部分が機能不全に陥っていた[11]。

于樹徳の「社倉」論文は，以下に述べている通り，先の「協済会」論文と同様に，華北大飢饉の衝撃を受けて執筆されたものであった。

> 去年の北方の数省の旱魃・飢饉のように，直接・間接の死者がどのくらいかがわからないほどであったが，その最大の原因は米穀の欠乏ではなく，実のところ大部分は購買力の欠乏にあった。そのように，わが国が凶作の年は，外国人の慈善的な救災——つまり放賑——に頼るというほかは，外国の米穀を輸入して米穀の価格を調整するという方法は，ほとんど不可能なものである。それゆえ，<u>わが国で飢荒を予防しようとすれば，わが国の特殊な国情に従った特別な方法を考え出さなければならない</u>。筆者はこの問題を解決しようとすれば，わが国の歴史上の農荒を予防する方法から研究を始めなければならないと考えて，ゆえに筆者はこの題を提示するものである。(于樹徳［1921］1923: 53-4，下線引用者)

以上の問題意識の下に，この文章では伝統中国における三つの備荒貯蓄制度に対する検討が加えられている。つまり，官の財政で穀物の価格を安定化させる「常平倉」，富者の義捐金や特別税で貧民を救済する「義倉」，そして村落における「多数人民の任意の結合」によって「管理人を公挙し，自治的にその事務を処理する」ものと

しての「社倉」である。

　于樹徳がとくに強調したのは義倉と社倉との違いである。両者の違いは，前者が「富者の特別な負担から出ているものであり，富者は実のところ救済者の地位に立って貧者は米穀を受け取る時に実のところ被救済者の地位に立つ」のに対して，後者が「社倉の米穀が設立者による共同の拠出（公同湊出），あるいは共同の責任による借金を元本として，救済者と被救済者を同じものとする」点にある。彼によれば，「社倉は人類互助の美徳を涵養する美点があり，義倉には人類の独立心，自尊心，自助心を毀滅して人類の依存心と卑劣さを養成するという欠陥がある」という（于樹徳［1921］1923：56-7）[12]。このように，被救済者の富者への従属と依存をもたらす義倉との対比で，救済者と被救済者との平等な相互扶助に基づくものとして社倉が高く評価されている。

　言うまでもなく備荒貯蓄制度は，農産物流通のための交通網が整備され，国家が飢饉の被災者救援の責任を負っている近代国民国家の体制においては，本来は不要なものとなっている。しかし于樹徳は，「地大博物を自称する大中華民国だけ」は「なお死蔵米を必要としている」と主張する。それは，中国では農業技術や交通が未発達に加えて，「わが国のような広大な地域で，不便な交通では，お互いに無関心な民族であるため，数百方里ほどの小さな被災地，たった数十万の難民では，一般人の耳朶にまで届くことはできない」からである（于樹徳［1921］1923：91-2）。このように述べた上で，于樹徳は以下のように社倉の設立を推進すべきであると同時に，やはり在地の人格的リーダーである「地方人士」の奮起を呼号している。

　　では穀物を貯蓄する三つある方法――常平倉，義倉と社倉――のなかで，結局どの方法を実行すべきなのだろうか。簡単

に一言で言おう，現在のわが国では社倉だけが実行されるべきである。というのも，常平倉と義倉は政府を待たねばならないが，わが国は現在，中央政府も地方政府も全てわれわれを絶望させているからである。常平倉や義倉といった組織は，その良し悪しを問わず，それらにわれわれが関わる必要はない。まさに眠れる獅子のように，平民がだんだんと目覚めさえすれば，自治・自助・互済・互助の精神で直ちに社倉を組織することが可能なのであり，さらにそれに改良を加えていけばよいのである。<u>私が強く希望するのは，地方の人士が自らの地方の状況を斟酌し，社倉の設立に立ち上がり，凶作に遭わないようにしていくことである。</u>国内外（中外）の人士に尻尾を振り土下座（揺尾叩首）して憐れみを乞うというだけでは，やはり餓死者が道に溢れてしまうことは避けられない[13]。（于樹徳［1921］1923: 92-3，下線引用者）

3-3　合作社と「人」の問題

以上の于樹徳の二つの文章は，それ自体は防貧の組織である合作社の原理を，貧窮者の救済に直接適用しようとする試みであった。それは，救済者と被救済者を区別するような救済のあり方の問題を俎上に載せ，それを克服して平等な互助と協働をいかに実現していくかが，中国の農村で深刻化する貧窮の問題を解決する道であることを示そうとしていた点で，共通の問題関心に支えられたものであった。

とくにその課題を解決する方法として，「地方の人格者」「地方人士」という在地の人格的指導者の強いリーダーシップに基づく地域自治に期待する点でも，全く同じであった[14]。例えば于樹徳は「社倉」論文において，社倉の抱える課題として，人民の知識が幼稚であると容易に「縉紳土豪」による「官僚式」の事業になってしまう

ことや,「地方人材」の欠如, 引退した官吏による無責任な運営などを挙げている。そのように, 社倉を指導する「人」の良し悪しが, その運営の成否にとって決定的に重要であると理解されていたからこそ,「地方の人格者」「地方人士」という在地の人格的な指導者の存在が切実に求められていたと言うことができる。

以上の于樹徳の議論には, 容易に指摘できるいくつかの問題がある。一つには「地方の人格者」のリーダーシップへの強い期待と, 救済者と被救済者との区別を解消するという理念との間には, 少なくとも現実においては矛盾が避けられないのではないか, という点である。もう一つは繰り返しになるが,「土豪劣紳」と「地方の人格者」とを, いかに識別していくのかの難しさである。事実「社倉」論文においては, 一方では「紳士」が義倉や社倉の設立者・指導者として肯定的に記述され（于樹徳[1921] 1923: 78-9）, 他方では先に触れた通り「縉紳」が社倉の運営を失敗に導く元凶として否定されているが（于樹徳[1921] 1923: 88）, 両者が区別される基準や根拠は必ずしも明らかではない。

それでは于樹徳が, 合作事業の具体的な実践の中でこうした矛盾といかに向き合い, その解決のための試行錯誤に取り組んでいたのかについて, 次の節で検討していくことにしたい。

4. 華洋義賑会における「合作」の実践

于樹徳が華洋義賑会の合作事業に参加したのは, 華洋義賑会の副総幹事であった章元善の招聘によるものである[15]。章元善は『信用合作社経営論』を読んで深く感銘を受け, 活動に奔走している道中でも常に携え, 于樹徳を探し訪ねて1923年の11月に合作事業の指導員に推薦する（章元善 [1934] 1939）。1925年10月に農利股が設立されると, 于樹徳はその主任に任命されている。

于樹徳は同時に，旧友である李大釗や周恩来との関係で，当時創設されたばかりの中国共産党にも参加していた。毛沢東が主催する広州農民運動講習所で合作社に関する講義を行い，『農民合作概論』(中国国民党中央執行委員会農民部編　1926) や『合作社之理論与経営』(于樹徳　1926) というテキストも作成している。第一次国共合作では共産党代表として中央執行委員に選出され，1926年5月以降に一時華洋義賑会を離れている。しかし，共産党に参加した時期における于樹徳の合作社思想については，遺された資料は少なく詳細は不明である。

　1927年の国共合作の崩壊以降は合作社に関する理論の研究に復帰する。1929年には上述の『合作社之理論与経営』に大幅な加筆を施して出版し (于樹徳 1929)，その後5版を重ねて当時の中国で最も広く読まれる合作社の標準的テキストとなっている。そこでは合作社の意義を「人民の自助・互助の社会政策」「経済上の弱者の結合」とするなど，合作社の原理に対する説明は『信用合作社経営論』と大きな変化はないが，標準テキストであることを意識して，個人的な評価や意見は徹底して抑制されている。1932年には華洋義賑会の農利股主任に復帰し，再び合作事業の指導的な役割を担っている。

　先に述べた通り，華洋義賑会の合作社は入社の資格基準と手続きを厳格化し，人格的資質に優れた「好人」の発掘と選抜を重要な課題としていた。于樹徳も，この課題について多く言及している。例えば『合作社之理論与経営』では，入社の資格の一つに「高尚な人」を挙げて，「合作社は人を重視し，その社員が相当な人格を有していなければならず，およそ一切の人格が卑劣な者は，家の財産が巨万であっても合作社に加入することはできない」ことを説明している (于樹徳 1929: 84)。さらに1933年の「本会農村合作事業の鳥瞰」という，華洋義賑会の合作事業の歩みを概観する文章で

は[16]，活動の経験から得られた認識として「合作社は大抵が中農および貧農の組織で，その社員の経済状況が平衡である合作社ほどその信用も高く，富農あるいは土豪劣紳によって把持されている合作社は，信用は低劣であるか信用が全くない」こと，そして「わが国の村政が，大抵が悪人（壊人）の手によって操られているが，合作社だけは大抵が村の中の好人によって組織されており，合作社の健全な村落は好人によって操られている」ことを挙げている（于樹徳 1933: 11）。ここでは合作社における互酬性の原理が，自ずと「悪人」を淘汰して「好人」で構成される組織に向かわせることが論じられている。

それでは，「好人」と「悪人」を識別する基準は具体的にどこにあると考えていたのだろうか。この問題に関して于樹徳は，「中国華洋義賑救災総会合作運動の現状および将来」という講演の中で（于樹徳 1934b），「優良社と不良社の重要な区別」についての，とくに「社員に関するもの」として，以下のような説明を行っている。

　　第1には，社員が合作社が何であるのかを理解していない。社員が合作社の目的を，低利で借金するものと誤解している。まだ組織されていないのに，金を借りに来てしまう合作社もある。第2には，社員が優良な職員を選挙することができていない。大抵の農民は識別能力を欠いていて，もしくは人の機嫌を損ねる事を恐れて，あえて自分の主張を持たないようにしている。それゆえに，悪人もよく合作社の職員に選ばれてしまうのである。第3には，社員が職員を監督することをできていない。通常一人の人の品徳は，常に悪い環境に従って変化する。一人の人がもし悪い事をする機会がなければ好人であるが，悪事をはたらく機会があれば，悪人に変わってしまうこともある。社員がもし職員を監督することができれば，社員に悪いことを

行う機会を与えることはなく，その職員が良い職員になること
　　を成功させるかもしれない。（于樹徳 1934b: 10,下線引用者）

　このように，「好人」と「悪人」の区別は個々の人格に帰属する絶対的なものではなく，合作社という組織における運営の健全性に依拠する可変的なものとして理解されていた。では，そうした健全な組織はどのようにして形成されるのだろうか。この問題について先の于樹徳の記述を総合的に理解する限り，職員として「好人」を慎重に選出しなければならない，という以上の中身を読み取ることは難しい。すなわち，「好人」によって構成されている合作社こそが「好人」を生み出すという，同義反復の論法以上の根拠は示されていない。

　華洋義賑会は「好人」をめぐる以上の難点について，合作社の入社資格を比較的厳格にし，社員の人格的資質を強く要求するとともに，職員も正規の訓練を受けた人物に限定することで，ある程度は「解決」することができていた。しかしこの「解決」は前章でも検討した通り，「中農および貧農の組織」であるという華洋義賑会における合作事業のアイデンティティにも関わらず，本来の救済対象である下層の貧農を結果として排除し，農村社会における広がりを限定的にしてしまうという負の側面を伴うものでもあった。このような，合作社における互酬性の原則と貧窮者の救済との両立の困難を解消する鍵となるのが，人格的能力を有する「好人」の存在であったと思われるが，上述のように「好人」が誰で，どこから来るのかという問いに関しては，完全にブラックボックスのままであった。

　こうした困難は，南京国民政府が1928年以降，合作社を地方自治政策の柱の一つとして推進するようになって以降，むしろ深まっていくようになる。1928年に合作事業を宣伝・指導する団体とし

て中国合作学社が設立され,31年に農村合作社暫行規程を制定し,34年3月には合作社法が公布されている。このように合作社は公的に承認された組織として急速な拡大を見せるものの,それに対して華洋義賑会は「合作社の質の進歩は極めて緩慢であり,量の増加の迅速さに遠く及ばない」と,むしろ危機感を表明することが多くなっていく(「農村合作社社務進展標準」『合作訊』第百二十五期,中華民国三十四年)。

于樹徳も1935年の「中国合作社の進展」という文章で,こうした状況を描き出している。この文章で彼は中国における合作社の発展過程を概観し,思想の導入と普及の時期(1919-25),華洋義賑会による実験の時期(1924-28),政府による推進の時期(1928-32)を経て,「合作運動の全盛時期」が到来したと論じている(于樹徳1935)。しかし,于樹徳はこの「全盛時期」が中身を伴っていない「熱狂」に基づくものであること,そして指導者の役割がより重要になっていることを,以下のように述べている。

> 合作社という名詞は社会における様々な人の口癖となっており,政府,公・私の団体,銀行,学術団体はみな熱狂的に合作を提唱し,そこで農村の中の地主・土豪劣紳(豪紳)が,必要であろうがなかろうが,理解していようがいまいが,誰もが合作組織に参加することで功名心を満たしている。これが実のところ,わが国の合作運動の全盛時期なのである。このような熱狂的な合作運動は,その中に少なからず危機を抱えたものである。しかし,もしリーダー(領導)に宜しきを得るならば,基礎をだんだんと強固にさせ,合作の規範から逸脱するようなことはなくなるだろう。(于樹徳 1935: 25)

このように,合作社の質を維持しつつ,急速に量的な拡大・普及

を図らなければならないという矛盾とジレンマの中で,「領導」の役割に対する期待と依存がより高まっていくことになる。それは,華洋義賑会の合作事業における厳格な審査を通じてはじめて可能になっていた,「好人」と「悪人」とを選別することの困難が, 中国社会の中でより深化および普遍化していくことを意味するものでもあった。

5. 残された課題と矛盾

　序章で述べた通り, イギリスの友愛組合, フランスの共済組合, 日本の産業組合など, 互酬性を原則とする相互扶助組織が, それぞれ意図せざる形であるが, 社会保険制度と「福祉国家」が確立する歴史的なプロセスの中で重要な役割を果たしていた。近代中国においても, 慈善事業団体である華洋義賑会を中心に, 協同組合としての「合作社」を設立する運動が, 農村における慢性的な貧窮と飢餓の解決に有効なものとして展開されていた。華洋義賑会の合作事業の理論的指導者であった于樹徳は, 合作社を救済者と被救済者とを区別しない互酬的な経済組織として, 農民に自助と自治の精神を養成して恒久的に貧窮と飢饉を防止するものと評価していた。そして合作社における運営の成否の鍵を握る存在として,「地方の人格者」や「好人」といった, 在地の人格的な能力を持つ指導者の役割に強い期待を寄せていた。華洋義賑会の合作事業においても,「悪人」を排除して「好人」を選抜するための審査や評定が厳格に制度化されていたように,「人」の問題は重要な課題であり続けていた。

　繰り返し述べたように, 以上の合作社の思想と実践は, 互酬性の原理と卓越した人格的指導者への強い期待や依存との矛盾,「好人」と「悪人」を識別することの根本的な困難などの, 様々な問題を抱えるものであった。華洋義賑会は, こうした矛盾や困難を解消しよ

うと，合作社への入社基準や社員の人格的資質への要求水準を厳格化したものの，それは民衆的な広がりを犠牲にし，結果として貧窮者を包摂できなくなるというジレンマがつきまとうことにもなった。

しかし不思議なことに，于樹徳も華洋義賑会も，合作社の組織化と運営において「好人」への期待と依存を捨て去るという立場を採ることは決してなかった。「合作」が成立するための共同性の基盤として，産業化された中間階層や労働者階級もしくは村落共同体の役割に全く期待することができなかった——しばしば「ばらばらの砂」と形容された——当時の中国社会において，人格的能力の優れた「好人」を起点にして共同性を構築するという以外の方法を想像することは，きわめて困難であったと言えるだろう。

そもそも合作社における，救済者は同時に被救済者でもあるという互酬性の原理は，一方的に救済を受けることしかできない——本来は「再分配」を必要とする——貧窮者を膨大に抱える当時の中国社会に適用するに当たって，深刻な矛盾を抱えたものであった。この矛盾を解消する鍵となるのが，「地方の人格者」や「好人」の果たす役割であったと思われるが，残念ながら于樹徳がこの問題について明確な議論を展開した形跡はない。

最後に，日中戦争以降の合作社運動の動向を簡単に述べて，本章を閉じることとする。

1937年7月以降，華洋義賑会の活動拠点であった華北地方は日本軍の支配下に入り，15年かけて地道に積み上げてきた合作事業の歩みは，たちまちのうちに終焉を強いられることになる。その後，重慶国民政府は日中戦争における戦時体制の一環として1940年に「県各級合作社組織大綱」を制定し，合作社は保甲と呼ばれる末端の行政機構と一体化し，全農家に加入が義務付けられる強制的な組織となった（趙泉民 2007: 331-3; 飯塚 2011: 38）。

しかしこの「行政化」された合作社は，農村に浸透させるに当たって，貸付額の水準が低かっただけではなく，合作社の指導員が根本的に不足しており，既存の互助的な人的関係とも不一致であるなど，様々な問題を抱えていた（山本 2008: 20-1）。それに対して毛沢東と中国共産党は，国民政府のような強制的な手段を批判して「合作社の群衆化」を掲げる。1930年代に共産党が革命根拠地で設立した互助社および合作社は，在来の互助組織を参考にすると同時に，貧農に対して出資金無拠出や無利子貸付などの優遇策をとり，地主や富農を社員資格から排除した（王 1988）。そのように革命根拠地においては，華洋義賑会のような厳格な審査と選抜によってではなく，地主・富農以外の各階層が自由かつ広範に加入することのできる組織として，合作社の活用が図られていく（張曼茵 2010: 356-77）。

　于樹徳と華洋義賑会の目指した，在地の「好人」のリーダーシップによる下からの農村自治に基づく合作社の可能性は，以上の「行政化」と「群衆化」の趨勢に完全に押し流されてしまったのか，それとも何らかの形で取り込まれて生き残り続けていったのか。この問題については，今後機会を改めて取り組んでいくことにしたい。

注

1) 翟城村における「村治」の運動については，米迪剛らが自ら編纂した『翟城村志』のほか（伊仲材編述［1925］1968），浜口（1981a; 1981b）で詳細に検討されている。なお，現在（筆者が最後に訪問した2016年5月）の河北省定州市東亭鎮翟城村の入口には，「中国近代村民民主自治の第一の村　中国で最も早く設立された村の女子学校の所在地　中国で最も早く創設された農民合作社――因利協社の所在地　中国郷村建設運動の発祥地」と書かれた大きな塀が建てられている。
2) ただし翟城村の「村治」と因利協社については，1928年から32年の間に

第 3 章　合作社の思想と救貧事業

この村に起居して社会調査を行っていた李景漢の『定県社会概況調査』（李景漢 1933）を含め，既存の史料や研究は全て定県政府の支援の下で翟城村自治公所が設立される 1915 年までしか記述しておらず，その後の展開については残念ながら詳細が不明である。
3) 薛仙舟は死去する直前の 1927 年に書き上げた「全国合作化方案」で，孫文の「民生主義」を実行する方策として，「全国合作社」の設立を通じた「合作共和」の実現を主張している。とくに，「制度的な革命はもとより重要であるが，制度を施行するのは人に属する」という考えから，「合作訓練院」という人材育成の機関の役割を重視した（薛仙舟［1927］1980; 趙泉民 2007: 49）。
4) 于樹徳の経歴については，薛毅（2008: 123-9）と劉紀栄（2015: 106-10）を参照した。ただし留学時期や卒業の年代に若干の異同があるので，慎重を期して断定をさけることにする。人名事典の類では，留学先が京都大学であることと李大釗との関係から河上肇に学んだと説明されていることもあるが，留学時に執筆された『信用合作社経営論』で挙げられている参照文献の中に河上の著作はない。後の論文・著作においても，共産党指導者との深い関係にも関わらず，于樹徳が社会主義思想やマルクス主義を主体的に受け容れたことを示す文章は管見の限り見当たらない。若干の例外として，日本留学中に社会政策学者で河上肇の親友でもある河田嗣郎の文章を中国語に翻訳した「農業社会主義論」（『湖北省農会会報』第 4 期，1922 年）があるが，ここでの「社会主義」はあくまで土地私有の制限を主張する改良主義的なものである。
5) 于樹徳における "co-operative" の中文訳は 1921 年頃まで一定していなかった。于樹徳「我之『産業合作社』観」（『覚悟』1920 年 7 月 11 日・12 日）という文章における邵力子の付記には，原文では「協会」であったのを「合作社」に改め，本として出版する際には「合作社」に統一することを要求している。
6) 「農荒予防と産業協済会」には，『購買協済会経営論』が既に脱稿済みであり，『販売生産協済会経営論（附・農業倉庫）』を執筆中であるとする記述があるが（于樹徳［1920］1923: 6），実際に刊行されたのかどうかについては確認できない。
7) 「例言」に記載されている参照文献によると，H. W. ウォルフ，日本東京専門学校訳『国民銀行論』（東京専門学校出版部，1897 年），西垣恒矩『産業組合大全』（東京園，1909 年），佐藤寛次・山本謙治『産業組合の経営』（成美堂，1912 年），小林丑三郎『庶民金融談』（明治大学出版部，1914 年）な

ど，日本の産業組合論のテキストが全面的に活用されている。
8) このようにライファイゼン式が「慈善的」であるとする評価については，1891 年に日本の内務官僚である平田東助と杉山孝平が「信用組合法案」（廃案）の提出に向けて，シュルツ式の信用協同組合を提言した『信用組合論』の中に，ほぼ同一の記述がある（平田・杉山 1891: 176-80）。平田・杉山のテキストの影響は，「中産以下の人民」という表現をはじめ（平田・杉山 1891: 18-9），『信用合作社経営論』全体に見られるが，参照文献の中からはなぜか抜け落ちている。なお于樹徳がライファイゼン式への批判を展開しているのは『信用合作社経営論』のみであり，その後の著作では全く認められない。
9) 于樹徳が参考文献として載せている，東亜同文会編（1907）の第三章「荒政」では，常平倉，義倉，社倉についての記述がある。義倉は「官吏専横ニシテ処置宜シキヲ得ス」「恩恵ハ城郭附近ノ民ニ及フノミニテ数百里ヲ離レタルモノハ飢ニ迫ラレテ義倉に達スル能ハス」と評価される一方で，社倉は朱子の社倉法を引用して「世々ノ学者嘆賞シテ止マサル所」と賞賛している。また倉儲制度は，貨幣や交通の便が高まれば必要ないが，「支那ノ如キ大農国ニアリテ交通自ラ不便ニシテ天災ノ影響ヲ受クル大ナル国」ではなお必要であることが述べられている（東亜同文会編 1907: 52）。こうした所見は，以下に述べる于樹徳の議論と一致している点が多く，直接的な影響を受けているものと見られる。
10) 伝統中国の備荒貯蓄制度に言及している民国期の他の文献として，代表的なものとしては鄧拓（[1958] 2011: 356-76），柯象峰編（1944: 23-4）を挙げることができるが，于樹徳は現代における再建を主張している点でユニークなものである。その于樹徳も 1934 年の『合作講義』では，「かつて常平倉，義倉，社倉等の組織があったが，その目的はただ備荒救災にあり，慈善の性質に偏っていて，もはや農民互助の機関ではなく，さらには積極的に農民の生産を助長するのが目的の機関ではない」と，「慈善」に類するものとして否定的な評価に変わっている（于樹徳 1934a: 110）。
11) 近世中国の備荒貯蓄制度の歴史については，星（1985）を参照した。
12) 于樹徳自身も「それぞれの沿革に従ってこの三倉の性質と方法を概念的に区別」したものと断っている通り（于樹徳 [1921] 1923: 54-5），実際のところ明朝末期の 17 世紀以降に普及した義倉と社倉の間の実態的な違いは小さく，意味としてもかなり互換的に用いられていた（星 1985: 460-3）。
13) ここで「地方人士」との対比で言及されている「中外人士」が何であるのかは明確に説明されていないが，おそらくは華洋義賑会の幹事のような，

政府高官と外国の実業家・宣教師のことを指していると思われる。
14) 清代の社倉制度においても、「社長に相応しい人を得られなければ、出納は公平なものにはならず、貸与する者は怨みが興り、寄付する者は悔しい気持ちになる」「管理に人を得ればその出納に弊害はなくなる」という（星 1985: 211-3)、有能な指導者の選抜の正否こそが人々の自発的な寄付や拠出（=「聴民楽輸」）を容易にし、社倉の順調な運営を可能にすると理解されていた。
15) 章元善はアメリカのコーネル大学で微量科学の分析を学び、1920年の華北大飢饉の時に天津で設立された華洋義賑会の活動に参加する。1921年に結成された中国華洋義賑救災総会の副総幹事となり、1926年に総幹事に就任すると1936年までの長きにわたって務めている（張曼茵 2010: 107-10)。
16) この文章は、梁漱溟を中心に「郷村建設」の運動が盛り上がっていた1933年7月に、各運動間の交流と連繋を目的として山東省鄒平県で開催された郷村工作討論会において、章元善とともに行った報告を元にしたものである（川井 1983: 9-12)。

第4章　社会調査の実践と困難
——李景漢の社会調査論

1. 社会調査と社会政策の実践

　本章では近代中国の社会政策と救済事業において，社会学的な社会調査の思想と実践が果たした役割を検討する。

　言うまでもなく，社会調査はまさに社会学という学問の根幹を支えている方法である。とくに，社会調査のテキストにおいて，チャールズ・ブースのロンドン貧困調査や B. S. ロウントリーのヨーク調査，そして日本における横山源之助『日本之下層社会』(1898) や月島調査などが，社会調査の先駆的業績として必ず特筆されてきたように，もともと社会調査は学術的な社会学の研究としてではなく，具体的な問題解決の実践とともに生成・発展してきた歴史がある。

　周知のように，1886年から91年にかけて実施されたブースのロンドン貧困調査は，イギリスの国勢調査と間接的な方法による家計調査を組み合わせ，その結果に基づいて「貧困線」を設定し，全ロンドン人口の3割が貧困であると結論づけるとともに，貧困が個人の道徳や慣習ではなく，不安定な雇用という社会的な問題であることを明らかにした（阿部 1993）。このロンドン貧困調査に参加した経験を持つベアトリス・ウェッブは，社会問題の解決は個々人への活動ではなく社会調査を通じて追求されるべきであることを確

信する (Lewis 1991: 54-6)。それと同時に，後に夫のシドニーとともに，人間ではなく「社会制度」に対する改良を通じた効率性の実現を志向する「応用社会学」を掲げ，この考え方に基づいて「ナショナル・ミニマム」の政策理念を提示し，イギリス労働党の思想的基盤を提供したことは良く知られている (江里口 2008)。さらに，ロウントリーのヨーク第二次貧困調査（1936年）は，社会的・文化的な生活の要素を考慮した最低生活費を算出するとともに，多子と家賃が労働者家庭の貧困状態を招いている原因であることを明らかにし，ベヴァリッジの『社会保険および関連サービス』における，最低生活費基準の設定や児童手当政策の構想を導く役割を果たした (武田 2014)。

　アメリカでも 1900 年代から 1920 年代にかけて，ラッセルセージ財団などの慈善事業財団による潤沢な財政支援を背景とした，社会改良を目的とするいわゆる社会調査運動 (Social Survey Movement) が興隆した。とくに，シェルビィ・ハリソンが指揮して 1914 年に発表されたスプリングフィールド調査は，調査内容が大規模かつ包括的であっただけではなく，展覧会や雑誌などを通じて一般の人々に広く公開されることで，調査研究をより大衆的なものにしていく役割を果たした (Bulmer 1991: 293-5)。1920 年代以降，ロバート・パークを中心とするシカゴ学派社会学が登場し，パークが上述の社会改良目的の社会調査を「計画の策定や政策の助言に関心を持つ社会的な政治家」に過ぎないと辛辣に批判し (Bulmer 1991: 303)，仮説を検証する科学としての社会調査 (social research) を掲げて以降，社会調査運動は 1920 年代末までに衰退していくことになる。このアメリカ社会調査運動は，現在のテキストでは言及されることすらほとんど稀であるが，本章で詳しく検討する中国の社会調査論の大部分や同時期の日本の社会調査の代表的テキストである戸田貞三『社会調査』(1933 年) が，先行業績としてブースや社会調査運動に

多く言及しているように,社会改良目的の社会調査が歴史的に果たした役割は過小評価できないものがある。

こうした,社会政策や社会改良と結びついた初期の社会調査の意義は,いかに調査対象者を調査に合意・協力させるか,という社会調査をめぐる古くて新しい問題の文脈においても評価される必要がある[1]。例えばウェッブ夫妻は,社会調査のテキストである *The Methods of Social Study*(Webb and Webb 1932=1982)の中で,かつて労働組合の調査を行った時の体験として,彼女らが完璧に作成したと自負していた精緻な質問表を,調査対象の経営者や労働者が読んでもその価値を全く理解できず,「このいかめしい印刷物の頁を繰りながら,むっつりとした顔つきになり,石になったかのごとく沈黙する……これ以上それを披露することは社会学者としての信用をほんとうに傷つけてしまうと確信させるに十分なものであった」と,自らの失敗の経験を率直に記している(Webb and Webb 1932=1982: 64-7)。彼女らはこうした失敗を踏まえて,障害者や失業者などの苦境に対する「共感的理解の必要性」や(Webb and Webb 1932=1982: 45-7),「インタビューは楽しい社交の一形態であると相手が思うようにすべきである」など,調査対象者には専門家としてではなく「人間として」接すべきことを強調している(Webb and Webb 1932=1982: 132-3)。このように,ウェッブ夫妻にとって社会調査の困難を解消することとは,単なる調査方法の技術的な改善にとどまらず,社会改良を志す知識エリートとその他の(とくに失業や貧困に陥っている)民衆との社会的な連帯や共同性をいかに構築していくか,という大きな課題とも深く関わっていた。それは必然的に,社会政策や社会改良の実践と切り離すことのできないものであった。

以上のような,社会調査を遂行する際の困難と,それと具体的に社会的な問題を解決するための実践との関係について,本章では具体的に中華民国期の中国における社会調査研究,とくにその代表的

な人物であった社会学者である李景漢（1895-1986）の言論や業績を取り上げて検討していくことする。1920年代から30年代にかけての中国で隆盛した社会調査研究については，既に多くの学説史的な研究や解説がある（李章鵬 2008；呂文浩 2008；范偉達他編 2008；閻明 2010；首藤 2014；李金錚 2014）。民国期中国における社会調査の特徴は，ブースをはじめとする初期の著名な社会調査のほとんどが，工業化された都市の社会問題を対象にしたものであったのとは対照的に，貧窮の問題が農村でより深刻であった当時の実情を反映して[2]，主に農村社会に対する調査が精力的に行われていた点にある。既に工業社会であったイギリスの都市労働者を対象としたウェッブ夫妻ですら，上記のように深刻な挫折を味わっていることを考えれば，農村における膨大な非識字者を相手にしなければならなかった，中国の社会学者たちが直面した困難の大きさは想像に絶するものがある。

本章は，李景漢における農村社会調査の思想と実践を検討していくことを通じて，そうした困難を解消するための具体的な方法や理念が何であったのかを描き出していくことを目的とする。それと同時に，これらの試行錯誤の経験の中から，「以農立国」という彼の中国社会に対する実践的な認識がいかにして生み出されていったのかを示していきたい[3]。

2. 民国期中国の社会学と社会調査

社会ダーウィニズムの思想まで含めるならば，中国における社会学の歴史は19世末まで遡ることができるが，専門的な学術研究としての社会学は，辛亥革命後の1910年代半ばに，ミッション系の大学や，中国の大学に招聘された欧米の外国人教師によって設けられた社会学の講座が最初である[4]。

彼ら中国に来たアメリカ人社会学者たちが取り組んだのは，社会学の理論や学説を講義することではなく，積極的に大学の外に出て，学生たちにフィールドワーク型の社会調査を指導することであった。例えば，清華学校社会科学系のディトマー（C. G. Dittmer）は，1914年から17年の間に，北京の郊外で195の世帯を対象に家庭生活費調査を実施した。同じく清華学校のギャンブル（S. D. Gamble）と燕京大学のバージェス（J. B. Burgess）は，1918年の9月から12月にかけて，北京市警察庁の統計報告を分析すると同時に，北京在住の外国人，中国の官僚，商人などを対象に，質問表を用いて北京の社会状況に対する調査を行った。上海滬江大学のカルプ（D. H. Kulp）は，広東省潮州の農村である鳳凰村で650人の村民に対する調査を行った。バックリン（H. S. Bucklin）は，1923年から24年にかけて滬江大学を訪問した際に，上海近郊の農村である沈家行に対する調査を実施した。以上の調査の多くは，報告書として英語あるいは中国語で印刷・出版され，その後の中国における社会学の研究者に対して重要な指針およびモデルを提供することになった。

1922年にミッション系の大学である北京の燕京大学において，中国で最初の社会学系が設立されたが，教員は全てアメリカ人であった。しかし1920年代の半ばになると，陶孟和（ロンドン・スクール・オブ・エコノミクス），陳達（コロンビア大学博士），李景漢（カリフォルニア大学修士），孫本文（ニューヨーク大学博士），言心哲（南カリフォルニア大学修士）など，主にアメリカの大学で社会学の学位を取得した中国人留学生が次々と帰国し，彼らがそれまでのアメリカ人の社会学者に代わって，民国期の中国における社会学界の指導的地位を担うことになる。その中でも，とくに社会調査系の研究が完全に中心を占めており，例えば1922年から52年までの燕京大学社会学系の学士・修士論文のうち，調査報告系の論文は45％であっ

た (李章鵬 2008: 83)。また 1920 年から 30 年代にかけて,多くの社会調査法のテキストが刊行されている (年表参照)[5]。

1930 年代に入ると,呉文藻 (コロンビア大学博士),呉景超 (シカゴ大学博士) そして費孝通 (ロンドン・スクール・オブ・エコノミクス) など,機能主義人類学やシカゴ学派の人間生態学を学んだ社会学者が加わる。彼らは,「社区研究」(コミュニティ研究) を掲げて,調査対象地の実態を数値化して細々と記述していくそれまでの社会調査に対して,「文化」の全体的な構造を質的に解釈して記述すべきことを主張するようになる。1932 年にシカゴ学派の領袖であるロバート・パークが,35 年には機能主義人類学のラドクリフ＝ブラウンが燕京大学で講義を行い,次第に「社区研究」が中国の社会学界で重要な位置を占めるようになっていく。ただし「社区研究」は学説や方法論の紹介に比べて,具体的な調査研究の成果は少し遅く,費孝通の *Peasant Life in China* (1939) など 1930 年代末になってからであった。

以上の社会学者たちは,大学の外でも社会調査の専門組織を設立した[6]。1924 年の夏に,アメリカの宣教師を中心に北京社会調査社 (Social Research Council) が設立され,バージェス,ギャンブル,李景漢などがこれに参加している。この北京社会調査社を母体に,1925 年にニューヨーク社会宗教研究所の支援で,「国内の重要な団体および各界の領袖の意見を求め」ること,そして「系統的な研究を図るために,各種団体が相互に連繫すべきであり,とくにある種の中央機関の設立が非常に重要である」という目的から (李景漢 1927a: 82),社会調査籌備委員会 (the Commission of Social Research) が立ち上げられた。この委員会に基づき,翌 26 年に,アメリカの教育家や宣教師たちが設立していた中華教育文化基金董事会に運営を委託する形で,陶孟和を秘書,李景漢を調査主任として,社会調査部が組織化されている。この社会調査部で,陶孟和は 1926 年か

ら 7 年にかけて北京における 48 の労働者家庭に対する詳細な家計調査を行い，また李景漢は後に触れるように 27 年に北京近郊の四つの農村に対する全面的な社会調査に取り組んでいる。社会宗教研究所の財政支援が満期になると，1929 年 7 月に改組されて北平社会調査所と名を改める。社会調査所は陶孟和を所長とし，「中国近代経済史」「労働問題」などの研究科目ごとに 1 ～ 3 人の研究員が配置され，専門の会計や図書館員，専門の事務職員なども設けられるようになった（社会調査所編 1933: 7）。

以上のような中国における民間の社会学者による社会調査の活動は，たとえば日本の社会学における社会調査研究の本格的な展開が第二次大戦後であったことを考えれば，その隆盛には特筆すべきものがあったと言うことができる。この要因については，先に述べたアメリカ人社会学者の影響のほかに，以下の背景を挙げることができる。

第 1 には，国家・行政による社会調査の根本的な不備である。たださえ国土が広大で人口が膨大である上に，辛亥革命による「中華民国」の成立後も，袁世凱死去後の政局の混乱・分裂と強力な中央政府の不在によって，北米と西欧では 19 世紀初頭までに整備されていた国勢調査は，民国期の中国ではいくつかの都市や県などで部分的に実施されただけであった[7]。また社会学者が行った社会調査で人口，世帯数，年齢構成，家計の収支などに対する実態調査など，本来は行政調査に含まれる内容を多く含んでいたことも，こうした事情を反映している。だから「社区研究」派から批判された通り，政府の社会調査機関が整備されるようになれば，衰退する運命にあるものでもあった（呂文浩 2008: 122）。

第 2 には，いわゆる「社会学の中国化」という，当時の中国社会学界で緩やかに共有されていたスローガンである[8]。最初期の社会学者の 1 人である余天休は，「中国社会学者の目的と責任」とい

う講演の中で,「中国は外来の主義を飲み込んでしまうのではなく,中国自らの主義を行うべきである。簡単に言えば,一種の『中国主義 Chinism』を生み出すべきなのである。この種の主義は,中国社会を改造するという目的のためにも必要であり,中国社会の状況に即して論を立てるのであって,列国の社会状況に即することはしない」と述べている(余天休 1922: 2)。他にも,中国人として最初に燕京大学社会学系の主任となった許仕廉は,「社会学本土化」「本国社会学」を唱え,それは理論の構築,社会奉仕(服務)と社会調査の三つによって構成されるものとしている(李章鵬 2008: 49)。孫本文も,「一種の社会学の中国化」を提唱し,「事実を引用する場合,本国の材料を用いることができる場合,本国の材料を用いる」べきことを主張している(孫本文 1935［1946］: 2)。これは,社会調査を通じて,中国社会の特殊性を探求していくことを意味するものでもあり,例えば李景漢は社会調査の目的の一つとして,「中国民族精神の特徴,昔からある道徳観念,社会組織構造の特殊性を,系統的で科学的な方法で研究し,中国の本来の姿をはっきりと理解することを求めていく」ことを挙げている(李景漢 1933: 4)。

最後に,当時の中国の社会学者たちが直接的な社会問題の解決という実践的な関心を強く抱いていたことである。例えば言心哲は,当時の中国を代表する社会調査法のテキストである『社会調査大綱』(1933)の中で,社会調査の目的は,社会の相互の関係性における「不調和」を発見し,改革するためであると説明している[9]。

> 社会調査は,ただ少しばかり人民の状況と社会的な事実(社会事実)をかき集めるというだけではなく,その目的は社会的な事実を分析し,人民の態度を理解し,及ぶところを観察して,改革を提案することにある。……一切の社会問題の展開には,全て連関した関係――直接的に関連する影響ではなく,間接的

な相互の関係——が存在する。中国の現代社会の問題が日に日に多くなっているのも，社会が変化する時において，不調和の現象が発生しているためである。いわゆる「文化失調」は，まさに中国の現在最も好ましからざる一種の社会現象であり，社会問題が発生する大きな原因でもある。社会を調査し，社会問題を研究する人は，この種の好まざる社会現象に対して，改革の責任を負うべきである。(言心哲 1933: 2-3)[10]

言心哲は具体的な社会問題として「ストライキの風潮」を挙げ，この問題の原因の大部分は賃金である以上，適切な賃金水準を規定するために労働者の生活コストや生産力を仔細に調査することが，社会調査の重要な役割であると論じている（言心哲 1933: 3）。さらに彼は別の文章でも，「社会調査の目的は，社会事実を理解するためであるが，社会事実を理解することは，社会調査の最終的な目的ではない。社会調査の最終的な目的は，社会を建設し，社会を改造することである。一つの社会調査報告の完成とは，仕事の終わりではなく，仕事のはじまり——社会建設のはじまり——である」とした上で（言心哲 1934: 1)，「国情」を顧みない西洋的な思想と制度の盲目的な模倣は中国社会に混乱をもたらすだけであると述べている（言心哲 1934: 8）。ほかには李景漢も『定県社会概況調査』（1933）の序言で，「本会（中華平民教育促進会——筆者註）の調査活動は純学問的な研究，いわゆる『調査のための調査』ではなく，実用のための調査であり，その都度本会に与えられた必要のための調査である」ことを断っている（李景漢編 1933: 1）。このような具体的な問題解決のための社会調査という立場に対しては，後に触れるように，シカゴ学派の影響を受けた「社区研究」派からの批判も存在したが，最終的にそうした批判が大勢を占めることはなかった（李章鵬 2008: 87）。

以上のように，民国期中国の社会学界における社会調査研究の隆盛の背景には，社会学がフィールドワークを熱心に行うアメリカ人社会学者の手によって持ち込まれたという歴史的な偶然のほかに，行政による統計・調査の根本的な不備という環境の下で，社会学が輸入学問ではなく中国社会の実態を解明し，そうした実態への正確な認識に基づいて具体的な社会問題を解決していくという，きわめて実践的な役割を担わされたことがある。これらの中国の社会調査研究の水準について，興亜院（大東亜省）の嘱託で江南農村を調査した経験を持つ福武直は，李景漢，言心哲，費孝通などの農村調査研究を挙げつつ，「大体に於いて米国農村社会学而も初期のそれの影響を受容してをり，未だ直訳の時代を脱却してゐない。……そして中国農村の特質に適合せる方法的立場に立つた『中国農村社会学』の建設は，将来に残されてゐると言はねばならない」と（福武 1946: 9），比較的厳しい評価を下している。果たして福武の評する通りであったのかはひとまず措くとして，少なくとも実践の水準においては「社会学の中国化」は理念や掛け声に止まっていたのでは決してなく，より徹底的に取り組まれていた事実を，次節で検討していくことにする。

3. 李景漢と中国社会調査運動

　李景漢は1895年に北京の通県（現・北京市通州区）に生まれ[11]，1917年にアメリカに留学して，ポモーナ大学，コロンビア大学を経て，カリフォルニア大学で修士の学位を獲得している。1924年に帰国すると，先に述べた北京社会調査社の幹事となり，26年には中華教育文化基金会の社会調査部の主任および燕京大学社会学系の講師を務めている。
　アメリカ留学で直接指導を受けた社会学者が誰であるのか，具体

的にどのような社会学の理論や社会調査法を学んだのかについては，残念ながら資料の不足もあり詳細は明らかではない。しかし，アメリカにおいて社会調査研究を志す契機となった理由について，中国における社会的な統計・調査の不在が彼の「国恥」の感情を刺激したという体験によるものであることを，李景漢自身が以下のように記している[12]。

　前にアメリカの大学で勉強していた時，教室の最前列に座るのを好んでいた。ある日，社会問題研究のクラスが各国の男女の人口の配分を議論し，当時の教員が突然，中国の男女人口の性別の比率，つまり女性百人当たりの男子の数を質問してきたが，中国にはこうした統計はないので，知りませんと答えることしかできなかった。またある日，中国の賃金の上昇・下落の指数について尋ねられたが，やはり答えることができなかった。このように，授業の時はびくびくして落ち着かず，中国の社会統計を問われるたびに冷や汗が出て，まさに針の筵に座っているようであった。座る席も最前列から，その後ろの列，真ん中の列，程なく最後の列になり，ついに体が大きく背が高い者の後に座るようになってしまった。<u>中国に社会調査の統計が存在しないことが，私個人に苦痛を与えたため，その時は非常に深い刺激を与えるものとなり，そして私個人が社会調査に従事するという志を立てる要因の一つとなったのである</u>。……日ごろ，社会を改善して問題を解決するのだと言いながら，社会を調査せず，問題を研究せず，綺麗事を唱えるだけであったら，一体何が解決するのだろうか。国民（国人）が一日も早く目覚め，調査事業に対して相当の関心を払うことで，社会を改造するための必ず通るべき道というだけではなく，少しばかりの国恥を雪ぐことができることを望みたい。（李景漢 1933: 10, 下線引用者）

帰国後に所属した北京社会調査社では，李景漢はギャンブルや燕京大学の学生とともに，北京における人力車夫の社会調査に参加した。そこでは北京市の人力車の数（北京の郊外や自家用を合わせて44,200台）を明らかにすると同時に，1,300人の人力車夫，200箇所の人力車庫，100箇所の人力車夫の家庭を調査した（閻明 2010: 63）。これが李景漢における最初の社会調査の経験である。

　社会調査部の主任となって燕京大学に奉職する1926年以降は，学生とともに北京郊外の二つの農村を調査地に選定し，調査表を用いた面接調査の方法で，人口，家庭の収入と支出，生活状況，衛生や風俗などに対する調査を実施した。懸案は調査地の選定であったが，たまたま学生の1人の父親の別宅が存在している村があり，その父親は救済事業などを通じて「村民は張家に非常に好感を持っている」ことから調査地に決定したという（李景漢 1929: 2）。この調査の報告書は，社会調査部が編集する社会研究叢書の一つとして，1929年に『北平郊外之郷村家庭』として刊行されている。例えばこの報告書においては，調査地の一つである掛屯甲村の毎年の家庭平均の収入が180.82元であるのに対して支出が163.99元であり，収入が100元以下の家庭が34存在することなど，家計収支の詳細が明らかにされている（李景漢 1929）。

　このように，李景漢が社会調査研究に本格的に取り組み始めた時期の1927年に，彼は燕京大学の社会学系が発刊する『社会学界』の創刊号に，「中国社会調査運動」という記念碑的な文章を発表している（李景漢 1927a）。この文章で李景漢は，先に述べたアメリカ人社会学者の調査や社会調査部の設立など，この10年弱の中国における社会調査研究の展開を整理した上で，以下のように述べている。つまり彼によると，「中国の社会調査事業はまだ萌芽」の段階にあり，調査の訓練を受けた者が依然少ないにも関わらず，性急に成果を求める青年が多いために失敗の事例が大多数を占めている。

それに加えて，公的な機関の支援がないだけではなく，調査される側も疑いの目で見て回答も曖昧なことが多いため，一時的な好奇心から社会調査に手を出す学生は，すぐに意気消沈してしまうことになる。ゆえに社会調査者の選定には慎重であるべきであり，とくに細心さや臨機応変，謙遜，ユーモアなどの「常識は調査者の資格において主要な条件」であり，そうした人材を養成して大規模な社会調査を実現するためにも，大規模な研究所および政府の社会調査局が設立されることを希望する，という（李景漢 1927: 98）。

この文章を発表して間もなく，1928年に李景漢は晏陽初の招きで中華平民教育促進会（以下「平教会」と略する）に参加し [13]，実際に比較的規模の大きな社会調査に関わる機会を得ることになった。晏陽初は少年時代をミッション系の学校で送り，イェールやプリンストンなどアメリカの大学に留学して政治学を学びつつ，YMCAの活動に参加してフランスの中国人移民労働者の支援活動などに従事している。帰国後は五四運動後に各地で展開されていた「平民教育」の運動の調査と組織化に取り組み，1923年に陶行知らとともに中華平民教育促進会総会を北京の清華大学で設立する。平教会は「愚」「窮」「弱」「私」という中国の「四大病」を，それぞれ文芸教育，生計教育，衛生教育，公民教育で克服するという晏陽初の教育思想の下に，ロックフェラー財団の支援を受けながら，当初は中国の各地方の都市で平民学校を設立して識字教育の活動を展開していた。しかし，人口の8割を占める農村を無視して平民教育を語ることはできないという理解から，農村を拠点に識字と生計とを一体化した教育に取り掛かりはじめていた。1926年から晏陽初は，河北省定県（現在の定州市）の翟城村という農村における「村治」の運動を指導していた米迪剛の協力を得て（翟城村の自治運動については第2章第1節を参照），定県を実験地区に定めている。この定県実験区における社会調査を指導できる人材として招聘されたのが李景

漢であった[14]。

　李景漢は翟城村を拠点にして，農民と生活を共にしながら1928年から32年まで調査活動を行った。彼は調査に入る前にギャンブルや平教会のメンバーたちと『郷村社会調査大綱』(1928)という，調査のための手引書を作成している。調査内容は，地理，歴史，行政から人口，家族構成，教育水準，衛生状況，生活費，娯楽，風俗・習慣，信仰，課税，財政，農業，工商業，借金と貸付，自然災害，戦災と全般に及んでいる。その成果は33年に『定県社会概況調査』という828頁にも上る報告書として刊行され，民国期中国の社会調査の水準を代表するものと評価されている（呂文浩 2008: 97）。

　先にも引用した通り，これは純学術的な調査を意図したものではない。例えば，『定県社会概況調査』の目的として，「そのつど収集した材料を整理し，各種の現象の構成要素を分析し，愚，窮，弱，私などの現象の原因を発見し，適当な結論を下すことを試みる。しかる後に，調査に基づいて帰納した各種の結論および提案を，それぞれ本会の各設計の責任者に提供し，彼らの計画・実験や活動の遂行の時の参考の材料および信頼できる根拠を持たせる」ことにあると説明されている（李景漢編 1933: 序言1）。このように李景漢の定県調査は，完全に平教会の社会改良事業の一環として行われたものであった。

　『定県社会概況調査』の内容について，その一部を以下に紹介しておきたい。まず1928年に実施された識字調査では，調査員に質問表を携帯させ，62村500家の中からからランダムに1,752人を選び，調査対象者に簡単な文字を読んでもらうという個別面接調査の方法を用いている。その結果，完全な非識字者は男51.2％で女94.1％に上ること，また識字者でも4割近くは新聞が読めないこと，所有農地が少ないほど識字者も減少する関係にあること，青年層

では学校に通うようになったことで識字者が増加傾向にあり，10代では5割を超えていること，等々を明らかにしている（李景漢編 1933: 235-42）。続けて1930年には定県全県の3万人余りを対象とした大規模な識字調査を実施し，識字者は全体で17%，男31%で女2%という結果となっている（李景漢編 1933: 242-8）。

次に農村家庭の生活費の調査では，翟城村と付近の農村の55家を選んで連絡をとり，各村の住民を調査員に任命して，約1年にわたり毎日の支出と収入を聞き取って書き写させるという方法を採用した。もし調査対象者が識字者である場合は，可能な限り自記式調査を原則とした。調査の結果，農家の年間の支出のうち食費が実に7割弱を占めていること，収入が多い家庭は人数が多いために支出も比例して増える傾向にあり，生活は必ずしも良好ではないことを明らかにしている（李景漢編 1933: 297-307）。

他にも廟に対する調査では，多くの廟が辛亥革命後に学校（学堂）に改められて4分の1ほどに激減しているという実態を明らかにしている。さらに，廟会が単なる農民の娯楽としてではなく，農具や織布，食物までを売買をする一大市場であり，県政府が税収を得る重要な場ともなっていることなど，廟会の政治的・経済的な機能についても描き出している（李景漢編 1933: 422-38）。

知識階層が農民と直に接して行った組織的な調査には，1922年に華洋義賑会のJ. B. テイラーが燕京大学などと協力して実施した農村調査や（第2章第3節参照），また同時期に燕京大学社会学系の許仕廉などが北京郊外の清河鎮で行った農村調査がある。しかし，実に4年という長い期間を費やした，その調査の規模と内容の緻密さという点で，『定県社会概況調査』はまさに中国社会調査史の中でエポックメイキングとなる業績であった。次節では，この業績を生み出すに至るまでの，実地調査の経験に伴う困難を李景漢はどのように受け止め，いかにそれを克服するための試行錯誤を行って

いったのかを検討する。

4. 李景漢の社会調査実践──「人情」と「同情心」

　4年にわたる定県調査の経験に基づいて，李景漢は『定県社会概況調査』と同時に『実地社会調査方法』という社会調査法のテキストを刊行している（李景漢 1933）。このテキストは，社会調査の目的と意義，種類，歴史を一通り説明し，定県調査で実際に用いた調査表を紹介しているが，とくにユニークな点は調査の中で直面した様々な苦労や困難が，実際の経験に即して極めて具体的に描かれている点にある。

　例えば李景漢は困難の内容として，調査人材の欠如，地方ごとの重さや長さの単位の不統一，言語の相違や表現の曖昧さなどを挙げているが[15]，その中でも彼が特筆しているものは，調査になかなか協力しようとしない農村住民の懐疑や無理解であった。

> 　豚の重さが増えたり，頑張って鶏が生む卵の数が増えたりすることは，はっきりと表されるし，その利益もわかりやすい。……社会調査事業はそうではなく，中国にこれまで存在してこなかっただけではなく，聞いたこともないものであり，その利益も間接的で，触って見ることの出来る形を持ったものではない。このため一般の人に理解させるのは，極めて容易なことではなく，そして説明がわからない時ほど，問題や疑いの目も生まれやすい。それも，ここまで煩わしく家庭生活の状況を詳しく聞く人がこれまでいなかったからである。農民は常に怪訝な顔でこう語る。「先生はこんなに根掘り葉掘り聞いて，結局何をしようというのですか！」と。（李景漢 1933: 30-1）

第 4 章　社会調査の実践と困難

　彼がこのテキストを執筆した動機も,「いかにして一般の人, とくに民衆（老百姓）に, 調査を受け容れさせ, 調査を信頼させ, さらには調査を歓迎してもらい, 積極的な援助・協力の段階にまで到達させるのか」を（李景漢 1933: 自序 5）, 自らの実体験を通じて示していくことにあった。

　李景漢によると, 定県に調査に来た当初は, 農民から布教あるいは徴兵, 増税のために来たのだろうと疑いの目で見られていた。しかし, 平民学校を設立して非識字者に文字を学習させ, 農業では科学的方法を教えて豚や鶏の生産を増加させることで,「平教会の人は『いいことをしている（作好事）』のであって決して悪意はないこと, 結局何がよいことなのかを依然はっきりと理解しているわけではないものの, 何にせよ『いいことをしている』のは確かであることを, 最低限理解してくれるようになった」という（李景漢 1933: 47）。

　こうした農村住民の生活上の利益となる活動と同時に, 李景漢がとくに気を配ったのは, 調査対象者である農民との接し方の具体的な作法であった。例えば彼は, 強制的な手段を用いた方法は, 農民の側のごまかしや面従腹背を生むものでしかないとはっきり否定した上で, 講演や談話の方法で農民に直接語りかけ, 臨機応変に分りやすい言葉で, 比喩を用いながら説明すべきことを勧めている（李景漢 1933: 36-7）（図 4.1 参照）。また「調査」という言葉を使うと農村住民が恐れて警戒するので決して使用せず, 代わりに「お訪ね（拝訪）」という表現を用い, 同じように「回答」も「ご教示（賜教）」という表現に代えている（李景漢 1933: 61）。

　とりわけ, 李景漢は調査の成功に実際に効果があったものとして, まず有能で声望のある村の領袖を探し出すこと, 調査の説明に当たっては遊芸会や映画上映会という場を利用すること, 個々の家を訪問する時には村長などを同行させて家の人を呼んでもらうこと,

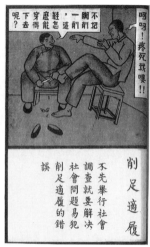

図 4.1　農村社会調査で用いられた宣伝画（李景漢 1933: 扉絵）

小学校は教師や生徒に村の領袖の親族が必ずいるので最初に訪問すること，村の領袖の協力を得るためにはお世辞を言ったり，おだてたり，「兄さん（老哥）」と親しげに呼んだりなど話し方を工夫すること，道案内者にはささやかな贈り物や一緒に食事などを行うこと，等々の例を挙げている（李景漢 1933: 65-6）[16]。彼によれば，「調査員は人情に通じ，人の心理に迎合し，いたるところで人の好感を獲得しなければならない。これは決して騙しているのではなく，環境に適応する一種の手段であり，それによって調査の目的を実現しようとするものなのである」（李景漢 1933: 51）。このように，彼は実際の調査経験の中から，「人情」（人と人との付き合いの作法）を理解することが，農村住民との信頼関係を築く際の重要な鍵であることを述べている。

しかしこのような方法は，調査者に対して専門家・研究者としての能力以前に，現場で調査対象者の心情に深く寄り添い，その都

度適切な言葉や表現を慎重かつ迅速に選択することができるという，言わば「人」としての能力を要求するものであった。事実，李景漢は「往々にして中国の事情は，その困難な点は事に対する問題ではなく，人に対する問題である」として（李景漢 1933：50），社会調査を成功させるための重要な鍵は，何よりも調査員の人格的な能力や資質にあると明言している。そして，調査員の選定の基準として「忠実」「総明」「人情に通じていること」などのほかに「同情心」を挙げ，その理由を以下のように述べている。

　中国の今日の状況において，調査される各種の社会現象は，至るところに悲しみと苦痛を与える。回答する相手は，その大半は生計が非常に苦しく，家の中やその他の面で思い通りにいかないことが多く，彼らを煩悩，憂鬱，不快のなかで生活させている。そのため，質問を受けるときに理解しようとしない者，ふざけて話す者，愚痴をこぼす者，ろくでもない目に遭わせる連中だと目をつり上げて怒る者もいる。これも不思議なことではなく，一般の人が乱世の害を飽きるほど受けているために，出会う機会があると彼らの怨恨が爆発してしまうのである。しかし，大多数は実直で善良な人である。彼らのほとんどは，苦しそうにため息をついて，常にこう語る。「まだそのことを持ち出すのか！」「もうやめてくれ！」「どうせろくでもない目に遭わせるのだろう！」「生きていくだけで精一杯なのに！」。顔には底知れぬ憂いの表情があり，涙を流す者もいれば，泣き喚きはじめる婦女もいる。彼らには安心が必要であり，人類の同情が必要である。明らかに，<u>調査員は相当の熱意と同情心をそなえて，適切な言葉で同情の態度を示すものでなければならない。このことは，調査員に調査を成功させるというだけではなく，奉仕（服務）の機会でもあるのである。</u>（李景漢 1933：54,

下線部引用者)

　ここで李景漢が，社会調査が「奉仕の機会でもある」と主張しているのは，単に社会改良家としての立場から語っているのではない。農村住民たちの無理解，懐疑，憤り，慟哭などの反応に日々向き合いながら調査を遂行せざるを得なかった李景漢にとって，「同情心」と「奉仕」を抜きにした社会調査の実践はおよそ有り得ないことであった。晏陽初も『定県社会概況調査』に寄せた序文で，「われわれが農民の家庭の歳入と歳出の状況を調査するためには，まず農民たちが書いたり計算したりすることができるように訓練しなければならない。つまり，農民たちが信頼し，すすんで助けてくれなければならないのだが，助ける能力については，やはりまず農民たちを育成しなければならない」と語っているように（李景漢編 1933: 晏序4），社会調査は農村住民に対する教育・啓蒙と一体となって推し進めなければ，遂行すること自体がそもそも根本的に不可能なものであった。

　以上のように，学術的な社会調査と農村救済の活動とを一体的に進めるべきとする李景漢と平教会の立場は，後に社区研究派からの厳しい批判を受けることになった。例えば，シカゴ大学に留学経験のある趙承信は，『定県社会概況調査』に対する辛辣な批判を行っている。彼によれば，李景漢は「多種の赤裸々な事実以外は評論と結論を下さない」と断っているが，そもそも問題に対する定義を抜きにした「赤裸々な事実」など有り得ない。事実，「『愚』『窮』『弱』『私』が人民生活上の基本的欠点」であるという「結論や方法について定県実験を指導する各先生はとっくに持っていた」のであって，結局のところ「社会調査が得た『事実』は社会問題の結論と社会改良の方法の提案に対して全く何の貢献もしていない」（趙承信 1936: 162）。彼はそう述べた上で，「社会改良式の社会調査は，総じて調

査者の改良の観念のために目を曇らされている。調査者が認める実際の問題が何かがそのまま調査するものとなり，結果として，調査者が集める事実は必然的に彼の頭の中で認めている問題を証明するためのものとなっている」と（趙承信 1936: 163），結論や方法が調査に先んじて立てられていると批判している。

　趙承信の批判は，アメリカ社会調査運動に対してシカゴ学派が投げかけた批判と同様のものであり，それ自体は一定の妥当性がある。しかし，李景漢が『実地社会調査方法』の中で示していることは，「同情心」と「奉仕」を抜きにして農村住民を調査に同意・協力させることが果たして可能なのか，また可能であったとして知識エリートの責務や倫理として望ましいことなのかという問題であった。李景漢は趙承信の批判に真正面から応えることをしなかったが，おそらく彼にとって社会調査の実践において重要なことは，上述の問題に誠実に向き合っているか否かであって，決して社会改良か学術研究かの二者択一にあるのではなかったと言えるだろう。

5.「以農立国」と農村合作社の構想

　社会調査はある社会についての実情を調査するというだけではなく，それ自体が「社会」というものに対する認識を生産するプロセスでもある（佐藤 2011: 490）。例えば 18 世紀末に北欧と北米ではじめて実施され，19 世以降にヨーロッパにも普及していく国勢調査は，直接の目的は戦費増大に対応するための徴兵や徴税および選挙における議席配分などであったが，結果として「人口」と「ネーション」に対する認識を生み出し，後の「国民国家」の形成とナショナリズムの興隆をもたらした（佐藤 2014: 136-40）。また繰り返しになるが，ブースやロウントリーの貧困調査は貧困が個人の努力や資質ではなく「社会的」に対処すべき問題であるという認識を生

み出したことで，ウェッブ夫妻やベヴァリッジなど後の「福祉国家」につながる社会政策の思想と構想を可能にした。

李景漢について言えば，定県調査の実践を通じて，「『以農立国』は老書生が常に語るものであるが，実際のところまったくその通りである」という，中国社会は農業と農村を根本に成り立っているという認識を生み出していくことになった（李景漢 1930: 1）。彼によれば，「中国は農業を国の基盤としており，そのために中国社会の基礎は農村に建てられており，農村社会は中国社会の重心である。我々は中国全体の社会問題を解決しようとすれば，必ずまず中国の農村問題を解決しなければならない」（李景漢 1937: 120）。陶孟和が最初期の社会調査論の文章の中で，社会調査は中国の多数者である農民の生活から着手すべきであると述べていたように（陶孟和 1918），もともと中国社会学界には農村重視の志向性が存在していたが，1930 年代以降は梁漱溟の郷村建設運動の影響や李景漢の定県調査の成功もあり，その多数は完全に関心が都市ではなく農村に移っていた[17]。

この潮流に対して都市の重要性を主張する知識人も，少数ながら存在していた。シカゴ大学でロバート・パークに学んで「都市社会学」を掲げていた呉景超は[18]，都市の発展こそが農村救済の根本的な方法であることを明快に主張し，真に「以農立国」を実現しようとするならば，まずは農業技術を改良していくと同時に工業化による農村過剰人口を吸収することで，多数の人を生産効率の低い農業から解放することが必要であると訴えた（呉景超［1936］2008：65-7）。しかし，都市の発展力を軸にして中国社会を捉えようとする呉景超の立場は，当時の中国ではあくまで例外的な少数派にとどまった。

李景漢は中国の農村が抱える問題の具体的な中身について，自身の農村調査の経験に基づき，(1) 政府と官吏への不信，(2) 困窮の

広がり,(3) 衛生の軽視,(4) 知識の欠如,(5) 迷信の瀰漫,(6) 単調な生活,(7) 組織の散漫の七つを挙げている(李景漢 1935a)。とくに最後の点について,農村社会の現状を「ばらばらの砂(一盤散沙)」と形容し[19],以下のように「団結の力量の欠如」を嘆いている。

　　農民には団体組織の能力と習慣はなく,いわゆるばらばらの砂であり,団結することができず,合作することができず,いたるところで公共心の欠如,同情心の薄弱が表れている。公益に関する事は,多くは拱手傍観し,小事のために私争し,命をかけることさえできる。優秀な者は表に出て活動しようとせず,土豪劣紳がついに郷里を食い物にしてしまう。……ああ,哀しいかな。この種の組織の散漫,団結の力量の欠如は,実にわが民族の致命傷なのである。(李景漢 1935a: 12)

他方で李景漢は,中国の農村社会の持つ潜在能力にも言及している。彼によれば,中国の農民は忍耐力があるだけではなく,迷信に囚われず非常に聡明であり[20],決して思われているほど「守旧」なのではない。例えば,調査している短期間のうちに井戸の掘削が瞬く間に全県に広まり,纏足や辮髪なども全く見られなくなった事実を例に挙げて,むしろ農民こそ新しいものを容易に受け容れる能力があると主張している(李景漢 1935b)。さらに,梁漱溟が農民を豆腐に,政府を鉄の鉤に例えて,政府が持ち上げようとすると傷つき崩れる「農民の無力散漫」を形容したことに対して,「もし普通の柔らかい豆腐が凍った豆腐に変わった時,その固さは鉄石のようである。……この冷気は一気に起こる一種の力であり,それは団体の組織力なのである」と,散漫であるからこそ結合力もより強固になるという論理を展開している(李景漢 1935b: 14)。

しかし，李景漢のこうした議論はエピソードの断片あるいは比喩の域を出ておらず，「団体の組織力」を生み出す具体的なプロセスや制度が何であるのかについて，首尾一貫した形で論じられることはなかった。しかし，彼の書き残した文章の中から一つ取り上げるとすれば，「合作社」の中にその可能性を見出していたと言うことができる。

　第2章と第3章で詳しく検討した通り，中国における合作社の運動は，1920年前後に一部の大都市で始まり，1923年以降に慈善事業団体である華洋義賑会が農村における飢饉防止を目的として，河北省を中心に合作社（とくに信用合作社）の設立を進めていた。この時期の郷村建設運動の隆盛の中心的存在であった梁漱溟も，合作社を飢饉の際の保障だけではなく生産をも能動的に担う経済の中心的組織として位置づけている。南京国民政府も孫文の民生主義思想に基づいて合作社を重要な国策運動の一つに掲げ，1934年9月に「合作社法」が，翌35年には実業部によって「合作社法施行細則」が制定・施行されている。

　李景漢も定県調査に参加する以前から，合作事業にきわめて強い関心を寄せていた。1926年に華洋義賑会の第二回合作講習会に講師として招聘され，農村社会調査に関する講義を行っている（李景漢 1927c）。合作社そのものについては論じていないが，社会調査の意義の一つとして，相互に連携がなく活動が重複している「多くの公益に熱心な人による慈善事業（善事）」に対して，全体の状況を理解させることで「皆を協力・合作させることができる」ことを挙げている（李景漢 1927c: 34-5）。

　そして，1927年の「中国農村経済合作社の発展」という文章では，中国における農村の没落の理由は健全な金融機関の欠如にあると述べて，欧米・日本で実施されている農村経済合作の新制度が必要であると主張している。その上で，「農民が今日の地位に陥った

のは，大半は彼らの互助協済の精神の欠如によるものであり，これは農村の発展の最大の障壁となっている。まさに合作社は，農民が結合する能力の訓練を始めようとするものである」と（李景漢 1927b: 3），「互助協済の精神」を養うものとして合作社の意義を述べている。

『定県社会概況調査』では，李景漢が調査の活動拠点として起居していた翟城村における合作社の活動に詳しく触れている[21]。それによると，この村の郷紳である米迪剛（逢吉）は，1902年に日本に留学し，地方改良運動における「模範村」の運動に深く影響を受け，帰国後に父親の米鑑三（春明）とともに故郷で「村治」の運動を実践していた。1914年に米迪剛は翟城村に自治講習所を設立したが，15年には村治運動に着目した定県政府から財政支援を受けて自治公所に再編され，井戸の掘削事業や納税組合の設立，備荒貯蓄制度である義倉の設置などのほか，「因利協社」と呼ばれる合作社の事業を営んでいる。因利協社という名前は『論語』における「民の利する所に因りてこれを利す」という孔子の言葉に由来し，「全村人民の互助の精神を提唱し，全村人民の協同利益の発展を図ること」「村人民の固有の利益により，さらに進んで協力してこれを発展させ，共同生活の必要という感覚を持たせる」ことを理念とするものであった（伊仲材編述，［1925］1968: 78, 李景漢編 1933: 104）。李景漢の記述によると，因利協社は，元は隣の県の綿花を共同で買い付けることを目的に設立されたもので，その出納を運営する金融協社の特徴として，学校の基金など村の中の公的な資金全般を管理していたこと，職員は基本的に無給の名誉職であること，利益の一部を積立金とすることなどが挙げられている（李景漢編 1933: 104-5）。

李景漢は定県調査の後の1936年にも，『東方雑誌』に「中国農村金融と農村合作問題」という文章を発表している（李景漢 1936）。その中で彼は，農村における健全な金融機関としての合作社の設立

をあらためて訴えている。彼によれば、中国の農民は「心理と精神の方面から言えば、農民は各自独立し、ばらばらの砂（一盤散沙）であり、相互の間に深い同情および共同意識が欠けている」ために（李景漢 1936: 20）、合作組織がなく「中間商人の搾取」を深刻に受けやすくなっている。そして、慈善団体である華洋義賑会の信用合作社を例に挙げて、この合作社が経済的な支援だけではなく、民衆学校や災害救済などの農村における様々な事業の中心的な機関になっていたことを評価した上で、農村に一つの健全な合作社があれば農村全体の活動が活性化し、「農民合作の精神を養成するというだけではなく、彼らに次第に公衆に奉仕するという観念および、環境を改造するという要求を促す」という（李景漢 1936: 24）、派生的な効果をもたらすことになると主張している。以上のように、李景漢は合作社が単なる経済的な問題を解決するだけではなく、中国の農村社会における共同性と自治の再建をも可能にする、その中核となる組織として評価していた。

1934年から李景漢は清華大学社会学系に転任し、定県調査の経験に基づいて、近郊農村に実験区を設立して学生に対する社会調査の指導を行っていた。しかし、1937年7月以降の日中戦争で華北地方と沿海部の都市がほとんど日本軍に制圧され、晏陽初の平教会、梁漱溟の郷村建設運動、華洋義賑会の合作事業など、李景漢とも関わりが深い農村社会改良事業は、華北地方を拠点としていたこともあり、ことごとく活動の停止あるいは縮小を余儀なくされていくことになる。1937年7月に日中戦争が始まると、李景漢の所属する清華大学は北京大学と南開大学とともに、北京を離れて長沙の国立長沙臨時大学、昆明の西南聯合大学へと移転した。当時の社会学界をリードしていた復旦大学や燕京大学などの社会学者は、それぞれ戦時首都の重慶および成都の華西壩地区に移転し、1940年に成立した社会部の要請で社会政策研究を進め、1943年の社会救済法の

策定などにも関わっていく（第6章参照）。地理的に少し離れている昆明にいた李景漢は，陳達とともに1938年に清華大学国情普査研究所を立ち上げ，雲南省の県を対象にした人口調査研究に没頭していく（呂文浩2018）。社会部が主催した1942年の社会行政会議に李景漢も招聘されているが，その後とくに深く関わった形跡は見られない。李景漢における，農村信用合作社に基づく「以農立国」の理想は，最終的に1940年代の社会政策の動向とつながりを持たないまま，構想の段階にとどまることになった。

6. 社会調査を通じた貧窮者との連帯

　本章では李景漢の社会調査論とその実践を通じて，社会調査における被調査者との具体的な相互作用の中で，彼の「社会」に対する認識が形作られていくプロセスを描き出してきた。アメリカでの留学中に中国における統計調査の不在に「国恥」を強く刺激された李景漢は，帰国後に社会調査の実践に意欲的に関わり，とくに1928年以降の定県調査で農村住民の合意と協力を獲得しようとする過程で，彼らの「人情」に対する理解と「同情心」「奉仕」の使命感を深めていく。彼はこの調査体験の中から，「以農立国」の理念および「ばらばらの砂」という中国農村社会に対する認識を形成し，農村合作社を単に経済的な組織としてではなく，「ばらばらの砂」を克服して中国の農民に「共同意識」を育成する役割を果たすものとして期待を寄せていくことになる。

　社会調査研究で多少なりとも直面する，社会問題の解決を志向する規範的なベクトルと科学的な実証性を求めていくベクトルとの「股裂き状況」は（天田2009），李景漢の中では全く問題にされていなかった。中国の農村と農民の深刻な窮状を，生活を共にしながらつぶさに目の当たりにしてきた彼にとって，社会調査の遂行はそれ

自体において社会改良の実践でもあり，またそれ以外では有り得ないものであった。

李景漢が取り組んだ社会調査それ自体は，当時においても批判されていたように，本来なら行政が担うべき実態調査の域を出ていなかったことは確かである。しかし，それは別の側面から言えば，エスノグラフィーとは異なり被調査者に一定の知識水準を要求し，本来は政府の権威や強制力に依存しなければ実現が不可能な性質の社会調査を，民間の社会学者が（大多数は非識字者である）農村住民の自発的な合意や協力を地道に獲得しながら進めていくという，きわめて困難な課題に取り組んでいたことを意味するものでもあった。彼が自らの社会調査の経験の中から提示した，農村社会の「人情」への認識や農民への「同情心」などは，単に社会調査の困難を解消する上での実践的な方法というだけではなく，貧窮者の救済を目指す知識人と困窮する農民との社会的な連帯の可能性を示すものとして評価することが必要になる。

調査協力の獲得において「人情」という私的なコネクションを積極的に活用すべきといった李景漢の主張は，現在の社会学における調査研究倫理の基準から見れば多くの問題を抱えていることも否定できない。しかし，それが決して彼の無知や当時の中国における社会調査研究の水準の低さに由来するものではなく，以上に述べてきた社会調査を通じた貧窮者との連帯の困難および試行錯誤の帰結であることはあらためて強調しておく必要がある。

本章では，社会調査の方法論の側面については十分に論じることができなかった。また社会学界の動向に対象を限定したため，国民政府の行政調査や共産党が根拠地で実施した階級調査，日中戦争の時期に行われた少数民族調査などについては，全く触れることができなかった。李景漢の社会調査論で示された課題と困難が以上の社会調査実践でも共有されていたのか否かについては，今後の検討課

題としたい。

注

1) 社会調査の困難や権力性の問題については，桜井（2003）および佐藤（2011: 251-67）などで論じられている。ここで古くて「新しい」というのは，この10年における個人情報保護意識の高まりや住宅セキュリティの強化に伴う，全国世論調査やSSM調査の回収率の大きな低下および調査拒否の増加（社会調査協会編 2014: 34-5, 94），そして研究者と調査対象者との知識水準の落差が縮まったことを背景とする，社会調査における調査者／当事者という関係の自明性の深刻な動揺（宮内・好井編 2010），等々の事態を指している。
2) 柯象峰は，李景漢，陳達，陶孟和などの社会学者が実施した既存の都市家計調査や農村社会調査を寄せ集め，標準的な生活水準の家庭を定義した上で「貧窮線」を設定し，都市の労働者の5割（全人口の5%），農民の4分の3（全人口の60%）が貧民であると推計している（柯象峰 1935）。
3) この問題意識において，本章は学説史研究ではなく，言わば社会調査の歴史社会学的あるいは知識社会学的な研究に位置づけられる（佐藤 2011: 490-1）。その中でもとくに，松尾（2015）が以下に述べているような「調査過程論」と呼ぶアプローチと問題関心を共有するものである。「なんらかの問題を持った調査者が，試行錯誤を重ねながら，調査という営みを通じてその問題に取り組んでいく。これまで無数に調査は行われてきたが，そのひとつひとつに，こうした試行錯誤の経験と調査過程があるはずである。結果としてその調査が耳目をひく結果を得なかったり『失敗』に終わったとしても，こうした調査結果には少なからず意味があるように考える」（松尾 2015: 30）。
4) 以下の中国社会調査史の概説的な記述については，主に閻明（2010）に従っている。
5) これらのテキストは，社会調査の目的，方法の分類，調査の手順，調査表や図表作成の例などを一通り列挙している以外は，とくに共通のフォーマットは存在していない。当時のアメリカの社会調査法のテキストで定式化されていた，「完全計査」「サンプリング」「ケースワーク」という社会調査の方法区分は（佐藤 2011: 170-4），ほぼ全てのテキストで紹介されているが，管見の限りテキスト全体の外枠として採用しているのは，樊弘

『社会調査方法』のみである。
6) 以下の民間の社会調査機関の動向については，社会調査所が1933年のシカゴ万博に参加した際に発行した紹介パンフレットである『社会調査所概況』の記述に従った（社会調査所編 1933）。
7) 全国的な人口調査は，南京国民政府が成立した直後の1928年に実施が試みられているが，2年後の30年になっても中央に報告を行っている地方の省政府は半分を超える程度で，まったく不完全なまま終了している（王大任 2008）。
8) 断っておくと，正面から「社会学の中国化」というスローガンが掲げられたことは稀で，あくまで「西洋の社会学の学説・理論を教条的に中国の現実に当てはめるべきではない」という，民国期中国の社会学者の間で広く語られた，定型化された語法を指すものである。
9) ここで論じられている「文化失調」は，物質文化の急速の発展に対する既存の慣習的文化の不適応から社会問題発生の要因を説明する，ウィリアム・F・オグバーンの「文化的遅滞 cultural lag」の概念に由来している。中国では，アメリカ留学中にオグバーンに師事していた孫本文が，精力的に「文化失調」の議論を紹介していた（孫本文 1929）。
10) 戸田貞三『社会調査』にも同様に，人間関係の不調和の原因を明らかにすることが（戸田の定義する社会改良目的＝「狭義」の）社会調査の一つの目的であることが述べられている。「社会人としてもつべき連帯的要求（自分等の形造る社会を尊重し，これを支持せんとする要求は社会人には常にあるべきであり，それは社会をなすものが共同にもつ連帯的要求となる）において互ひに相距たることなければ，社会生活上に害悪，不安，不徳，犯罪等は殆ど起こらないであろう。併し乍ら事実はこれに反して種々の不安弊害は常に人々の周囲に起こりつゝある。……それ故に一つには共同生活の安定を助長し，社会的害悪の発生を防止するために，二つにはかくの如き反社会的行為をなすものの生活水準を一般人のそれに近付けるために，これらのものゝ生活の状態，教養の程度，行動能力並びにかくの如き状態に陥つた過程等を調査して社会改良の方法を講ずる必要が起る」（戸田 1933: 11-2）。ただし戸田の言う「連帯」は，「社会人」という概念にも象徴されるように，「団体の全成員の生存要求に反する行動は如何なる構成員にも許されない訳であり，個体は全体の要求に強く結びつけられて居なければならぬ」という（戸田 1926: 22），「団体」「全体」に対する忠誠と貢献を意味するものであった（杉田 2010: 71）。管見の限り，このような全体性を持つものとしての「社会」概念は，民国期中国の社会学や社会

政策のテキストには見られない。李景漢について言えば，彼は「社会」という概念に「お互いに何らかの関係が存在していること」という以上の意味を与えなかった（李景漢 1933: 41）。
11) 以下の李景漢の経歴については，田彩鳳（1995）および范偉達他編（2008: 53-62）に従っている。
12) 調査統計の不備に対する劣等感について，李景漢は同様に以下のようなエピソードを記している。「私が六歳で小学に入学した時に，中国の人口は四億（四万万）であった。この言葉は，愛国の四億の同胞を示す言葉としてどこでも耳にしたものである。小学を出た時も依然として四億の同胞であった。中学卒業時に弟が読んでいる地理を開いてみると，わが国の人口は依然として四億であることが特筆・大書されていた。数年が過ぎて大学を卒業し，姪の教科書を手に取って見てみると，中国の人口は相変わらず四億であった。海外で数年留学して帰国した後，また姪たちが気になって，その子供も多くいるが，使っている教科書はやはり四億であった。……アメリカは世界の中で最も富強な国家と呼ばれているが，その人口は一億一千万に過ぎず，わが国の人口との差はその数二億に止まらない。一つの国家が人口の確かな数さえ，さらには大体の数さえ全くわからないのだから，人口の密度，性別，年齢の配分などは言うまでもない」（李景漢 1933: 3）。
13) 晏陽初を中心とした平民教育運動の起源とその思想については小林（1985），とくに1933年以降の定県の県政改革における平教会および平民学校同学会の役割については山本（2002），さらに平教会の関係者が主導権を握る県政改革に対する地元の郷紳層の激しい抵抗と，その結果として平教会が政府の強制力への依存を強めていくプロセスについては宣朝慶（2011）に詳しい。
14) 李景漢が招聘されたのは，同僚であり研究仲間でもある燕京大学のギャンブルが，もともと晏陽初と同じYMCAの活動家であったことと関係していると思われる。燕京大学のアメリカ人社会学者におけるYMCAおよび，YMCAを支援する大学生・大学教員の組織であるPrinceton-in-Pekingの役割と動向については，Chiang（2001）の第2章に詳しい。
15) このテキストでは直接触れていないが，李景漢が以下のように述べている通り，農村における衛生観念の落差は，都市生活者である社会学者たちの大きな悩みの種であった。「（調査者は農民に対して──引用者註）おそらくは不安に感じて，一緒に協力する事を嬉しく思わないかもしれない。というのも，農民自身のにおいで不快になり，家の台所の不潔さに我慢できなくなり，食べ物が粗末で食べられないからである。……多くの家庭は豚

を便所に囲っており，豚はいつでも物が落ちてくるのを期待し，豚の食べ物の源の一つとなっている。私は最初に農家の便所を利用した時に，下に二つの大きな黒い物を発見し，二頭が争って食べていて，私をひどく驚かせた。外に出てそれを人に告げると，『そんな珍しいものじゃありませんよ』と笑われてしまった。私は豚肉が好きだったのだが，その後はそれがすっかり冷めてしまった」（李景漢 1935a: 9-11）。
16) 村の指導者や小学校の教師・生徒から農村家庭に接近するという方法は定県調査に独自のものではなく，1920年代以前のアメリカ人社会学者による社会調査でも用いられたものであり，農村住民の社会調査に対する理解や合意を得ることが極めて困難な条件の中で，情実やインフォーマルな人間関係を利用することは一般的なものであった（李金錚 2014: 69-71）。
17) 民国期の出版物の包括的なデータベースである「大成民国図書全文数拠 (http://tushu.dachengdata.com/tuijian/showTuijianList.action)」では，「農村社会学」「郷村社会学」と題するテキストが少なくとも9冊確認できるのに対して，「都市社会学」については呉景超の2冊のみである。
18)「以農立国」論に対する呉景超の批判は，鄒干江（2015: 117-23）に整理されている。
19)「一盤散沙」という中国社会の解釈図式が，近代中国の社会思想の中で，中国の近代化を構想する際の，言わば転轍手としての役割を果たしていたことについては，穐山（2014）で論じた。
20) 農民の聡明さの根拠として，李景漢は以下のエピソードを挙げている。「表面的には農民は迷信に囚われているように見えるが，鬼神の本来の姿に対する認識は非常に明晰である。例えば，しばしば雨乞いをして雨が降らない時があるが，農民たちは龍王爺（廟の神像――引用者註）に対しても遠慮することはなく，ある時にはそれを炎天下にさらし，ある時にはそれに屁を放ったりしている。つまり，役に立つ場合はそれを崇敬もするが，役にも立たないのにどうしてまだ媚びへつらうことがあろう，ということなのだ。彼らは鬼神に対してもこのようであるのだから，人間に対してはより明晰，実直で，そして現実的でもあるのである」（李景漢 1935b: 12-3）。
21)『定県社会概況調査』における翟城村に関する李景漢の記述は，ほぼ『翟城村志』（伊仲材編述［1925］1968）に記載されている内容の要約版であり，独自の調査に基づくものではない。

第5章 救貧制度と社会的権利の成立過程
——日本と中国における「慈善」概念の比較

1.「慈善」と「社会連帯」のあいだ

　前章までは合作社と社会調査を事例に，シティズンシップとしての社会的権利の理念や政策が出現するまでの，貧窮問題に対する試行錯誤の取り組みについて明らかにしてきた。本章以降は，1930年代から40年代にかけて展開された，社会的権利の理念と政策が中国に導入される歴史的な経緯とプロセスを検討する。序章で述べたとおり，シティズンシップは単に「国民国家」のメンバーシップにおける権利・義務として理解できるものではなく，そこにおける平等性と連帯感を構成している「共同社会」として何が想定されていたのかは，その国と地域の歴史的な経路や社会的な条件によって必ずしも同じものではない。

　本章では中国の社会的権利における共同社会の特性が何であるのかを明らかにするために，日本の事例との比較を行う。その際，両者における共同社会の理念の輪郭を浮き彫りにするために，とくに「慈善」という概念に分析の焦点を当てていくことにする。日本では1929年に救護法が，中国では日中戦争の最中の1943年に社会救済法が制定され，はじめて国家による社会的権利の保障が（部分的な形にせよ）法制化された。この社会的権利の制度化のプロセスに関わった官僚や学者が等しく訴えたのは，「社会連帯」を通じた，

共同社会への貢献義務に基づく能動的な救済であった。ここで本稿が注目するのは，この「社会連帯」の理念が語られる文脈において，多くの場合「慈善」が怠惰な依存者を生み出す受動的な救済として否定的に言及されていた事実である。

　本章の中でも指摘している通り，「慈善」は当初は積極的な意味で使われていた。否定的な意味を強く帯びるようになったのは，社会的権利の確立が政策的に目指される時期になってからである。その意味で「慈善」は，「社会連帯」や「社会救済」の理念を実現しようとする際の，様々な困難と課題を集約的に示す概念であると想定することができる。とりわけ本稿で詳細に検討していくように，「慈善」の具体的な担い手であった「篤志家」や「郷紳」などと呼ばれる地域の中間権力者の役割を，いかにして「社会連帯」のなかに再定義していくのかは，当時の学者・官僚らが直面した重要な課題であった。そのように，「社会連帯」を通じた社会的権利の確立を目指す思想や政策を，「慈善」という概念で示されたインフォーマルな救済事業との関係から捉え返していくことによって，シティズンシップにおける共同社会の統合原理の固有性を，より具体的な形で明らかにすることが可能になると考える。

　以上の課題や分析枠組みに基づいて，本稿では主に，日本と中国における 1920 年代から 40 年代にかけての救貧立法の策定に関わった統治官僚や学者の議論を取り上げて検討していく。とくにここでは，「社会連帯」としてのシティズンシップの理念そのものではなく，その理念によって克服されるべき仮想敵としての「慈善」において，何が解消されるべき困難および課題として概念化されたのかに焦点を当てて比較分析を行っていくことにしたい。

2.「慈善」のパターナリズムを超えて──日本

2-1 「郷党の善人」による防貧

　民間の慈善事業を通じて貧窮者を自立した「市民」へと転換しようとしたイギリスの慈善組織協会がそうであったように,「慈善(charity)」という概念そのものは当初から一方的な施与による受動的な救済を意味していたわけではなく, むしろそうした救済を批判・克服しようとする文脈において用いられることのほうが多かった。

　日本の近代において, 国家の社会政策の中で「慈善」の概念が広く用いられるようになったのは1900年代後半の感化救済事業である。感化救済事業は, 日露戦争の戦費の増大による財政難や,「明治の大合併」以降の地方行政の再編という政治的な背景の下に, 地方の篤志家や民間の慈善事業家に対して講習会の開催や奨励金の支給などを行うものであった。そこではそれ以前の, 1873年に成立した恤救規則における, 親族や近隣の扶助を全く期待できない「無告ノ民」のみに市町村が施米を行うという消極的な「救貧」を批判する形で,「都市農村を改善振興して, 自治経営の確立を図るか如きは其実感化救済の根本治療法たり」という, 地域の自治・自営を通じた精神的感化が自ずと人々の自立心を養成して「防貧」を導くことが目指されていた（池本 1999: 23）。イギリスの慈善組織協会をモデルとした民間の慈善事業の全国組織である「中央慈善協会」が1908年に設立され, その機関紙である『慈善』の刊行などに象徴されるように, 感化救済事業が展開された当時における「防貧」の理念を表す概念こそが「慈善」であった。

　感化救済事業における救貧理念の特徴は, 二宮尊徳の報徳思想に

おける「推譲」の道徳・理念に基づいて，富者や地域の篤志家がその地位・身分に基づく責務を果たすべきことが明確に語られていたことにある。例えば，内務官僚の一木喜徳郎は「一切の議員一切の名誉職に在る者が，各自に自己の地位を誤解することなく，従来一般に誤認したるが如き利益代表の観念を一掃して，全く私利私益を抛却して一に公益に竭くして献身の誠意に出づべし」（一木 1907: 38）と，篤志家による無私の献身を強調している。さらに感化救済事業の旗振り役であった井上友一も，静岡県の庵原村という村をモデルとして取り上げ，その成功の要因を「尊徳翁の教を奉じた柴田順作，片平信明，及西ヶ谷可吉といふような篤農家」という「郷党の善人」のリーダーシップの存在に求めている（井上 1907: 35）。このように，内務官僚が日本における国家の公的な救貧制度の意義を否定する際には，地域で人格的な能力を持つ「郷党の善人」がその社会的な地位に相応しい義務を果たしていることに対する，素朴な前提や期待が存在していた。

　以上のように，篤志家の階層的な優越性を前提とした「献身の誠意」が貧窮者の精神的感化による自立心を自然と導くという意味で，感化救済事業における「慈善」はある種のパターナリズムの役割を肯定するものであった。1920年代以降に登場した「社会連帯」の言説の中では，まさにこうした「慈善」のパターナリズムにおける欺瞞性の克服が目指されていくことになる。

2-2 「私達の社会」と「慈善」の対立

　1910年代後半になると，1918年の米騒動に象徴されるような，第一次世界大戦の軍需景気や急速な工業化と都市化を背景にした，物価上昇や失業に伴う新しい貧困問題への対応として方面委員制度が構想されるようになる。方面委員制度は岡山県知事の笠井信一が1917年に制定した済世顧問制度を先駆けとして，社会事業研究者

である小河滋次郎がドイツのエルバーフェルト制度を参考に大阪府で創設したものである。方面委員とは医師や商店主，住職などの地域の篤志家の中から市町村を単位として知事が嘱託する無給の名誉職であり，そこでは担当地区内の住民の状況を調査してカードに記録するという慈善組織協会で実施されていたケースワーク技法の導入が図られている（杉野 2011）。方面委員制度は，近隣住民同士の関係が希薄化する都市社会の問題に直面するなかで，「近代的新しき形式を備へて復活し来りたる五人組制度」の役割を期待するものであった（今井 2009）。

地域の篤志家に公共的な事業に対する奉仕の精神を期待し，その精神的・人格的な面での救済を通じて人々を「独立自営」へと向かわせるという点では，方面委員制度は感化救済事業と共通した性格を持っている。しかし，方面委員制度の理念が感化救済事業と決定的に異なるのは，小河が以下に述べているように，救済する者とされる者という非対称的な関係に基づく救済が「慈善」という概念によって否定されたことである。

> 世の多くの人は，常に自ら其の優越の地位に在ることを考えて居る，人を救ふは，弱者に対する強者の任務であり，人を助くるは，劣者に対する優者の職責でありと信じ，其の任務，其の職責を竭すのことは，かねてまた自己満足，自己安慰の為めになるのであつて，謂ゆる積善の家に余慶あり，善因には必らず善果の己に報ひ来るものがあるだらうといふ位の意味に，情けは人の為めに非ずと謂ふ言葉を受入れて居る向が，世間通途の慣はしであると見て宜い。……我方面委員の念頭には毛頭自ら優越者たるの地位にあると云ふ様な考へはない。人を救ふて慈善を施し，人を助けて恩恵を加へたと云ふ野心を塵ほども持たぬ。（小河 1924: 65-6）

1920年に内務省の下に「社会局」が成立し，1921年に中央慈善協会が「中央社会事業協会」に改称されたことに象徴されるように，この時期はフランスの連帯主義思想が内務省の社会行政に取り入れられて，有機体としての「社会」や「社会連帯」の概念が積極的に用いられはじめていた（冨江 2007: 82）。それに対して「慈善」は，救済する側が自らの「優越者たるの地位」を再強化していくための「自己満足，自己安慰」という欺瞞的なものに過ぎないとして，否定的な意味へと再定義されていくようになる[1]。

　当時社会局局長であった田子一民は，こうしたロジックをより明確に論じている。田子によると，「地位の高いものが，地位の低いものを，強い者は弱い者を，富める者は貧しい者に対して起す心の状態」という「かかる意味の慈善は，社会を私達の社会としない社会にのみ通用することであって，社会を私達の社会とする社会には容易に解釈し尽くされない」と，「私達の社会」の実現を妨げているのは，「慈善」が必然的に生み出す優劣関係にこそあると指摘する。その上で彼は，「子がいかに貧乏して居ても，親は子に対して慈善の為めに，之を救済するものと考へるものがない」「私達の社会には社会連帯があるが，慈善の影は薄くなる。親子に慈善がない如く，「私達の社会」と自覚する社会には慈善がなくなる」と，「慈善」における非対称的な救済を克服して「社会連帯」に導くための機制を，「親子」という「救済する」ことを特別に意識することなしに相互扶助が自然と成立している（と彼が考える）家族的な関係の中に求めている（田子 1922: 8-10）。

　「慈善」における救済の非対称性を克服するという問題意識は，小河が「社会測量」と呼ぶ，方面事業におけるケースワークに対する考え方にも示されている。小河によれば，方面委員は単なる専門的な調査員ではなかった。彼によると，「至心自ら相通じ，彼れまた喜んで我れを迎へ，これまで唯だお互ひに近所に住んで，顔を知

りあつておったにすぎなかつた所のものが，機縁此れに熟して，一見恰も旧知の如く，世間話が身の上話に移る」「終には問わず語りに，彼より進んで色々なる内環話もすれば，今まで親兄弟にも知らせなかつた秘中の秘事を告白したり又哀願することにもなる」という（小河 1924: 14-5），隣人間の情誼的な親交の一環として住民に接してこそ，効果的な「社会測量」が可能となる。小河は「社会奉仕」という概念にも否定的で，「社会奉仕の為めに，社会事業を為す訳ではなくして，社会事業をすることが，即ち社会奉仕になる」とも語っている（小河 1924: 170）。これは，社会事業家の側に「社会奉仕」を行っているという尊大な自意識がある限り，決して真の「社会奉仕」たりえていないという理解に基づくものであった。そのように，「救済」「奉仕」という言葉すら必要としなくなり，家庭や地域における日々の生活や交流のなかで，自然に導かれるように貧者が自立・自活していくことこそが，田子や小河など方面委員制度を構想した内務官僚たちの理想であったと言うことができる[2]。

2-3 「無報酬の心」による「社会連帯」

方面委員制度は 1917 年から岡山県，大阪府，東京府を皮切りに 1926 年までに 52 の府県と市に方面委員制度が普及していくことになり，1927 年には第一回全国方面委員大会が開催されている。しかし，方面委員事業は社会局官僚の主導で推し進められたにも関わらず，依然として法律上の根拠を持たない民間の社会事業としての位置づけにとどまっていた。

他方で，1920 年に内務省社会局が設立されて以降，恤救規則が社会経済的な変化と貧困人口の増大に全く対応できていないという問題意識に基づき，新たな救貧立法が構想されるようになった[3]。田中義一内閣の下，1928 年秋の内務省法令審査委員会で社会局が策定した「救護法」の法案が確定し，大蔵省と内務省との折衝によ

る2度の修正を経て1929年3月に救護法33条が議会に提出され，衆議院・貴族院ともに本会議で可決・成立した。この救護法においては，「任意的便宜的の原始的方法と全然趣を異にし国家又は公共団体の公的義務を認むる」という（山崎 1931: 10-1），国家による公的扶助義務が明確化されるようになった。方面委員はこの救護法の成立と施行を大きく後押しする運動を展開し，市町村の執行補助機関としての「救護委員」として，方面委員は国家の救貧行政の中に制度化されていくことになる。

社会局の問題意識は，一つには健康保険法などの個別的な社会立法が成立するなかで，その基底となる救貧法の未整備が問題となったことであった。そしてもう一つは，「最早日本の家族制度は漸次壊れてきた今日の状況に於て，現在の隣保扶助と云ふものにどれだけ信頼することが出来るか大いに疑わしい」（社会局社会部編 1928: 52）という，家族・近隣社会の自律性の弱体化に対する認識であった。1930年代に入ると無給の名誉職としての方面委員の位置づけに対しても，アメリカに倣って有給の専門職であるケースワーカーの導入を主張する声も上がりはじめていた（福山 1933）。さらに，一人当たり500世帯という方面委員の「人間業では出来ない仕事」の負担の重さも問題になっていた（河村 1933: 67）。

しかし結果から言うと，こうした近隣・家族における自律的な相互扶助の能力の動揺に対する認識は，「慈善」の非対称的関係を克服して全人格的な「社会連帯」としての救済を目指すという従来の方面事業の理念を，より先鋭化させる方向に作用した。例えば，中央社会事業協会の機関誌『社会事業』に寄せられた，現場の方面委員からの文章では以下のように語られている。

　　方面委員の精神は社会連帯の語に拠って尽くされていると云ふことは今日に於ては一般の常識である。古来の慈善事業・救

> 済事業に於ける指導精神が個人的な憐憫の情に終始している限り，それは富める者，貧しき者と云ふ上下関係，権力関係を離れることは出来ない。……方面委員は飽くまで社会に依って選ばれた選（ママ）士であらねばならぬ。連帯の精神を具現する騎士であらねばならぬ。この為には自己一身の利害得失は問ふ所ではないはずである。努力を認められ度いとか，報酬を得たいと云ふ心の曇を一掃して恒に社会の為に奉仕すべきである。
> （小関 1933: 75-6）

　このように，方面委員制度が前提とする「社会連帯」は，「富める者，貧しき者と云ふ上下関係，権力関係」という非対称的な優劣関係に基づく「慈善」を，方面委員自身の日々の活動の中で克服していくプロセスを通じて生み出されるものであった。他にも別の方面委員は，同じ誌面の中で「此の事業に従事する人は，無報酬の心を持つことが肝要である。無報酬の心，夫は被救護者に対して恩を売りつけたり，恩にきせたり，又他人に向かって恩恵らしく物語ったりする事は，誠に下劣な淋しい心の根と申さねばならぬ」と語っている（中村 1933: 85）。こうした「無報酬の心」という一見凡庸な精神論も，方面委員が「慈善」のパターナリズムに陥ってしまうことへの強い懸念という，日本において「社会連帯」が語られる文脈を象徴的な形で表現するものと理解することができる。

　以上のように，主に方面委員制度に即して描き出すことのできる，日本の近代における「社会連帯」としてのシティズンシップは，素朴な善意や憐憫の情に基づく「慈善」の背後にあるパターナリズムの欺瞞を解消する文脈のなかに位置づけることができる。そもそも，方面委員が篤志家として相対的に優位な社会的地位にありながら，住民と対等に「社会連帯」すべきことは，どこかで矛盾を孕んだ実践であった。しかしそうした矛盾こそが，「無報酬の心」という方

面委員の献身的な使命感に基づく,日本に固有の「社会連帯」の理念を生み出す源泉になっていたと理解することができる。当時のある一人の方面委員は,以下のように方面委員としての使命感を語っている。

> 私ども方面委員も社会の一員である。人を助けるなどと大きな顔をしてはおれぬ。いついかなる境遇になるかさえもわからぬものである。ただ現在その地位におかれることを感謝しつつ,救い得ない悩みはあるも,この道に精進の歩みをつづけねばならぬ。(国井［1935］1979 上: 5)。

「人を助けるなどと大きな顔を」するというパターナリズムに基づく救済のあり方が,「慈善」という概念とともに,「社会連帯」を阻害するものとして執拗に批判されてきたことは,これまでも検討してきた通りである。上の語りからは,地方における末端の方面委員にまでそうした自己批判の論理が共有され,そのことが救済活動への献身的な使命感を形作っていたことを確認することができる[4]。

その後の総力戦の時代の中で,1936 年の方面委員令および 1938 年の社会事業法などの制定によって,方面委員制度の法制化および民間の慈善事業に対する国家の財政的支援を通じた統制が進んでいく。その過程において,「慈善」のパターナリズムを解消する場は親族や地縁における情誼的な社交というものから,その論理を「日本」というナショナルな空間へと延伸・拡大したものとしての「天皇」「国体」へと転回していくことになる。

3.「組織」と「人」を求めて——中国

3-1 慈善事業の遺産と「亡国」の危機

　もともと膨大な人口と成熟した貨幣経済を背景に，伝統的に社会的な流動性が高く国家の統治が粗放的だった中国では，地域エリートである郷紳が主な担い手となり，大都市から鎮（市場町）に至るまで「善堂」と総称される大小の様々な慈善団体が数多く活発に活動していた。その内容も，日本の慈善事業が育児や養老の分野に集中していたのに対して，衣食や薬の施与，渡し船，葬礼に至るまでの生活全般の支援にわたっていた。そうした慈善事業は必ずしも一方的な施与に基づくものばかりではなく，第2章で扱った華洋義賑会など，「以工代賑」の原則の下に，学校や工場など教育や職業訓練を行う団体も多く存在した。小河滋次郎も，中国では「我国などよりも其の組織の完備せるものあるを見ると云ふことができる」と，日本よりも救済事業が盛んであるという印象を記している（小河 1912: 15）。

　しかし，表面的には活況を呈していたこれらの慈善事業は，現実には全くの焼け石に水であった。辛亥革命後の1910年代から20年代にかけての中国は，軍閥抗争による政治と行政の機能不全を背景に，自然災害や感染症が発生するたびに万単位の膨大な犠牲者を出していた。とくに1920年の華北大飢饉に対して，于樹徳が「こうした現象は20世紀ではわれわれ大中華民国特有の現象であり，これは世界のどんな劣等民族・亡国民族でもわれわれに追いつくことはできない」と慨嘆したのは（于樹徳［1920］1923: 1），第1章第3節でも触れた通りである。

　このように，当時の中国の救済事業や社会政策に関わった統治者

や学者が目の当たりしたのは、一方では民間の慈善事業の活発な活動と、他方では途方もない規模の飢餓と貧窮とが同時に広がっている風景であった。そのことは自ずと彼らに、なぜ中国は本来誇るべき分厚い慈善事業の伝統的遺産を有しながら、膨大な貧窮者の出現を防止できずに「劣等民族・亡国民族」の地位に陥ってしまっているのか、というジレンマに否応なく直面させることになった。

3-2 「各自為政」としての「慈善」

1927年4月に蒋介石を首班とする南京国民政府が成立し、翌28年に内政部を組織して慈善救済事業は民政司が統括するようになり、内務部規則の中で貧民の救済に対する政府の責任が明示されるようになった(曾桂林 2013: 172)。また地方の省や特別市では、慈善救済事業の専門部署として社会局が設けられた。

国民政府の内務部が制定した最初の包括的な社会立法が、1928年5月に公布された「各地方救済院規則」である[5]。「救済院」は省や県などの地方自治体が設立する公的な救済機関であり、救済の対象に応じて「養老所」「孤児所」「残廃所」「育嬰所」「施医所」「貸款所」の六つに分かれていた。しかし、救済院の多くは「各地方に元々ある官立・公立・私立の慈善機関」の名称を変更して運営を継続したものであり、財源も国庫補助はなく自治体が独自に基金を設立し寄付を徴収するものとされ

図5.1 慈善団体調査票
「安慶市慈善団体調査票」『市政月刊』1928年第3期

ていたように，既存の慈善団体の自律性は概ね温存されていた。例えば浙江省寧波市では，市政府が慈善団体のリーダーたちを召集し，救済院の院長として慈善運動界で声望の高い仏教孤児院の理事長が選任されていた。「育嬰堂」「安養堂」「仁安公所」などの既存の伝統的善堂は「規則」に従い，そのまま「育嬰所」「養老所」「施医所」として再編され，救済院として認可されるための審査や選別はとくに厳格には行われなかった（孫善根 2007: 307-10）。救済院に再編されない民間の慈善団体は，1929 年 6 月に制定された「監督慈善団体法」で扱われ，全て調査票の提出を通じた登記が義務付けられるとともに（図5.1），宗教活動や営利活動の禁止とともに主管官署への収支報告や検査・監督が義務付けられた[6]。断っておくと，これらの社会立法は公的扶助制度という性格を有するものでは必ずしもなく，あくまで無秩序に簇生していた地方の慈善機関を管理・統制する地方行政改革の一環として行われたものであった[7]。それゆえ，救済対象の範囲や給付水準の明確な定めもなく，各地方の運用に委ねられていた。

このように，各地方救済院規則は既存の官民の慈善団体に対し，公的な承認を与えることを通じて行政機構の枠組みの中に取り込んでいこうとするものであり，具体的な運営や救済の方法は事実上，各救済機関の自主的な判断に委ねられていた。当時の内務部官僚や社会学者たちは，こうして新たに再編された救済院や慈善団体に対して，私的な施与によって依存者を作り出す「慈善」と，公的な組織を通じて自立扶助を行う「社会救済」という二項図式を用いて，否定的な評価を下すのが一般的であった。

例えば，国民政府の内務部官僚であった陳凌雲は，欧米・日本の社会政策の概説書であり，中国で最初の本格的な社会政策のテキストの一つでもある『現代各国社会救済』の冒頭の部分で，以下のように述べている。

思うに，社会救済事業は西欧各国において，歴史が極めて悠久であり，イギリスは 1601 年に貧窮救済法の公布・施行があったが，この法案は世界に名を馳せただけではなく，内容も完備していたため，若干の原則は現在の施政の根拠になっている。ただ，その当時の立法の本来の意図について言えば，<u>わが国一般のいわゆる「慈善」が当局あるいは上層階級の平民に対する一種の施しのようなもの</u>であることは免れない。近年以来，この種の観念は既に根本的に改変され，各国の多くは<u>社会救済が政府の人民に対する一種の重要な責任であり，人民の方面</u>においては，それが一種の共有すべき権利であることを認めている。ゆえに，「社会救済」という名詞を放棄し，「社会福利」(Social Welfare) あるいは「社会事業」(Social Work) あるいは「公共協助」(Public Assistance) に呼び改める者もいる。本書はわが国の慣例に従って名を「社会救済」としているが，凌雲の意図も実にこうした見解を持つものである。つまり，国家は人民が集まって成るものであり，政府は人民によって組織され，人民のために幸福を図る機関であり，人民の苦しむところがあれば，救済を加えるべきであり，人民が必要とするものがあれば，自ら協力・援助に与らせるべきこと，これがつまり賢明なる政府が負うべき責任なのである。(陳凌雲 1936: 1, 下線引用者)

ここでは「社会救済」が，「政府の責任」であり，かつ「人民の権利」でもあるというシティズンシップとしての意義を持つ救貧政策の理念であることが，上層階級の「施し」である「慈善」との対比のなかで明確に位置づけられている。陳凌雲によれば，「過去の消極的な『慈善』『布施』などの方式を応急に改編し，積極的な『互助』と『公共責任』に観念を成立させる」ためには，「政府が人

民に奉仕を行う機関であり,人民に苦痛があれば政府は救済を施す責任があり,人民もこの援助を受けるべき権利を有するようになる」べきであるという(陳凌雲 1936: 291)。それでは,「慈善」の具体的にいかなる要素が問題とされていたのかについて,以下のように,現状の中国における民間の救済事業についての否定的な評価から理解することができる。

　　各地方の救済院や,既に省政府によって制定された規則によって若干統一の性質を備えているもの以外は,その他の各省の慈善団体と救済機関はすべて公私に分かれて各自ばらばらに運営されて(各自為政)おり,その中にはきちんとしたものも乏しくはないが,内容は腐敗あるいは無責任であるという限界は免れていない。(陳凌雲 1936: 293)

「各自為政」(各自ばらばらに活動する)という,基本的に否定的な文脈で用いられる成語に象徴される,既存の慈善団体の統一性や組織性の欠如に対する問題意識は,当時の中国の社会政策を担った官僚や学者に広く共有されたものであった。民国期の中国には,イギリスの慈善組織協会や日本の中央社会事業協会に相当するような地方の慈善事業を統括する全国組織は結局結成されず,北京など「所轄の各慈善団体が各自ばらばらに活動(各自為政)していて連携が少なく,施恩受恵が順調に行われていない」という問題を解消するために,各都市が独自に慈善連合会を結成しているに過ぎなかった(王娟 2010: 165)。しかも,そうした都市単位の慈善連合会も「詳細な審査や一定の規則がなく,往々にして一人が十ほどの善会から施しを受けており,各慈善会の間には四川善団連合会という組織はあるが,各自ばらばらに活動(各自為政)しており,お互いの連繋や検討の機会が欠けている」など(社会部統計処 1943: 133-5),必ずし

も慈善団体の連繋と組織化に成功していなかった。

　1935年に『中国貧窮問題』という，国民政府の社会政策の立案に深く関わった社会学者である柯象峰を編著者とした，救貧問題に関する当時の中国を代表する包括的な研究書が刊行されている。この本の中でも，中国の伝統的な慈善事業について，統一的な「組織」の欠如とその弊害が以下のように指摘されている。

　　中国の救済事業は，その設立が公であれ私人によるものであれ，その動機は民心を籠絡するもの，急公好義の名目で直感的な婦人の仁をなすための衝動によって駆り立てられたもの，あるいは因果応報の観念に惑わされたものであり，いわゆる現代社会性の観点が全く欠如している。そこで用いられている救済の特徴は，施しの部類に属するもので，人を救う一時しのぎになっても，人を助けることが逆に自立になるというプロセスがない。これに加えて厳格な組織がないため，施しを受けるべき人が恵みを受けず，かえってこの弱点を利用し，重複して義捐金を受け取る者も少なくない。結局は乞食で溢れ返り，貧民の多くは依存心を有し，乞食を職業として小康を得る者も多くなる。ゆえに貧窮している中国社会において，さらに貧しさを奨励する勢力が加わり，貧窮を普遍的な現象にさせている。（柯象峰編 1935: 325-6）

　この文章に続けて，慈善団体が郷紳による運営から上述の「救済院」へと改組された，近年の国民政府の救貧政策の動向が説明されている。しかしその評価についても，「地縁的関係」と同郷会を基礎とした私的な慈善事業が依然として数が多い上に，「組織」や「科学化」された方法の欠如と財源の不足のために救済している人数が少なく，依然として「貧民は苦しみ社会は害を受けている」ま

まであると（柯象峰編 1935: 326-9），やはり全面的に否定的なものとなっている。

このように，「社会救済」の実現を目指した当時の官僚や学者は，既存の慈善団体が貧窮の問題を解消できずにかえって狡猾な依存者をつくり出している原因を，「各自為政」という組織的な一貫性の欠如が生み出している恣意的で非効率的な救済に求めていた。そして『中国貧窮問題』が指摘していたように，国民政府が制定した各地方救済院規則と監督慈善団体法は，「各自為政」を克服して慈善事業を組織化する役割を果たしているとは言い難いものであった。むしろ，慈善事業に対する行政的な管理を強化しようとするほど，（主に財政支援不足の問題により）その管理の手からますます逃れていくというジレンマに悩まされ続けた（任雲蘭 2007: 164-6；曾桂林 2013: 414-22）。こうした「各自為政」による「慈善」と組織化された「社会救済」との根本的な矛盾は，1937年以降の日本との総力戦の中で一層深まっていくことになる。

3-3 「社会連帯主義」と「人」の問題

1937年7月以降の，中国大陸を戦場とする日本との戦争で発生した大量の戦災難民は，既存の慈善団体と救済院の限界を改めて浮き彫りにした[8]。例えば，戦災難民の救済事業を報道した記事では，慈善団体の活動自体は盛んであるものの，救援物資を手に入れるのは若者や狡猾な者ばかりで肝心の老弱者には救済が及んでおらず，「各自がばらばらに活動して（人自為政），各団体が独自に施与・救済を行って相互に話し合いもない」ことを報告している（符滌塵 1938: 1-2）。戦災難民の問題に対して蔣介石と国民政府は当初，地方救済院の拡大によって対処しようとしたが，現場では課せられたノルマを達成するために，壊れかけた無人の家屋を「救済院」と名付けて済ますような事例が頻発していた（余太興 2011: 312）。

こうした戦災難民問題の深刻化に対する既存の制度や方法の無力および弊害という問題を受けて、重慶の国民政府は1940年に社会行政の専門部局である「社会部」を独立させる。1943年には各救済機関の自主性に事実上委ねられていた各地方救済院規則に代わって、日本の救護法にほぼ相当する、全国一律の救済内容を詳細に規定した「社会救済法」を制定する。1942年に社会部の主導で全国社会行政会議が開催され、孫本文など当時の中国を代表する社会学者が多く招集されて「社会福利」「社会救済」を実行に移すための具体的な中身や方法が議論された（魏 2012）。1943年3月には「社会救済法」の草案が策定され、9月に立法院の院会を通過して正式に公布された。

　社会救済法は全国民を対象とした中国で最初の公的扶助制度であり、救済範囲、救済施設、救済方法、救済費用、附則の全部で5章52条から成っていた。それは、「扶養義務人」から扶養を受けられる者を除き、60歳以上の「精力衰耗者」や12歳以下の子ども、妊婦や身体障害者などに対して、施設への収容、現金や必需品の供与、医療費や出産費用の免除、職業紹介などを具体的に規定するものであった[9]。救済費用は救済施設の運営主体がそれぞれ負担するものと定められた。

　以上の社会救済法の趣旨は、国家・政府の救済に対する責任と被救済者の自助・自立にあると説明されていた。例えば、社会部が作成した社会救済法の草案では、「慈善の観念を放棄して、責任の観念に進む」こと、「消極的な救済から積極的な救済に進む」こと、救済の範囲が「局地的なものから全般的なものへと拡大していく」こと、そして政府だけではなく民間の救済事業を推進していくことの四つの原則を社会救済法の趣旨として掲げている（周建卿編 1992: 562-5）。他にも社会部長の谷正綱は「責任観念をもって慈善観念に代えること」、つまり「条件に合う人は政府が法によって救済を与

えなければならないのであり，同時に救済を受けるべき人も，救済を請求する権利を有していること」や，「積極的な方法を消極的な方法に代えること」つまり「救済を受ける人の苦痛を解除するだけではなく，救済を受ける人の自立を育成することをとくに重視するもの」であることなどを挙げている（谷正綱　1944a: 106）。同じく，社会部の副部長を務めた洪蘭友は社会救済法の趣旨を，「かつての自由な施与・喜捨といった慈善の観念と放任の態度を放棄させ」た上で，「救済される人の苦痛を解放することを意味するだけではなく，救済を受ける人を扶助して独立した生活をなさしめることを重視する」ことにあると説明している（洪蘭友［1944］1984：58）。そのように社会救済法は，1930年代以来語られてきた「慈善」との二項図式に基づく「社会救済」の理念を具現化しようとするものであったと言うことができる。

　社会部は社会救済法の制定に伴い，当時成都に集まっていた社会学者を動員して「社会救済研究会」を組織し，その成果として『社会救済』というテキストを刊行している（柯象峰編 1944）。この本では冒頭で，「社会救済とは，簡単に言えば人と人の間の関係あるいは社縁」であることが（柯象峰編 1944: 1），「社会連帯主義」の概念を用いて説明されている。ここで言う「社会連帯主義」とは，「各個人の行為は必ず，その他の各人士およびお互いの間に対して何らかの影響を発生させる」という理解に基づいて「人類の社会を一つの互助的な大社会に構成していくべき」とする思想である（柯象峰編 1944: 5-6）。柯象峰の社会連帯主義の思想については，第6章でも詳しく検討する。

　以上の「社会救済」および「社会連帯」の実現を妨げている要因として『社会救済』の中で指摘されていたのが，既存の官民の救済事業であった。例えば，救済院などの公的な救済機関は内容の重複による「協力と連携の精神が欠如し，統一的な計画と配慮ができず

に人力・財力が浪費されている」といった理由のために,「地方の乞食の中には救済機関を牢獄のように見なして,収容・保護されるのを嫌がって乞食なることを選んでいる」「救済の経費は郷紳(土紳)の困窮した親戚を救済するための資金に過ぎなくなっている」有様であるという(柯象峰編 1944: 107-8)[10]。そして私的な救済機関も同様に,「消極的救済」に偏っている上に,多くが「法治の精神」を欠いた「『人治主義』とくに賢人を信頼する政治の原理で運営されていて,人存すれば政挙がり,人亡ければ政息む(ある政策の成否が指導する人物の良し悪しに依存していること――引用者註)という悩みが生まれやすい」ことを指摘している(柯象峰 1944: 108)。

このように,救済事業の成否が郷紳の人格的能力という偶然性に依存するものになってしまっている原因として,柯象峰は「旧式の社会事業は組織のまとまりが常に欠けており,規模も狭小のきらいがある。これは独り社会事業機構のみの欠陥なのではなく,わが国の社会組織の各単位の通病となっている」ことなど,中国社会における「組織」という文化の欠如に求めている(柯象峰 1944: 109)[11]。彼によると,これまでの中国の救済事業は「その土地の郷紳を担い手とし,動機は慈善からで出たもので,多くは主観的な感情の作用による」ものでしかなく(柯象峰 1942: 11-2),その中には公正で熱心な者も存在するものの,多くの場合は「漁父の利で私服を肥やす者」で占められているという(柯象峰 1944b: 15-6)。

以上のような,「各自為政」と「人治主義」を克服して「社会連帯」「社会救済」のための「組織」を中国に創り出すという課題を解決する鍵として位置付けられていたのが,いささか逆説的ではあるが,「人」および「人材」の問題であった。例えば谷正綱は,以下のようにこの問題に言及している。

> 「新しい政を行うには新しい人を用いる」というのは,わが

国の最も示唆に富む行政経験の名言であるが，われわれが推進・実行する社会行政と社会事業はこの名言に対して，深く認識して真面目に実践しなければならない。われわれがよい主義を持ち，よい政策とよい制度を持っているからと言っても，もし主義，政策および制度に対する認識と同時に方法だけがあって，主義・政策と制度を実現する人がいなければ，主義・政策と制度は実現することは出来ないだろう。<u>孔子は「人存すれば政挙がり，人亡ければ政息む」と言っているが，これは人が政策を推進・実行するという一つの重要な要素を説明するものである。</u>人材の欠乏は，わが国の現在の一般的な現象であるが，社会行政と社会事業方面では，一種の深刻な恐慌である。この種の恐慌は，われわれが遭遇している最大の困難である。（谷正綱 1944b: 8,下線引用者）

　以上のように，先に中国の救済事業における「人治主義」を説明する際に否定的な文脈で引用されていた「人存すれば政挙がり，人亡ければ政息む」の成語が，ここでは救済の人材の育成と発掘という積極的な文脈で用いられていることがわかる。ここには，「人治」に由来する困難を，より優れた「人」の発掘と育成によって解消していくという発想を見ることができる。

　事実そのことは，社会救済法の制定に伴って，各地方救済院規則を改訂する形で制定された救済院規程（1944 年）に，院長と副院長の選定について「すべて主管官署がその土地の公正人士あるいは訓練され合格した人員をこれに任用すること」と定められていることにも象徴されている。救済事業の運営管理者に「公正人士」「公正士紳」といった，在地の人格的指導者を任用すべきとする条文は，民国期中国の社会立法に数多く見られる[12]。これらの条文は，地域の篤志家を具体的な担い手として明示していた日本の方面委員制

度に比べると断片的なものであり，明確な理念や原理に基づくものとは言いがたい。しかしそれだけに，中国の救済事業において「人」の問題がそれだけ切実であったことを示すものと言うことができる。

4.「人治」による「組織」の創出

　社会的権利としてのシティズンシップが，「社会連帯」「社会救済」を通じて「共同社会」（第一義的には国民国家）に能動的に貢献できる自立的な人格を作り出すものとして語られたことは，日本と中国に共通して——という以上に近代世界に普遍的に——見られたものであった。本章ではそれに加えて，「社会連帯」「社会救済」の否定的な対概念として語られた，怠惰な依存者を生み出すものとしての「慈善」について，両者の間で以下のような相違があることを明らかにした。

　日本で問題とされた「慈善」は，地域の篤志家による，救済者と被救済者の間の非対称的な権力関係に基づく救済が，貧窮者の独立自営の精神に基づく「社会連帯」を妨げているというものだった。内務官僚から現場の方面委員に至るまで繰り返し語られたのは，篤志家の善意による施与や温情による救済が，結局のところ「慈善」のパターナリズムと貧窮者の従属的地位の再生産を招くものでしかないという問題であった。篤志家のパターナリズムに対する批判は，方面委員や救貧立法をめぐる議論だけではなく，第2章で検討した柳田國男の産業組合論でも同様に見られる。結果として，こうした非対称的な関係を克服かつ解消するための，家庭・地域の日常的な場における「情誼的な親交」や，そうした場で活動する救済者が自らの優越的地位を自己否定する（同じ論理の裏面として被救済者が「弱者」に安住することをも厳しく否定する）「無報酬の心」が，「社会連帯」を生み出す原動力として位置付けられることになった。

それに対して中国で直面していた問題は，その成否が慈善事業を運営する個々の郷紳の人格的能力という偶然性に依拠した「組織性」を欠いた救済（＝「各自為政」）が，「慈善」の名目で私腹を肥やす者や狡猾な依存者をつくりだす結果になっているというものであった。そのため，中国で「社会救済」および「社会連帯」を可能にするためには，何よりもまず「組織」の創出および確立と，そうした組織を束ね運営するための「人材」および「人」の発掘と育成こそが不可欠であると考えられていた。こうした課題を華洋義賑会における合作社の事業も同様に抱えていたことについては，第2章でも明らかにした。

　以上の検討を通じて明らかにされた相違は，両者の間でシティズンシップにおける「共同社会」を統合する原理が異なっていたことを示すものでもある。単純化をおそれずに言えば，日本では救済者が自らの内なるパターナリズムを否定するための自己犠牲の精神が，中国では個別分散的な救済を相互に連繋させるための「組織」への強力なコミットメントが，それぞれ「共同社会」を統合する核として位置づけられていた，とまとめることができるだろう。これら二つの原理は，日本では方面委員制度という形で，そして中国では全体として断片的な形ではあるが，社会立法の中に救済組織を束ねる有能なリーダーを発掘・選抜するための条文を定めるという形で具体化されていくことになる。

　両者の差異を生み出している要因が何であるのかについては，本章の能力を超えた問題であるが，本書で調査・検討した文献資料の限りにおいて，少なくとも以下の事実を指摘することが可能である。それは，日本の篤志家はその地域社会の関係性の中に深く埋め込まれた権威者であるという前提が存在していたのに対して，中国における郷紳にはそうした前提は全くなく，むしろ地域住民を搾取し，虐げる存在としてしばしば描かれていたことである。中国で

は「慈善」の消極的な性質が繰り返し批判される一方で、日本のように「優者」のパターナリズムを問題とした文章は、管見の限り一つもない。その理由として、そもそも中国においては非対称的なパターナリズム関係の前提条件である、地域社会の中で指導的な権威を行使している「人」の不在（もしくは偏在）こそが問題になっていたことが挙げられる。

　しかし、中国の伝統的な「慈善」における「各自為政」の原因としての「人治」と、社会救済法の中で期待されていた「人材」および「公正人士」とは、実際のところ果たして明確に異なるものと言えるのか。この矛盾とジレンマの問題については、次章であらためて検討していくことにしたい。

注

1) 仁平典宏は、こうした戦前期日本の社会事業思想の中で繰り返し否定的かつ暴露的に語られてきた、被救済者に道徳的な負債を与えて既成の権力を維持・強化していくような形の救済を、「贈与のパラドックス」と表現する（仁平 2011）。仁平は、方面委員制度の理念において「社交」が重視されていたことを、援助者と被援助者との間の社会階層的な近接性に求めているが（仁平 2011: 66-8）、ここでは逆に方面委員と地域住民との間の階層的な格差の存在が意識されていたからこそ、「贈与のパラドックス」の克服による「社交」の意義が強調されたという解釈をとる。
2) こうした地域住民との社交を通じた「社会測量」の思想が、経験的な根拠に基づくものであったことは、茨城県那珂郡那珂湊町（現ひたちなか市）の方面委員の活動手記である国井（[1935] 1979）が、地域住民との情誼的な交流のエピソードで埋め尽くされていることからも理解することができる。一例として、「社会調査で拾った生命！」と題するエピソードでは、「火葬人夫の熊さんの縁側へ腰を下ろしながら」「病気で困っている人」についての世間話をしている時に、「熊さん」の知り合いである女性の姉が子宮癌であることを発見し、そこで病院の診察券を出して手術を受けさせ全快したという（国井 [1935] 1979 上: 65-6）。

3) 救護法の成立過程については，寺脇隆夫の詳細な研究および資料集に依拠している（寺脇 2007a, 寺脇編 2007b）。
4) 言うまでもなくこの論理も，とりわけ方面委員である篤志家の自己犠牲的な献身が「社会連帯」の出発点になっているという意味で，やはりある種のパターナリズムを免れていない（さらに言えば巧妙に隠蔽されている）。少なくとも小河を含めて当時の社会事業家たちから，下層民衆や労働者の中からも方面委員を選抜すべきという考え方は全く語られなかった。
5) 以下の社会立法の条文の引用資料は，彭秀良・郝文忠編（2013）を参照している。
6) 以上の各地方救済院規則および監督慈善団体法の記述については，劉悦斌（2013），曾桂林（2013）を参照。
7) 大江（2017）も北平市社会局と慈善団体との交渉過程を詳細に分析し，これらの社会立法が組織化と管理を目的とするものであったことを実証的に明らかにしている。
8) 当時，金陵女子大学が行った四川省成都市の慈善団体に対する詳細な社会調査においては（馬必寧［1939］2004），以下のようにその問題意識が語られている。「慈善事業が依然として消極的であったら，抗戦の前途に対する影響も実に大きなものがある。およそ日帝国の鉄蹄が通り過ぎた場所で，いかほどの富翁が貧民となり，いかほどの児童が孤児となり，無情な砲弾が無数の人々を残廃孤寡にさせていったことか！　彼らは後方へと放浪し，ほとんど救済も与えられず，後方の不安は増加し，抗戦の力量は減少するばかりである。彼らは他に生きる道がないため，誰もが犯罪の道に入ろうとするか，あるいは疾病によって死亡している。ゆえに，慈善事業の運営は抗戦の前途がどうなるかと実にきわめて大きな関係を有しているのである。慈善事業が依然として消極的であったら，抗戦の前途に対する影響も実に大きなものがある」（馬必寧［1939］2004: 237）。その上で，この調査報告は既存の慈善団体の意義について，「業務は全く消極的なものであり，社会に対する建設が全くないだけではなく，かえって社会に一群の依存者を造成し，発展に向かうことを阻害している」と（馬必寧［1939］2004: 266），全面的に否定的な結論が下されている。
9) 社会救済法は明らかに日本の救護法を参考にしたと思われる条文も見られるが，以下の2点において大きな違いがある。第1に，方面委員制度を基盤にした救護法が居宅救済を原則として救済の具体的中身に言及していないのに対して，社会救済法は各地方救済院規則を継承したため施設救済が原則となっており，同時に救済内容を細かく規定していたことである。第

2点は，救済の請求権が救護法では事実上否定されていたのに対して，社会救済法では「救済を受けるべき人は主管官署あるいは救済施設がある場所に行って，適切な救済の付与を請求することが出来る。ただし救済は職権によってこれを為し得るものとする」(第四条) と，限定的ながらも請求権が認められていたことである。他の細かい点では，救護法における不正受給に対する罰則規定が，社会救済法には存在しないことなどの違いがある。救護法と社会救済法の異同については，以下の表を参照。

表5.1 救護法と社会救済法の比較

項目	救護法（1929 年）	社会救済法（1943 年）
救済対象	13 歳以下と 65 歳以上の「貧困」者	12 歳以下と 60 歳以上の「貧窮」者
主な救済方法	居宅救済	施設救済
救済申請権	無	有
不正に対する罰則	有	無
親族の扶養義務	有	有
労働能力の要件	喪失した者に限る	とくに規定なし
職業・生業支援	有（勅令で定める）	有（低利融資や職業紹介）
救済費用負担	居住地の市町村	救済施設の運営主体

10) ここで柯象峰が参照している救済院の実態報告は以下の通りである。「経費が限られているために，外見は普及していないわけではないが，各地の状況の多くは中身のない機関を設けられているだけで，収容して扶養されている者も極めて少ないか，全く収容されていない。郷紳（士紳）が紹介する独身の者や障害のある者（鰥寡残廃者）だけに毎日少量の食糧が与えられている。上級機関の検査がある時には準備して，集まって接待したり，適当な公立あるいは私立の事業を，看板だけ架け替えて少ない手当てを与えたりしている。本当に実績があるものは，実際のところほとんど珍しいものである。設備が行き届かず運営も上手く行っていないため，地方の乞食の中には救済機関を牢獄のようなものだと考えて，収容されるより乞食になることを望んでいる。他の場所では，救済の経費が郷紳の親戚で困窮している者を救済する資金にしかなっていないものもある」(李宗黄 1941: 6-7)。

11)「人治」の弊害は，当時の慈善団体に関する政府の報告の中でもたびたび言及されている。「今日各地方が運営している救済事業は，ほとんど人を

中心にするという背景とは切り離せないものであり，各級の政府は政府の私人団体の善挙で及ばないところを補うべきとしているが，美名で耳目を集めて利益を独り占めにする者だけではなく，一般の無系統・無計画の施しに対しても，多くは改善が行われていない。それがもたらす弊害は，施しを受ける者が人に依存して生きることを専らにするという，劣悪な性質を養うことである。これが転じて，貧窮者を救済することでかえって貧窮を作り出してしまっているが，これは方法と管理における誤りのためである」（上海市社会局 1930: 258）。

12) 例えば，元々の各地方救済院規則でも，救済院の院長・副院長の選定について，「各県，各普通市および郷，区，村，鎮は県市政府によって，当地の公正人士の中からこれを選任する」と定められている。さらに監督慈善団体法においても，慈善団体の発起人の資格として，「（一）これまで名望があり，節操があり信頼できること，（二）慈善事業を運営したことがあり，実績が優れていること，（三）公益に熱心で，寄付を惜しまないこと，（四）慈善事業の立ち上げに対して特別な学識や経験を有していること」を要求している。他にも，備荒貯蓄制度の設立を定めた各地方倉儲管理規則（1930 年）は，寄付の募集（捐募）について「寄付の募集は裕福な民家（殷実民戸）や公益に熱心な人に対して働きかけること」（第四条）と明記されており，さらに穀倉の運営について「県，市，区，郷，鎮の倉穀は，県長，市長，区長，郷長，鎮長が各自の責任で管理すべきであり，そして地方がそれぞれ推挙する公正士紳 3 人から 5 人がこれに協助する」（第六条）と定められている。このように，救済事業における運営者の人格的資質が強く求められていたことは，民国期中国の社会立法に褒賞や表彰を与えることを定める条文が多いことにも表れている。例えば各地方救済院規則では「およそ救済院の資金や不動産を援助する者は，主管機関の審査によって奨励され，その寄付の金額が国幣で五千元以上は内政部に報告し審査して報奨する」とあり（第五十四条），そして監督慈善団体法では「慈善事業の成績がとくに優れている者は，主管官署が国民政府あるいは省政府に申請してこれを褒奨する」（第十二条）などと定められていた。加えて，捐資挙辦救済事業褒奨条例（1929 年）や褒揚条例（1914 年公布，1931 年改正）をはじめとする，個人と団体を対象とした様々な「褒奨条例」が制定されていた。その具体的な内容は，主に金銭や農地などの寄付を受けた側による推薦を通じて政府が審査し，その寄付の金額に応じて「急公好義」などと題された扁額のほか，勲章，賞状などを与えるものであった（曾桂林 2013: 273-323）。

第6章 「社会連帯主義」の可能性
——柯象峰の社会救済論

1.「社会救済」の歴史的な文脈

　本章は，社会学者である柯象峰（1900-82）の社会政策論を通じて，中国で1930年代から1940年代にかけて展開された「社会救済」および「社会連帯主義」の理念が形作られていく過程を検討する。

　序章で第二次世界大戦前の社会政策に関する歴史研究を概観した通り，イギリスでは政府の救貧政策に依存することのない勤勉で自立した「市民」をいかに育成していくかということが，そしてフランスでは国家と個人の間の中間団体をいかに再建して「社会的連帯」を構築していくかということが，社会政策における課題となっていた。さらに前章で検討した通り，日本では救貧が篤志家を中心とする地域の「隣保相扶」に委ねられていたことを背景とした，パターナリズムを克服するための篤志家自身の犠牲的献身の精神が，そして中国では既存の慈善救済事業における組織性の欠如を克服するための人格的能力を持った「人」の育成と発掘が，「社会連帯」および「社会救済」を実現していくための課題となっていた。

　しかし前章では，「社会連帯」「社会救済」の意味の形式やパターンを比較分析するにとどめ，それらの概念と理念の思想的・学問的な文脈や，個々の官僚や学者の問題関心が何であったのかについては，ほとんど触れることができなかった。また前章においては中国

の社会的権利における共同社会の具体的な場が「人」であることを指摘するにとどめ,「人」を通じてどのような共同性を創出しようとしていたのかについては,あまり深く掘り下げることのできないままに終わってしまった。

そこで本章では,1943年の社会救済法の理念およびそれに関わる課題について,数多くの文章や著作を残している柯象峰の社会政策論を取り上げていく。とくに彼の編著である『中国貧窮問題』(1935年)と『社会救済』(1944年)の二つを重点的に取り上げて,彼が貧窮を「社会問題」として位置づけるための論理が何であったのか,そしていかなる根拠に基づいて「社会救済」の正当性を提示したのか,さらには彼が「社会救済」の実現に向けた実践の中で直面した課題や困難がいかなるものであったのか,等々の論点について検討を加えていくことにしたい。

柯象峰は,2000年代以前は全くその名前を知られていなかったが,近年の民国期の社会立法に関する研究の蓄積の中で言及されはじめ,中国における貧窮問題研究の先駆者として徐々に注目されるようになっている(陸遠 2017)。断っておくと,柯象峰はその思想における独創性や理論的な洗練さといった点に関しては,現在の目から見て特筆すべきものがあるわけでは全くない。ここで柯象峰を取り上げる理由は,この時期の中国の社会政策における理論および実務における第一人者であったことに加えて,彼が「社会救済」の実現を目指す際に,中国社会の現実の中で直面した様々な課題や困難に関する記述が,それ自体において独自性を有する貴重な証言となっているからである。それゆえ本章においては,柯象峰の思想を彼の論旨に即して要約的に紹介するよりも,主に彼の直面した問題状況に焦点を当てた記述と整理に努めていくことにする。

2. タルドの社会学思想と人口問題研究

　近代中国において社会政策と呼びうるものが登場する文脈を理解するために，まずは柯象峰の学問的な経歴を簡単に振り返っておく必要があるだろう[1]。

　柯象峰は1900年に安徽省貴池県（現在の池州市貴池区）で生まれ，アメリカのメソジスト派が南京に設立した金陵大学を1922年に卒業している。1927年から30年にかけてフランスのリヨン大学に留学して博士号を取得し，帰国後は母校の金陵大学で教鞭を執り，1931年に設立された社会学系の初代主任となっている。柯象峰がフランスで博士号を取得するまでの経歴については，残されている資料が乏しく，日記や自伝なども遺されていないので詳細は不明である。

　第3章で詳述した通り，1930年代初頭の中国における社会学研究の中心的な担い手は，李景漢や孫本文などアメリカの大学で社会学の学位を取得した人物であり[2]，とくに政治の混乱による政府の社会統計の根本的な不備という問題を背景として，当時の中国の社会学研究はフィールドワークを中心とする「社会調査」の研究が圧倒的に主流であった。柯象峰が当時主流の社会調査研究ではなく，結果として社会政策研究の道へと進むことになった背景として，フランスの社会学が当時の中国の社会学界では傍流であったこととも関係していると思われる。

　現在確認できる限り，柯象峰が最初に発表した文章は「タルド伝」という，ガブリエル・タルドの社会学説を伝記的に紹介したものである（柯象峰 1933）。柯象峰はこの文章の中で，とくに『模倣の法則』を中心的に取り上げてタルドの学説を解説し，模倣という概念の曖昧さについて批判的に言及した上で，「社会は個人間の継

続的な交感のプロセスであり，このプロセスの中で人と人とが相互に影響・協調しあい，有益な協力行為がもたらされている」というタルドの一説を取り上げて（柯象峰 1933: 16），以下のような評価を与えている。

> 彼は全ての学説の中で，模倣にせよ，反対にせよ，あるいは発明にせよ，<u>いずれも個人を起源にして語っており，そして個人はこうしたプロセスの中で重要であることを指摘している</u>。現在のように，われわれは「大我」の中で生活しているのであるから「小我」の自由意志と責任を完全に抹殺すべきかどうかという，唯物論や定命論が瀰漫している中にあって，われわれはタルドの見解を忘却してもよいのだろうか。（柯象峰 1933: 16, 下線引用者）

タルドの社会学は，「社会」というものの全体性を，「一種独特の実在」でもなければ，ばらばらな個人の総和でもなく，個人を結節点とした模倣と反復のネットワークという「脳の連帯」から捉えようとするものであった（中倉 2011）。柯象峰の言う「唯物論」「定命論」が具体的に何を指すのかは文中に明記されていないが，具体的な個人の間の相互行為や関係性を離れて，全体としての「社会」を実体化して語ることに対する批判的な視点をタルドを通じて獲得していたことは，上の文章から確認することができる。

フランスからの帰国後に，柯象峰が社会学者として最初に取り組んだ具体的な事象が人口問題であった。1934年に『現代人口問題』という，表と文献を含めて500頁近い研究書が刊行されている（柯象峰 1934）。この研究において柯象峰は，世界において豊かな国で出生率が低くて人口が相対的に少なく，貧しい国で出生率が高くて人口が過剰であるという人口の不均等が存在し，そのことがまた両

者の間の不均等を拡大しているという悪循環の構造を指摘している。その上で，柯象峰はある国家の自然資源と生産力に見合った理想的な人口を「適正人口」と呼び，適正人口を実現するための方法として，国際的な協調による移民，産業の合理化，産児制限，優生政策などを挙げている（柯象峰 1934: 422-7）[3]。

　他方で柯象峰は，明確な基準を立てて適正人口を定義することは，「世界各国の各社会は物質環境，人口組織，文化的背景において差異が存在」するため，非常に困難であるという以上に不可能であると論じている。彼はむしろ，「理想的な適正人口が有り得るのは文化の各側面においてである」と，人口規模が適正かどうかは結局のところ「文化」の問題に帰着するものと考えていた（柯象峰 1934: 420）。当時の中国社会学界のリーダー的存在であった孫本文も『現代人口問題』に序文を寄せて，この研究の意義を「人口問題の重心は文化にあるのであって人口と食料にあるのではない」ことを明らかにしたことにあると，高く評価している（孫本文 1934）[4]。

　その後の柯象峰は，タルドの社会思想や人口問題の研究からは離れていくようになる。しかし以上のような，完結した全体性として「社会」を理解することへの抵抗と，経済的な問題に取り組んでいく際に「文化」という社会学的な要素を重視する柯象峰の立場は，以下に論じていくように，彼の社会政策の研究の中で断続的に示されていくことになる。

3. 貧窮問題と中国の救済事業——「人材」への期待

　柯象峰が人口問題と平行して取り組んでいたのが，「貧窮」の問題に関する研究である。

　19世紀末以来，「救亡」が知識人にとっての喫緊の課題であり続け，国内政治の混乱で国家が一貫した社会政策を提示する能力を持

ち得なかった中国において，貧窮が「社会問題」として語られ始めるのは極めて遅かった。ようやく華北大飢饉が発生した1920年頃から，新文化運動を主導した『新青年』周辺の知識人が，マルサスの人口論などを手がかりに「貧窮は一つの社会問題であって個人が真の問題なのではないことを知らなければならない」ことを主張しはじめている（陶孟和 1920）。しかし，この一文を書いた陶孟和が嘆くように，当時の中国にはまともな人口統計も経済統計も存在せず，政府や社会学者による貧困調査もほとんど不在であった。

他方で，19世紀後半以降，郷紳や地方官が設立する慈善団体が都市部で発展し，養老，育児から葬礼，渡し舟に至るまでの生活保障全般を担っていた。とくに第2章で検討したような華洋義賑会など，政府の脆弱さと相反する形で官民の慈善事業が広範に族生していた。このように，当時救貧事業などの社会政策を担うべき学者や官僚が直面したのは，一方では貧窮を「社会問題」として語るための学問的な方法論をいかに構築するのか，他方では自由放任的に広がっていた既存の慈善事業をいかに国民国家の社会政策の中へと再編していくのか，という二つの課題であった。

1927年4月に蒋介石によって南京国民政府が成立すると，1928年5月には「各地方救済院規則」が公布され，官民の救済事業の管理と組織化が図られるようになる（第4章参照）。そして1930年代半ばになると，欧米や日本の社会政策論を吸収して，中国への適用可能性を検討する体系的な研究が登場するようになる。

そうした研究の一つとして，1935年に柯象峰を編著者とする『中国貧窮問題』が刊行されている[5]。柯象峰はこの本の自序で，中国で貧窮問題が切迫している現状に触れた上で，貧窮と救済の問題を授業するようになって3，4年になるものの，依然として燕京大学などによる貧民の実態調査が若干存在するだけであり，そこで自らが大胆にも各方面の資料から中国の貧窮の原因を分析して専門

家からの応答を待ちたい，と執筆の趣旨と動機について述べている（柯象峰編 1935: 自序 1-2）。

この『中国貧窮問題』で柯象峰は，貧窮が「社会」の問題であることを説明するために，「貧窮は一種の社会病態である」という社会病理学のレトリックを採用している（柯象峰編 1935: 1）。彼によれば，「社会学者は社会的病態を研究することによって社会的常態を発見する」こと，例えば人が病気になることで健康な時の生活を深く認識することがあるように，「病態」と「常態」を相対的な関係に置いた上で，「病態」を見ることを通じて「常態」における「相互の融合・協調」を明らかにしていくことができると論じている（柯象峰編 1935: 1-2）[6]。このように柯象峰は，「病態」は「常態」と相関している現象であるという視点に基づいて，まずはその社会における標準的な「生活程度」（＝「常態」）が何かを具体的に明らかにすることで貧窮を定義していく，という研究上の方針を示している。

その具体的な実践の一つとして，柯象峰は中国における貧窮人口の推計を行っている。先に述べた通り，行政による国勢調査や生活実態調査が存在しないため，第3章で触れた社会学者による社会調査研究の成果が全面的に活用されている。柯象峰は，李景漢（北京郊外農村），テイラー（華北農村），バック（華北・華東農村），陶孟和（北京市民），陳達（安徽省農村）などの調査研究を総合し，一家庭あたり200元を最低生活コストの「貧窮線」と定めた上で，貧窮線以下の人口は都市では約5割で農村では4分の3，合わせて全中国の人口の3分の2，つまり3億人前後が貧窮人口であると推計している（柯象峰編 1935: 73-80）。この結果に柯象峰は，「あらゆる事業を興し，内乱を発生させず，社会病態が百出せず，人民の知識・マナーや文化の進歩を求めようとしても，ほとんど不可能なことである」と嘆いている（柯象峰編 1935: 80）[7]。

さらに柯象峰がこの本の中でとくに力を注いだのは，自序で述べているように中国における貧窮の要因に関する分析である。例えば，耕地面積や鉱物資源の不足，悪質な衛生環境による感染症の蔓延，過剰人口などの様々な要因が挙げられている。その中で，比較的柯象峰の独自性が出ていると思われるのは，「社会的要因」におけるとくに「家族制度」「家族主義」に関する記述である。それによると，中国では「家族の中の一人がいったん少しばかりの成功を収めた時，父方・母方の従兄弟たちが，その後にくっついて食べていくことが当たり前のことになっている」ことに表れる「家族共産制」の仕組みが，人々に依存心を生み出しているという（柯象峰編 1935: 272）。それに加えて，国家や比較的な大きな協同組合の事業もが血縁的な集団の中で営まれており，「個人が完全に血縁団体（家族）の内に吸収されているために，それが比較的大きな社会組織を阻害する結果になっている」ことによる「散漫性の養成」が，中国における貧窮問題の原因となっていることが論じられている（柯象峰編 1935: 272-3）[8]。

　そして前章でも検討したように，外形的には活発に活動しているように見える中国における既存の救済事業がなぜ貧窮の問題を解決し得ていないのか，ということも柯象峰の根本的な問題関心であった。彼によれば，中国の救済事業は単なる施しで自立の契機が欠けているだけではなく，「厳密な組織」がないために救済が重複して狡猾な乞食を生み出し，むしろ中国社会の貧窮問題の深刻化を招く原因であった（柯象峰編 1935: 325-6，第4章第3節）。さらに柯象峰は南京を例に挙げて，中国には郷紳や同郷会などの地縁的な関係に基づく多種多様の慈善機関が存在していることを指摘しているが，評価はやはり否定的なものであった。つまりそうした慈善機関においては，救済人数の少なさや経費の慢性的な不足といった，「組織が厳格であるかどうかや，救済方法が科学化されているかどうかな

第6章 「社会連帯主義」の可能性

ど,普遍的で早急に解決すべきと思われる問題」が存在しているという(柯象峰編 1935: 329)。彼は新たに再編された救済院の現状についても触れているが,「人員の変更が頻繁で,効率は大いに低下し,経費もいい加減で収入が支出に足りていない」と,旧来の慈善機関の弊害が依然解消されていない現状が述べられている(柯象峰編 1935: 357)。

『中国貧窮問題』の結論部において柯象峰は,今後の課題として科学的な方法による綿密な計画と,それを実行するための「人材」の必要性を強調している。

> 計画はよいものであり,科学は必要なことではあるが,それらの実現の障害となっているのが人材に関するものである。時に完成された計画が存在していても,実行する人がいなければ,結果もまた成功を期し難い。もとより中国の偉大なリーダー(領袖)は多く見られるものではないが,大公無我で利己的でない精神を具え,人々に奉仕する仁慈の情感や,力強く前に進む毅力にとみ,事実の中から真理を求める知性および科学者の技術を持った幹部人材も,また欠乏しているように感じる。中国は周到で詳細な計画を制定することはできているが,この取り組むべき問題が山積している時期に,実行する必要のある事業は考えが及ばないほど多く,もし訓練されたこれらの幹部人材がいなければ,あるいは人がいても利用することを知らなければ,事業の成功を欲しても難しいことになる。(柯象峰編 1935: 342,下線引用者)

以上のように,柯象峰の言う「人材」とは,単に実務能力のある専門職者を意味するものではなく,知識や技術から奉仕の精神および慈悲の感情に至るまでの,総合的な能力を有する人物を指すもの

であった。このような，救済事業を適切に指導・運営していくための全人格的な能力を有する「人材」の出現に対する期待は，以降の柯象峰の社会政策の議論の中で繰り返し語られていくことになる。

4.「社会救済」の思想と「人」の問題

4-1　新県制と「人材」問題

1937年7月以降の日本との全面的な戦争は，国民政府の様々な社会政策を頓挫させると同時に，むしろ柯象峰の社会政策に関する研究を深化させていくことにもなった。首都の南京が陥落すると，彼の所属する金陵大学は同じキリスト教系の大学である華西協合大学との繋がりで，四川省の成都に移転する。その後も，金陵女子大学，斉魯大学，燕京大学などキリスト教系の大学が次々と成都に移転し，大学が集積する華西壩地区は日中戦争の時期，雲南省昆明の西南聯合大学（北京大学，清華大学，南開大学で結成）とともに，中国における学術研究の中心地の一つとなった[9]。社会政策に関わる活動や研究についても，以前と比べても小さくない前進が見られた。成都に集まった大学の学生が合同で農村に赴いて啓蒙活動を実施し，そして金陵女子大学が中心となって成都市の慈善団体に対する全面的かつ詳細な社会調査が行われ（馬必寧［1939］2004），さらには成都とその郊外の農村で母親と子供に対する簡単な医療や社会教育などの福祉事業が施行されている。

この成都の時期に柯象峰は，辺境の少数民族に関する調査・研究に関わっている。これは，もともと華西協合大学が人類学者による少数民族研究の拠点であることで，共同研究に参加する機会を得たことの他に，重慶国民政府が四川省西部の少数民族地区を「西康省」として新設する準備のための，社会調査に動員されたことによ

るものであった。柯象峰は1938年に西康社会調査団を組織して8月から9月にかけてチベット族の調査を行い（柯象峰 1941），1940年には四川省政府辺区施教団を率いて，7月から4か月かけて涼山地域のイ族を調査している（李列 2006）。これらの少数民族調査の詳細を検討する余裕はここではないが，柯象峰が社会学者として長期にわたるフィールドワークをはじめて経験し，地方・農村の現場を目の当たりにしたことは，結果として彼の中国社会の現状に対する批判的な視点をより強化することになった。

例えば，柯象峰は1940年のイ族調査の行程で立ち寄った農村（郷・鎮）を観察・調査した経験に基づいて，当時国民政府が推し進めていた「新県制」と呼ばれる新しい地方行政制度を確立するための条件について考察を加えている（柯象峰 1940）。新県制は，主に戦時体制のための自衛組織と効率的な資源動員という目的から，県を基礎的な自治単位と定めた上で，例えば10戸が甲，10甲が保という形で，末端に至るまで行政の単位と等級を確定するとともに，各レベルにおいて住民の合意を得るための民意代表機関を設けるものであった（味岡 2005；天野 2007）。

柯象峰はこの新県制が確立するかどうかの鍵の一つとして，「首長の人材問題」を挙げているが，そこで指摘されていたのは「治める法があっても治める人が少ない」という問題であった（柯象峰 1940: 28）。彼が観察した農村の状況によると，現在農村の長にある人物は学問もなければ小さな問題に対処する能力もなく，能力のある人材が就いたとしても，待遇が極めて低いために汚職に走るか職務を放棄して外に出てしまうかで，結果として善良な郷紳（良紳）は極めて乏しくなっているという有様であった（柯象峰 1940: 28-9）。これに続けて柯象峰は，「旧勢力」を排除することの難しさを以下のように報告している。

地方の政治がもし新しい陣容を求めようとすれば，必ずまず新興の勢力を育成して，各地に存在する旧勢力に取って代わらなければならない。しかし，行程のなかで筆者が観察したところでは，四川省の状況は，今のところ旧勢力が極めてわが物顔でのさばっており，もし取り締まるか制圧するかできなければ，新政の前途は成功を得ることがとくに難しいものとなる。もし地方の選挙の領袖や人材が，こうした連中に操られているとしたら，民衆のために実際の福利を求めようとしても，それは「虎にその毛皮を譲れと持ちかける（与虎謀皮＝できない相談──訳者註）」ようなものである。……善良な郷紳（良紳）の中には，人として正しい君子も少なくないが，結局のところ数は非常に乏しく，四川の各県では民衆の気風の荒々しさがひどいものとなっている。（柯象峰 1940: 29）

　こうした観察は柯象峰一人のものではなく，第 2 章で合作社の問題でも触れたように，当時の中国における農村で活動する知識人にとって，いかに「土豪劣紳」と「公正士紳」とを慎重に見極めて，事業に協力できる「郷村の中の善良な人（好人）」を発掘していくかは，共通の課題および悩みであった（章元善 1936: 2）。

4-2　社会救済法と「社会連帯主義」

　戦争の長期化に伴う戦災難民への対処という問題を背景に，1940 年に社会政策の専門部局である社会部が成立すると，柯象峰も社会政策の研究へと復帰して，政策立案の中心的な担い手となっていく。その際，貧窮問題に関わる政策の理念を示すものとして広く用いられたのが，「社会救済」の概念である。

　「社会救済」に明確な定義を与えたのは，前章でも取り上げたが，1936 年に内務部官僚である陳凌雲が著した『現代各国社会救

済』である。そこでは,「社会救済」に二つの意味が与えられている。一つには,「社会救済は政府の人民に対する一種の重要な責任であり,人民の方面においては,それが一種の共有すべき権利である」と述べているように(陳凌雲 1936: 1),政府の責任と人民の権利というシティズンシップとしての意味である。もう一つは,「社会救済事業の目標」として「過去の消極的な『慈善』『布施』などの方式を応急に改編し,積極的な『互助』と『公共責任』の観念を成立させる」ことが挙げられているように,「恩恵」「施与」による消極的な救済である「慈善」の対概念としての,能動的な「個人の社会に対する責任」としての意味である(陳凌雲 1936: 291)。

以上の「社会救済」の意味論は,柯象峰の社会政策に関する議論にも継承されている。彼は1942年の「わが国の救済事業の検討」という文章のなかで,「社会救済」という概念を用いる理由について,「慈心善念」の個人的な動機に基づく「慈善事業」とは対照的に,「救済される者と救済する者とは同じ社会に属しており,お互いの間には一連の社会行為が現れ,その因果関係および制度はやはり社会の中から説明することができる」からであると論じている(柯象峰 1942: 8)。柯象峰にとって,こうした「社会」の観点を欠如させた「慈善」の典型的なものこそが,既存の伝統的な中国の救済事業であった。彼によると,それらは「組織の方面はやはり不健全,さらに言えば無系統であり,ひどい場合は責任者が担当する機関の状況を知らない」だけではなく(柯象峰 1942: 10),救済方法も各機関同士の連携を欠いた一時的な施与が中心で,「用いる方法は消極的な傾向があり,わずかに一種の応急処置の方法に過ぎず,根本的には大きな影響はなく,かえって依頼性を促進し,実に社会にとっての寄生虫を生み出している」ものでしかなかった(柯象峰 1942: 11)。こうした厳しい評価は,これまでの各地方救済院規則の限界と失敗を宣告するものであると同時に,「社会救済」の理念に基づ

く新たな社会政策の必要性を訴えるものであった。

社会部は1943年に，各地方救済院規則に代わる包括的な社会法制として，中国で最初の公的扶助制度である社会救済法を制定する（第5章第3節参照）。社会救済法の成立を受けて，社会部の要請で成都の各大学の社会学者が集まって「社会救済研究会」が組織され，社会救済法の理念を解説するものとして，1944年に柯象峰を編著者とする『社会救済』が刊行されている（柯象峰編 1944）。柯象峰は自序で本書執筆の動機について，社会部からの要請があったことの他に，10年前の『中国貧窮問題』が多くを貧窮の分析に費やして救済の方面を詳述できなかったことを挙げ，「いまここに社会救済を専論し，実に執筆しようと思っていた『貧窮と救済』の一書を完成し，以前の罪を贖おうとするものである」と説明している（柯象峰編 1944: 自叙 1-2）。

『社会救済』の冒頭で柯象峰は，まず「社会救済の意義」について，「社会救済とは簡単に言えば，人と人の間の関係あるいは社縁が，何らかの不注意，分裂，失調あるいは衝突によって，不幸，不良，不平もしくは不安の状態である時に，援助，矯正，調整もしくは改善などを加える，一種の社会事業（社会工作）および現象」であると簡潔に定義している（柯象峰編 1944: 1）。ここで「社縁」というのは柯象峰の造語で，それは「血縁が人と人との関係を血統的な連繫あるいは関係を指す」のと同様に「一切の人と人の社会的関係を指す」ものであった（柯象峰編 1944: 13）。

このように「社会救済」の概念を説明した上で，そもそも何故「社会救済」を必要とするのかの理由として，社会病理学的な「社会責任」説と「社会関連あるいは連帯」説，「わが国の社会道徳の発揚」説（後述）の三つの議論をそれぞれ検討している。その中のとくに「社会関連あるいは連帯」説について，柯象峰はフランスの社会経済学者であるシャルル・ジッドに依拠しながら以下のように

第6章 「社会連帯主義」の可能性

説明している[10]。

> この一派（社会連帯主義――引用社註）は、関連の精神あるいは連帯主義が、人々の行為の準則、一種の尽くすべき責任となるべきだと考えるものである。その理由は、<u>各個人の行為は必ず、その他の各人士およびお互いの間に対して、何らかの影響を発生させ、それは禍となることもあれば、福となることもある</u>からである。このように、われわれのお互いの相対間の義務および損害も、これに従って激増する。もしいかなる人に不幸が発生しても、われわれは援助すべきであり、当然引き受けるべき自らの責務なのである。……このように、<u>われわれは人類の社会を一つの互助的な大社会に構成していくべき</u>である。それは社会における善意の指導に基づいて、この関連の精神を社会的な正義と公道に変えていくものである。各個人が他人の艱難と苦痛を分担することで、同時に他人の享楽と幸福を享有することもできるのである。（柯象峰編 1944: 6-7, 下線引用者）

このように柯象峰の理解する「社会連帯主義」とは、単に個人を超えた「社会」に貧窮の原因や責任がある（そしてその責任を国家が遂行する）というのではなくて、「人を救うことはそれゆえ自ら救うことである。人を助けることはそれゆえ自らを助けることである」（柯象峰編 1944: 8）という互酬性の原理から、「社会救済」を根拠付けるものであった。「社縁」の不調和を調整かつ改善するという先の「社会救済」の定義も、この「社会連帯主義」の文脈で理解することが可能である。

序章でも取り上げたように、ジッドの社会連帯思想は、日本で広く参照されたレオン・ブルジョワのような、公権力（具体的には強制的な社会保険制度）を通じて「社会的連帯」を普遍的にしていこうと

する立場に対して，個々の協同組合（とくに消費協同組合）組織に根差した「協同組合共和国」を志向するものであった（田中 2006: 241-2; 重田 2010: 159-63）。柯象峰の「社会連帯主義」も同様に，先験的に完結した「社会」の存在を前提にする——例えば「社会」を「債権者」として擬人化するブルジョワのように——のではなく，個々の「関係」や「互助」から出発して「社会連帯」を構築していくという方向性を持つものであったと理解することができる。

4-3 「人」による「人治主義」の解決

「社会救済」と「社会連帯主義」を実現するための課題が何であったのかについては，前章でも検討したとおり，既存の官民の救済事業に対する柯象峰の極めて厳しい否定的な評価から理解することができる。彼によれば，「各救済施設は，多くは旧式の貧民院あるいは悪事をはたらく人民の醜悪な展覧所とでも言うべきものであり，その弊害はきわめて多く，また社会救済を実施するときの軽視できない事実となっている」(柯象峰 1944b: 16)。

さらに『社会救済』の記述によると，地方救済院などの公的な救済機関は運営の重複や協力・連繋の欠如，経費や人材の不足に加えて，救済される人間が郷紳の親戚ばかりという状況にあった（柯象峰編 1944: 106）。そして私的な救済事業についても，「わが国の一般の政治的な施設は，多くは『人治主義』とくに賢人を信頼する政治となっている」として（柯象峰編 1944: 108)，その弊害が以下のように指摘されている。

> たとえ賢者に事業を当たらせても，必ず永久にとはいかないし，また「人存すれば政挙がり人亡ければ政息む」（第4章第3節参照——引用者註）という悩みが容易に生まれやすい。わが国の私営救済事業にはこの種の欠点があるため，平時にその事業

に責任を負い，指導に当たる賢明な者を推挙している。運良く賢明で能力のある者に出会えば良いが，もし賢明さも能力もない，あるいは能力はあるが賢明でない，さらには賢明でもなく能力もない者に当たってしまうと，容易に救済事業を余すことなく解体させてしまうことになる。(柯象峰編 1944: 108)

　このような，指導者個人の能力という偶然性に過度に依存した「人治主義」の弊害を生み出している原因として，柯象峰は (1) 組織が散漫（鬆懈）で規模が小さい，(2)「人材」の欠乏と訓練の不足，(3) 方法の緩慢な科学化，(4) 経費の不足および不安定の四つを挙げている。第1の点については，「旧式の社会事業は常に強いまとまりが欠けており，規模も狭く小さい傾向がある。これは独り社会救済事業機構の欠点なのではなく，わが国の社会組織の各単位の通弊に属するものでもある。これはわが国の社会において政治的な天才を有する人事が容易に得られないことによるもの」であること，そして第2の点についても，「私営の救済事業については，だいたいが地方の老郷紳が担い手となっており，晩年の余業の一種と考えられている。こうした人士にも公正で才徳のある者は少なくないが，救済はやはり科学の素養と技術がなくてはならない」と説明が加えられている（柯象峰編 1944: 109-10）。

　以上に引用した議論から明らかなように，柯象峰は「組織」ではなく「人」に依存した救済事業のあり方が，「組織」と「科学」に基づく救済事業の成立を妨げて，中国における貧窮問題の解決を困難にしている根本的な原因であると分析していた。他方で，上述の「政治的な天才を有する人事」という言い方にも象徴されるように，そうした問題を解決するためにこそ，人格的な指導力をもった「人材」「人事」の出現や発掘が重要な鍵であるという，一見矛盾した論理が断片的に語られてもいた。ここに見られるのは，「人治」が

もたらす問題を解決するのは，結局のところ知性と人格において優れた能力を有する「人」だけであるという論理にほかならない。

こうした論理は，同時期に展開された彼の伝統的な儒教文化に対する再評価にも表れている。例えば柯象峰は『社会救済』の冒頭部分で，儒教を中心とする中国文化は「人の方面とくに社会倫理の方面では高くて深遠な造詣を有している。それはわが国の文化の根本が『人』を本位とする文化であるためである」として，こうした中国に固有の「人本位」の社会道徳の再建のためにこそ「社会救済」の提唱が必要であると論じている（柯象峰編 1944: 8-10)[11]。また「文化大同の展望」という文章でも，「われわれの文化的活動は，そのほとんどが人と人との関係を中心としたものである。民衆が日常的に受けている教育がいかに『人』『良き人』になるかであることや，『人情は天道に大いに似ている（人情大似天)』などの言い方に，その概略を見ることができる」と，中国が儒教を思想原理とする「人本位」の社会であることが積極的に評価されている（柯象峰 1944c: 10)[12]。一見して明らかなように，柯象峰の中国文化に対するこうした評価は，「人と人との関係」を起点に置く彼の「社会連帯主義」に対する理解と共振する部分が多い。

それと同時に，かつては貧窮の社会問題化を妨げていると否定的に評価した伝統中国の「家族主義」が，一転して「社会救済」を支える伝統的な資源として位置づけられるようになっている[13]。柯象峰によれば，「家族主義と郷土観念はわが国の社会団結および互助を支持する石柱」であり，「今日のわが国がもし社会救済を語ろうとして，この大きな部分の固有の基礎や資源を軽視したならば，まさに取り返しのつかない損失となるだろう」という（柯象峰 1944a: 32)。『社会救済』においても，「家庭救済」とケースワークの手法について説明している部分で，「わが国で社会救済を語る場合は，さらにこの種の精神を保持及び発揚すべきであり，もし家

庭救済に対する方法があれば、実に大部分の社会救済の負担を無形のうちに減少させることができる」ことが述べられている（柯編 1944: 203）。

こうした柯象峰の中国文化論や家族主義の再評価は、それ自体は凡庸な嫌いが否めないが、「社会救済」を通じた「社会連帯」を実現するに当たって直面した、「人」の問題を解決する具体的な資源をどこに求めるか、という切実な問題関心に由来するものとして理解される必要がある。しかし柯象峰の記述は断片的でもあり、彼が批判する「人治主義」の問題と儒教的な「人本位」の文化に対する評価とが、いかなる整合性を持つものであるのかという根本的な問題について、より議論が深められていくことはなかった。柯象峰は中国における民主主義の展望について問われた際に、「正義感を有する社会人士が勇敢に立ち向かい、まずは民主を実行する困難を解決することを希望する」という期待を語っているが（尚丁 1945: 20）、そうした「社会人士」が出現するための具体的な道筋が示されることはなかった。最終的に、日中戦争から国共内戦へと向かう急激な政治の変動と混乱のなかで、以上の矛盾に十分に向き合う時間も余裕も全くなく、「社会救済」の思想と政策を発展させる機会を持つことは結局できなかった。

5.「人」の共同社会

本章は、民国期中国の社会政策における思想と実務を中心的に担った社会学者である、柯象峰の「社会救済」および「社会連帯主義」に関する議論を検討することを通じて、近代中国における社会政策の思想と実践が直面した課題や困難を明らかにしてきた。

柯象峰は中国において「社会救済」の実現を妨げている要因を、既存の中国の慈善救済事業が、厳格な「組織」を運営する文化的な

能力が欠如した散漫なものであるために，指導・運営する「人」の良し悪しという偶然性に依拠せざるを得ないことに求めていた。そしてこの問題を解決する方法として，断片的な形ではあるが，「組織」を設立・運営する人格的な能力を持った「人材」および「人」の出現への期待や，「人本位」の伝統中国的な儒教文化への再評価が語られることになった。

柯象峰が全体としての「社会」の観点からではなく，タルドやジッドのような，具体的な「個人」および「人と人との関係」から出発する社会思想から影響を受けていたことは，彼の「社会救済」の思想を理解する上で極めて示唆的である[14]。例えば，戦前期日本の社会事業思想における「社会奉仕」のように，そこでは奉仕すべき一体的・全体的なものとしての「社会」が自明なものとして語られていたが，柯象峰はこのような大文字の「社会」を語ることは基本的になく，そこに関係性や互助（およびそれらに基づく「組織」）という以上の意味を与えることはなかった。

序章でも検討したように，18世紀以来の慈善団体や友愛組合，共済組合，地域共同体などの中間的な団体や組織の果たしていた役割は，「福祉国家」の体制が成立する歴史的プロセスを理解する際の重要な鍵となっており，シティズンシップとしての社会的権利における「共同社会」を具体的に組織化するものであった。中国においても，郷紳の運営する慈善事業や血縁的な相互扶助の仕組みが広範に存在していた。しかし，本章で明らかにしてきた通り，柯象峰をはじめとする当時の救貧や社会政策に関する議論において，これらはむしろ「社会連帯」を妨げる元凶としてしか認識されておらず，郷紳や家族は明らかに地域における共同社会の基盤となるものとしては全く評価されていなかった。それゆえ繰り返し述べたように，中国で中間的な社会組織を通じた「社会連帯」を新たに創出しようとすれば，やはり人格的な指導力を有する「人」を核にする以

外にないという，矛盾を抱えた方法に依拠せざるを得なかったと言うことができる[15]。

最後に，日中戦争から国共内戦に至る「総力戦」の展開が，柯象峰の社会救済論における「人」をめぐる矛盾を，解消するのではなく逆に深刻化する方向に作用した可能性を指摘して本章の結びとしたい[16]。

先に述べた，戦時体制の確立を目的とした新県制の下で首長に任命されたのが，インフォーマルな地域エリートである郷紳であった。彼らは強力な行政権を新たに手にしたことで，一方では近親者のための兵役逃れや物資の流用と，他方では無力な住民に対する暴力的な資源徴発による，地域社会の深刻な歪みと混乱をもたらした。それゆえ県長・郷長などの地方行政の役職は，待遇が低い上にノルマが厳しく住民の怨嗟の的になっていたこともあり，「公正士紳」ほど担うことを嫌がり，利権で甘い汁を吸おうとする「土豪劣紳」ばかりが引き受けるという悪循環を招く結果になった[17]。かつては「土豪劣紳」に対抗すべく，「公正士紳」の存在に期待することもまだ可能であったが，戦時体制の深化の中で彼らは地方政治の表舞台から消え去ってしまった。

国民政府は地域住民の資源調達の合意を得るために，県参議会などの地方自治的な民意機関を広く設立していたが，これはむしろ戦後に地主や富農が戦争の負担を逃れている事実が暴露され，民衆が政府による税負担や資源徴収策に抵抗するための場となった（笹川 2010）。また1938年に制定された，出征軍人家族の顕彰や生活保障を定めた優待出征抗敵軍人家属条例が41年に大幅に拡充されたが，現実には末端の役人による流用と着服が跡を絶たなかっただけではなく，与えられたはずの権利が適切に履行されていないことへの家族の不満が爆発する結果となった（奥村・笹川 2007: 164-179）。

社会救済法の運営は新県制を枠組みとしていたので,こうした地域社会の混乱は社会救済法の実施にとって深刻な打撃を与えることになったと考えられる。総力戦は,日本では町内会から青年団,産業組合に至るまでの地域自治的な運動が抱えていた課題を国家が積極的に取り込む形で展開し,国民健康保険制度に象徴されるような戦後の福祉国家体制へと引き継がれた(雨宮 1999)。しかし中国では,地域自治の担い手となるべき郷紳層は,逆に総力戦の中で深刻な社会的亀裂を招く元凶となり,かえって社会政策の実施と展開を著しく阻害するものとなった。

共産党は国共内戦前後の土地改革の中で,日中戦争を通じて蓄積された「土豪劣紳」に対する民衆のルサンチマンを動員し,土地改革の闘争を通じて「土豪劣紳」を暴力的な手段で排除すると同時に,復員兵士から雑業労働者や浮浪者に至るまで,農業経営や耕作の経験・能力とは無関係に農地を平等に分配していった(笹川 2011: 183-96)[18]。結果として,こうした共産党の施策が「成功」を収めたことにより,度重なる戦争と内戦による混乱の中で実行に移される機会を失っていた社会救済法と「社会救済」の理念は,最終的な挫折を強いられることになった。

注

1) 柯象峰の経歴については,彼に関する専論である龐紹堂(2005)および陸遠(2017)を参照。龐紹堂は柯象峰の人口問題研究を,陸遠は少数民族研究を中心に解説しているが,彼の「社会救済」に関する思想についてはそれほど詳しく検討されていない。
2) 民国期の中国における社会学研究の概観については李培林(2008),社会調査の方法論をめぐる対立や論争については李章鵬(2008),主に孫本文を中心とするアメリカ社会学の影響については闇書欽(2013)を参照。
3) 柯象峰は優生政策を欧米各国で流行している政策として基本的には肯定的に評価しているが,他方で「優良品質の標準」には絶対的な基準がないこ

とも繰り返し強調し，人種的・遺伝学的な語法や政策手段は慎重に退けている。彼は，ある人間が「優良」であるかどうかは「その社会に存在している需要と深く関わるもの」である以上，必然的に社会の変化に応じて可変的なものであるという理解から，「優良」に対して「優秀な適応能力」という以上の定義は与えなかった（柯象峰 1934: 381-5）。
4) もともと孫本文はコロンビア大学の留学時代に学んだ W. F. オグバーンの「文化社会学」やシカゴ学派などの影響で，社会的行為の研究はその基礎にある「文化」の環境と結合させるべきという立場を採っていた（闇書欽 2013）。
5) この本の文庫版として，1937 年に『貧窮問題』が商務印書館から刊行されている（柯象峰 1937）。基本的に内容の違いはないが，社会病理学による説明がかなりカットされている。
6) とくに柯象峰が頻繁に引用しているのは，個人と環境の変化の間の不調和という「社会的不適応」から「社会病理」を定義した J. L. ジリンである。社会的不適応は，注 3 で触れた，優生政策を「適応能力」という観点から評価する彼の考え方にも反映されている。社会病理学研究には，「社会病理」が発生する要因を総花的に羅列して記述する傾向があるが，同じ難点は『中国貧窮問題』にも当てはまる。
7) 柯象峰は李景漢らのように農村という場に特権的な地位を与えるような議論を展開することはなかったが，農村が貧窮問題の中心であるという認識は明確に持っていた。例えば柯象峰は 1935 年の「中国経済建設の先決問題」という短い文章のなかで，民衆の多くが「飢餓の境界線上」にある中国では，経済建設は「貧民」を対象とした「救貧」に集中されるべきであると述べている。その上で，救貧の具体的な方法として，呉景超や胡適のような「工業化」派はこの目前の危難を救うには適していないこと，そして梁漱溟のような「農村復興」派もその主張がいささか時代に逆行していることは否めないと論評した上で，とくに農閑期の女性労働を利用した，農村経済を基盤とした緩やかな工業化を主張していた（柯象峰 1935b）。
8) こうした中国における家族制度の特質を記述するに当たって，柯象峰は 1920 年代から 30 年代かけて活躍した「支那通」である長野朗や，「満鮮史」を掲げた歴史学者である稲葉岩吉（君山）など，日本における（とくに当時の対中国政策を正当化する文脈をもった）中国社会論を参照している。農本主義者であった長野は，中国の伝統的な地縁・血縁の社会組織について，国家に依存しない「自治」の潜在能力という側面があることも積極的に評価していたが（西谷 2003），柯象峰の議論には全く反映されてい

ない。
9) 日中戦争期における成都・華西壩の情景については，岱峻（2013）で詳細に活写されている。とくに柯象峰を含む社会学者の活動については，岱峻（2013: 282-96）を参照。
10) フランスの中国人留学生とジッドは物心両面での情誼的親交があり，1930年にフランスの中国人留学生がパリで組織した「連帯主義研究会」には，晩年のジッドが招かれて講演している（彭師勤 1933: 9）。1937年に柯象峰と同じリヨン大学に留学した彭師勤により，ジッドの晩年の講義録である *La Solidarité*（『連帯』）が，『連鎖論』という書名で翻訳・出版されている（季特 1937）。
11) 柯象峰はインドを「天」「神」を本位とする「解脱的」な文化，西洋を「物」を本位とする「分析的」な文化，そして中国を「人」を本位とする「現実的」な文化として類型化している（柯象峰 1944c）。この三類型は有名な文化保守派で農村運動家でもあった梁漱溟の「東西文化およびその哲学」の枠組み（をかなり平板化した形で）に従っているが（梁漱溟［1921］2005），柯象峰の儒教文化に対する再評価も梁漱溟の哲学の影響によるものと見られる。
12) ここで柯象峰が理想に掲げた「大同」は彼独自のものでは決してなく，当時の国民政府や社会部の体制理念であり，社会救済法の草案など当時の社会救済論の多くが言及している（周建卿編 1992: 562）
13) しかし，この時期の柯象峰における家族主義に対する評価が積極的なものに変化したのか，例えば「我が邦古来の美風たる家族制度」（山崎 1931: 185）の維持と再生を強調した日本の救護法における家族主義の規範と同一のものであるのか否かについては，必ずしも明確に言うことはできない。そもそも柯象峰と社会部が掲げる『礼記』の大同思想も，子供や老人の扶養を一つの家族内で閉じることなく，全ての人々が担い手となることを理想とする内容を持つ。また，柯象峰が1944年に『社会建設』（社会部の機関誌で中国社会学社が編集）に掲載した「わが国社会建設の展望」では，『中国貧窮問題』と同様に，「大家庭制度」が「怠惰，依存，不活発などの病態の習慣」や「地方主義」「小集団主義」の弊害を生み出す要因になっていると否定的に論じられている（柯象峰 1944a: 31）。そして，長期の抗日戦争のプロセスでこの小集団的な家族観念が激変し，「人口の大移動，大家庭の崩壊で，無形のうちに『家』の濃厚な観念は消滅してしまい，個人が機に乗じて活発になり，直接に国家，社会の分子の一つになっている」と（柯象峰 1944b: 33），国家の集権化で家族の扶養機能の縮小と解体が進

むという見通しが語られている。これら家族に対する評価の混乱は,おそらく「人」をめぐる評価の矛盾とも相通じるものである。
14) 事実,「人」を中心に組織形成と連帯を実現するという柯象峰の発想は,タルドの社会思想とも緩やかに重なっている。タルドは分業を双方向的な関係にするための協働と連帯の組織を「アソシアシオン」と呼んだが,それは「一人の人間の脳から飛び出てくる」と明言されているように,「天才的個人の自由な跳躍」による「発明」から生み出されるものと考えられていた(中倉 2011: 382-9)。孫本文の師匠であるオグバーンも,タルドに影響を受けて「発明の社会学」を展開していた(中倉 2014)。
15) 卓越した「人」「人材」に基づく共同社会の構築という課題は柯象峰に特有のものではなく,1930年代に梁漱溟を含む幾人かの知識人によって展開された「郷村建設」運動の第一の目標も,農村を指導する「人材」の育成に置かれていた(宣朝慶 2011)。
16) 以下の記述は,中国における「総力戦」と社会変容の問題を扱っている,笹川裕史の一連の研究成果に従っている(笹川 2002, 2010, 2011, 2013;奥村・笹川 2007)。笹川の議論は,中国の社会・経済は共同体的規制が不在で(規制が強固な日本とは対照的に)自由放任的な性格が強いという,足立啓二(1998)の立論に強い影響を受けている。
17) この問題に関して梁漱溟は,「土豪劣紳」は農村における伝統的な支配者なのでは決してなく,国民政府による行政的な地方自治政策により,農村における少数の地主・郷紳に財政や処罰の権限を合法的に与えたことで生み出されたものであると分析している。彼は,規範的な強制力を持つ団体としての「地方」が不在の「ばらばらの砂」の中国農村では,法や契約ではなく人々の倫理的で情誼的な関係性から出発し,そこから自生的に紡ぎ出される「自治＝無為の治」こそが,「土豪劣紳」の出現を効果的に防止し得ると考えていた。梁漱溟によれば,「元々の数千年来の無為の治の精神で,彼らに平穏で散漫な暮らしをさせていれば,これほど多くの土豪劣紳が存在したとはやはり思われない」(梁漱溟［1937］2005: 245)。「無為の治」論は梁漱溟だけではなく,清末のアナーキストの劉師培やリベラリストの胡適など,少数ながらも存在していた(艉山 2014)。彼らに共有されていた問題意識は,「ばらばらの砂」という構造的特性を持つ中国社会にとって,国家の強力な干渉による統治や社会改革は,むしろ新たな専制的権力を生み出して民衆の生活をいたずらに苦しめるものでしかないという点にあった。例えば胡適は,現在の中国は国民政府が推し進めているような合作事業や技術改良事業のような「積極的救済」より,租税の免除や

軍隊の削減など人民の苦痛や負担を取り除く「消極的救済」こそが推進されるべきであると述べている。その上で，あらゆる「建設事業」は兵士や役人の横暴を助長して人民の苦痛を増やすだけだとして，現在の中国の農村には「建設」とは逆に「無為政治」こそが採用されるべきであることを，『老子』の一節を引きながら論じている（胡適 1933: 2-3）。

18) 土地分配政策は共産党に独自のものでは必ずしもなく，国民政府の側でも兵士の生活保障と士気向上を目的に「戦士授田」政策として構想されていた（笹川 2013）。

終　章

　本書では，近代中国における中華民国期を事例として，貧窮が「社会」の問題として定義されるようになってから，シティズンシップとしての社会的権利の思想と制度が立ち現れるまでの歴史的なプロセスを検討してきた。具体的には，1920年の華北大飢饉の衝撃が生み出した，社会問題としての貧窮という巨大な波紋にいかに立ち向かっていくかという課題に対する試行錯誤の中で，合作社，社会調査そして社会救済という三つの思想と実践が展開されてきたことを描き出した。とくにその際，シティズンシップにおける「共同社会」を統合する原理として何が具体的に想定されてきたのか，という問題に焦点を当てて記述・分析を進めてきた。この終章では，本書全体で得られた知見をまとめて結びとしたい。

1. 本書の要約

災害体験と貧窮の「社会問題」化

　近代中国における「社会問題」は，産業化に伴う新しい貧困や不平等でもなければ，国家が上から政治的に定義したものでもなく，まずは度重なる大規模な飢饉による農民の飢餓に向き合う中で出現した。とくに1920年に発生した華北大飢饉は，新聞という新しい大衆メディアが都市部で急速に成長しつつある時代に発生したこと

で，新聞社間の報道競争の積極的な対象となり，被災地と農民の壮絶かつ悲惨な状況が克明かつリアルタイムに都市住民に伝えられることになった。そこでは，中華民国・北京政府が大飢饉の防止と貧窮者の救済に余りに無為・無力であることに対して，ある種のナショナリズム感情に基づく憤りや嘆きが広く語られ，国家・政府の貧窮に対する救済の責任が厳しく要求されるようになった。それと同時に，束の間とは言え「災害ユートピア」と呼びうるような様々な災害救援活動やチャリティ活動の活性化をもたらした。さらに，当時において新しい都市の知識階層であった学生が，慈善団体に依頼される形で被災地調査を積極的に担ったことも華北大飢饉で初めて見られたものであった。その結果，それ自体は中国（とくに華北農村）に慢性的に存在してきた農村の飢饉と農民の貧窮が，1910年代の新文化運動における「社会改造」の思想と結びつき，社会的に解決されるべき問題として広く語られるようになっていく。ところが，被災地調査を担った学生は，1919年の五四運動における「成功体験」に由来する高揚感や使命感を抱いて被災地に赴いたものの，その惨状に衝撃を受けるとともに，飢民を目の前にして全く何もできない自らの無力さを痛感することになる。

合作社と農村自治

中国で貧窮の問題を解消する最初の方策として採用されたのが，合作社（協同組合），とくに農村における信用合作社であった。華北大飢饉の災害救援活動を目的に，西洋の宣教師・実業家と中国の有力官僚とが合同で結成した華洋義賑会（中国華洋義賑救災総会）は，救災活動に一区切りがついた後に，恒久的な「防災」を図るために合作社を活用する。華洋義賑会は1921年から合作社の事業に着手し，1923年4月に農村信用合作社章程（空白章程）を制定して，同年6月に河北省香河県に最初の合作社を設立するだけではなく，

機関誌『合作訊』の発行や合作講習会など宣伝・教育にもとくに力を入れた。日本における産業組合政策は,「信用」の基礎を近隣住民の地縁的な紐帯に基づく相互の規制や監視に求め, そのため組合のメンバーシップを「区域」に限定すべきことが法律や模範定款などでも明確に示されていた。それに対して華洋義賑会の合作社は,「空白章程」で入社基準に「品行方正」であることを強く求め, 善良な人（好人）で自発的な能動性の高い人物という原則の下に, 社員の入社における選抜と審査のプロセスを極めて厳格化することで,「信用」の基礎を確立しようとした。こうした厳格さは,『合作訊』で頻繁に議論されていたように,「不良分子」の存在が合作社の運営を失敗に導くという, 経験に基づく理解に根ざしたものであった。そして, その原因として『合作訊』では「情面」という, 情実と体面を優先する中国に特有の人間関係の論理が「不良分子」を合作社の中に容易に招き入れてしまうという問題が指摘されていた。日本の産業組合では, 柳田國男が「好意の独裁」として批判したような, 地域の篤志家のパターナリズムによって小農の包摂が阻害されていたとすれば, 華洋義賑会の合作社では「情面」を否定して「不良分子」の混入を防ぐために, 社員を「好人」に厳しく選別しなければならなかったことが, 貧農の包摂を著しく困難にしたと言うことができる。

互酬性に基づく救貧の困難

華洋義賑会の合作事業の理論的な指導者であったのが于樹徳である。1910年代から日本やドイツに留学した人物によって, 合作社の実践が試行錯誤で進められていたが, ほとんど成功を収めていなかった。于樹徳は日本で「産業組合」の理論を学び, 1920年頃から『東方雑誌』などに, 協同組合としての「産業協済会」や地域自治的な備荒儲蓄制度である「社倉」についての論説を発表している。

そこでは、救済者と被救済者を区別するような救済が他者への依存を助長するものとして批判され、全員が救済者であると同時に被救済者であるという互酬性の原理が示されている。それと同時に、社倉の設立と運営のためには「地方の人格者」「地方人士」という在地の人格的指導者のリーダーシップが必要であることが論じられている。1923年以降に于樹徳が華洋義賑会の合作事業に関わるようになった後も、人格的資質の問題は一貫して重視されていた。彼は合作社論のテキストや活動報告などにおいて、合作社が健全に運営されている村落は「好人」が掌握していること、それゆえに社員を厳しく「好人」に選別することで、自ずと「好人」が指導者に選出され、「悪人」の出現が防止されるようになることを主張している。しかし于樹徳における以上の合作社論は、様々な矛盾や難点を抱えるものでもあった。一つには、互酬性の理念と人格的指導者に対する期待や依存とをいかに両立させるのかという点、そしてもう一つは、「好人」と「悪人」を識別する具体的な基準については、完全に状況依存的でブラックボックスになっていた点である。これらの難点は、合作社の基盤として日本の産業組合のような地縁の共同性を全く当てにできないこと、そして一方的に救済を受けることしかできない膨大な貧窮者を抱える中国農村において、合作社を通じた互酬性に基づく救貧を実現することが極めて困難であることを示すものでもあった。

社会調査から農村救済へ

合作社が貧困と救済の現場の経験から積み上げられた実践の産物であるとすれば、学術研究の文脈から貧困の問題に接近し、中国における救済事業と社会政策に方向性を与える役割を果たしたのが、社会学者による社会調査であった。民国期中国の社会学界は、1910年代にアメリカから招聘された社会学者たちが盛んに中国で

終　章

フィールドワークを行っていたことの影響で，理論・学説よりも社会調査研究が完全に主流であった。ブースやロウントリーなど初期の社会調査が押し並べてそうであったように，中国における社会調査は政府の統計調査の根本的な不備やアメリカ社会調査運動の潮流などの背景もあり，学術目的ではなく具体的な問題の解決に資するという実践的な使命を積極的に背負う形で展開されていた。この時期の中国における社会調査を主導した社会学者の李景漢は，アメリカの大学に留学している時に中国における統計調査の不備に「国恥」を刺激されて社会調査研究を志し，1920年代半ばから民間の社会調査機関である社会調査部を拠点に人力車夫や北京郊外の農村の調査に携わることで，次第に貧窮の実情に触れていくようになる。李景漢は1928年から晏陽初の中華平民教育促進会に招聘されて，河北省定県の農村で5年にわたり社会調査に従事し，1933年に調査報告書である『定県社会概況調査』(1933年) を刊行した。この定県調査において，彼は農民たちの調査に対する無理解や懐疑，抵抗などの様々な困難に直面した経験に基づき，調査協力の確保に当たっては「人情」(人付き合いの作法やコネクション) を積極的に活用すること，そしてこれまで農民たちが味わってきた筆舌に尽しがたい辛苦に対する「同情心」が必要であることを主張した。こうした長期にわたる農村調査の経験を通じて，李景漢は中国社会の基礎は農村にこそ存在しているという「以農立国」の理念を掲げるようになる。そして，中国農村は団体組織の能力と共同意識が欠如した「ばらばらの砂」であることで，中間商人の深刻な搾取を受けているという認識から，それを解決する手段として農村信用合作社の設立を主張していくことになる。こうして華洋義賑会と中国の社会調査運動は，それぞれ全く異なるアプローチから，中国の貧窮問題を解決する鍵として，信用合作社を通じた農村自治の再建という同じ結論に到達することになった。

「社会救済」と「慈善」の相克

　1927年に蔣介石と国民党による南京国民政府が成立すると，それまで内戦状態の中で全く未整備であった様々な社会立法が制定される。1928年に，県を基礎単位とした「救済院」の設置と既存の慈善事業の管理・登録を行う各地方救済院規則および監督慈善団体法が制定された。そして，日中戦争の最中の1943年には日本の救護法に相当する公的扶助制度である社会救済法が制定され，救貧がシティズンシップとして国家が積極的に担うべき責任であり，「人民」の権利であることが明確に示されるようになっていく。中国においてそうした社会的権利の理念を示すものこそが，「社会救済」であり（中国ではさほど流通しなかったものの）「社会連帯」の概念であった。この「社会救済」「社会連帯」の概念と理念が唱導される局面で，その否定的な対概念として位置づけられたのが「慈善」であった。日本の社会事業思想における「社会連帯主義」で「慈善」が問題であるとされたのは，救済者が強者・優越者として被救済者に接することで，被救済者の依存的な性質を助長し，その自助・自立の精神を妨げてしまうからであった。それゆえ，「社会連帯」の実現のためには，「慈善」の担い手である篤志家が自らの内なるパターナリズムを徹底的に自己否定し，地域社会における隣人や家庭における親の役割のように，あくまで日常生活における社交や相互扶助＝「隣保相扶」の延長線上で貧者の自助・自立を促していくべきことが主張されていた。それに対して，中国における「社会救済」の議論では，「慈善」が依存者を生み出してしまうのは，郷紳を担い手とした慈善事業が，数ばかりが多くて各自ばらばらに活動している（「各自為政」）状態のために，一方では救済の非効率と狡猾な依存者を利する結果を招いていること，他方では運営者である郷紳の人格的な能力の善し悪しに完全に依存していることのために，質の悪い慈善事業を制御および排除できないことが原因であると認

識されていた。そのゆえ，中国における「社会救済」ではまず健全で効率的な「組織」を設立することが第一の課題となり，そしてその「組織」を運営する能力を持った「人材」の育成と発掘が強く求められることになった。「社会連帯」「社会救済」において，地域で救済事業を指導する「人」が重要であると考えられていたこと自体は，日本も中国も基本的には同じであるが，前者は救済者によるパターナリズム，後者は組織を設立・運営する人材の不在（正確には偏在）と，それが求められる文脈は根本的に異なるものであった。

「人」の共同社会とその矛盾

　中国における「社会連帯」「社会救済」の思想を主導的に展開したのが，社会救済法の策定にも深く関わった社会学者である柯象峰であった。1930 年にフランスのリヨン大学で博士号を取得した柯象峰は，ガブリエル・タルドの社会学から「社会」の全体性が実体的なものではなく，「個人」を原点とした「継続的な交感のプロセス」であるという視点を獲得するとともに，中国における人口問題の研究を通じて，適正な人口規模が何であるのかは「文化」が決定するという社会学的な結論に達している。その後柯象峰は「貧窮」の問題に取り組むようになり，上述の「人」と「人材」の問題に多く言及している。柯象峰は編著である『中国貧窮問題』（1935 年）の中で，中国における貧窮の原因を健全な「組織」に基づく救済事業が育たないことに求めた。その理由として彼は，「家族主義」の伝統が大きな社会組織の形成を妨げていることに加えて，知識・技術と仁慈の感情を兼ね備えた，全人格的な能力を持つ「人材」が不在であることにあると説明していた。社会救済法が制定された直後に刊行された『社会救済』（1944 年）では，「社会救済」の概念を「人を助けることは自らを助けることである」という「社会連帯主義」の理念に即して説明した上で，「社会救済」の実現を阻害し

ている要因を，既存の官民の救済事業が「人治主義」という，運営する「人」の善し悪しという偶然性に委ねられていることに求めた。柯象峰によれば，「人治」は往々にして質の悪い人物が救済事業の担い手となることを抑止できないだけではなく，組織性や科学的方法の欠如を招くものとなっていた。彼はこの問題を解決するものとして，全人格的な能力を持つ「人」「人材」の育成・選抜と，儒教を思想原理とした「人本位」の社会道徳の再建を訴えたが，それが「人治主義」と本質的に異なるものであるのか否かについては，明示的に議論が展開されることはなかった。このように，柯象峰は断片的な議論ながら，社会的権利を根拠付けている共同社会の核心に「人」を位置づけたが，そうした「人」が具体的にいかなる道筋で出現し得るのか，それが善良かつ有能であることはどのようにして担保されるのかなど，様々な矛盾と困難を抱えるものであった。

2.「人」の共同社会のゆくえ

　本書は，歴史社会学的なシティズンシップの研究の一環として，これまであまり（T. H. マーシャル自身においても）重視されてこなかった「共同社会」の問題に着目し，近代中国における救済事業と社会政策において何が想定されていたのかを，比較歴史社会学的に明らかにしていくことを分析上の目標とするものであった。その結論として本書は，共同社会を統合する原理が，地域で全人格的なリーダーシップを発揮する能力を持った「人」に置かれていたことを描き出してきた。

　序章で整理したように，これまでのシティズンシップ論では，少なくとも 20 世紀末に至るまでのシティズンシップが第一義的に「国民国家」のメンバーシップにおける権利・義務を内容とするものであったことが論じられてきた。中国の近代においても，ある種

のナショナリズム感情が貧窮問題の解決を喫緊の課題として自覚させる重要な契機となっていたことは，第1章でも確認した通りである。しかし，本書で中心的に扱った于樹徳，李景漢，柯象峰など，民国期の中国で救済事業と社会政策を担った学者・官僚は，「民族」や「国家」の自立・強化という国民国家の利害関心を直接的に表現することは必ずしも多くなかった。中華民国・国民政府の正統性を支えるイデオロギーである孫文の三民主義（とくに民生主義）の思想も，彼らの議論の中ではそれほど中心的な位置を占めているわけではない。そのように，柯象峰たちの思想から窺うことのできる「人」の共同社会の理念は，国民国家に還元できるものでは全くなかった。むしろ本書を通じて明らかにしたように，そうした理念は主に農村地域における貧窮問題を解決するための共同性や連帯感をいかに構築するか，という実践的な関心に由来するものであった。

　中国における社会問題としての貧窮は，第一義的には農村における大規模な飢饉に由来するものであった。深刻な飢餓と貧窮を目の前にして，当時の救済事業や社会政策に関わった学者や官僚は，「ばらばらの砂」や「各自為政」などと形容される中国社会（とくに農村）における組織文化の欠如が，郷紳など個々の「人」の指導力に対する依存をもたらし，「不良分子」や「土豪劣紳」を容易に招き寄せてしまうことに貧窮問題の原因を求めていた。このように，「各自為政」と「人治主義」を克服し，農村の自治に基づく健全な「組織」を確立していくことが，近代中国で救貧と社会的権利を実現していくための第一の課題として認識されていた。

　本書ではその課題を解決する鍵が，于樹徳の合作社論や社倉論における「地方人士」や「地方の人格者」，李景漢の社会調査実践における「人情」と「同情心」，柯象峰の社会救済論における「人材」など，「人」の問題に置かれていたことを描き出してきた。もちろん，彼らの議論は断片的なものであり，「人」に関する首尾一貫し

た政治理念や政策構想が存在していたわけではない。しかし，断片的であることは，ただちにそれが重要性に乏しかったことを意味するものでは決してない。むしろ，「人」の問題が公式化された理論や政治綱領においてではなく，救済事業や社会政策の現場の実践における試行錯誤のプロセスにおいて，いかに切実なものであったのかを示すものと理解されるべきであると考える。

　「人」の共同社会というのは，繰り返しになるが，その言い方だけをとれば本書で比較した日本の事例との決定的な違いが存在するわけではない。異なっていたのは，共同社会の条件として，日本では篤志家が優越者としての立場を自己否定することが強く求められていたのに対して，中国では逆に卓越した能力を持つ人格的指導者の出現こそが期待されていたことにある。たとえば「土豪劣紳」が，主体的に自らの優越的地位に対する自己否定を通じて地域住民と平等に連帯していく，などという経路は中国では全く想像されてもいなかった。

　こうした比較を傍証するものとして，ここでは社会学者である戸田貞三の社会政策論を挙げておきたい。戸田は『社会政策』（1931年）という著作の中で（戸田 1931），「社会的共同」の所産である事物や文化が私有されていることが，あらゆる矛盾と害悪の原因であると述べている。その上で，「社会的共同」を阻害している要因として，戸田は社会主義のように私有財産ではなく，「人間生活上に起る害悪の最大なるものは事物の私有の故に起るのではなく，事物を使用し消費する方法に於て，個人的任意，我儘が中心点に置かれるからである」と（戸田 1931: 77），個人の「我儘」に求めている。この「我儘」を制限し，事物の使用において「社会的共同」の利害を第一に考えるような「社会人としての意識」を形成していくために，戸田は家庭や学校における道徳的な「教化」の方法こそが第一義的には望ましいが，それが困難な場合には公権力による「社会政

策」を通じて「社会的共同」への自覚を促進することが必要であると論じた（戸田 1931: 56-7）[1]。

このように戸田の社会政策論では，「我儘」な人々も厳然たる共同社会の成員であり，道徳的教化や社会政策を通じて矯正可能であるという前提があった。それに対して，中国の合作事業や社会救済をめぐる議論に出てくる「不良分子」や「土豪劣紳」には，そうした前提は全くなかった。むしろ，そうした質の悪い人物を共同社会から徹底的に排除するためにこそ，人格的な能力の優れた「好人」や「人材」を選抜・発掘すべきことが主張されていた。

こうした「人」の共同社会の考え方に対して，伝統中国の社会体制との連続性を指摘することもできる。つまり，伝統中国の専制国家においては，儒教と科挙制度が「人」の良し悪しを選別する役割を果たし，上は宮廷から下は村落に至るまでの巨大な「人治」の体制をつくり上げていた。この体制が崩壊した後も，脱人格化された強力な国民国家の形成が進まない中で，いかに「好人」を選抜し「不良分子」を排除するのかが，個々の地域社会や救済事業の現場の判断に委ねられることになったと言うことができる。

このような，「人」に由来する問題を「人」によって解決するという方法は，繰り返し述べたように，根本的な矛盾を抱えるものであった。では村落，地域社会，血縁集団，慈善団体などが中国における共同社会の受け皿と成り得たのかと言えば，柯象峰における郷紳の慈善事業や家族主義に対する批判からも明らかなように，その大部分は全く期待できないものであった。人々の具体的な拠りどころとなる信頼すべき中間的な組織や団体の存在を想像できなかった中国社会では，共同社会の構成要素として人格的に卓越した能力を持つ，「人」を起点にした連帯と共同性に求める以外になかったと言えるだろう。

中国社会に共同体的な性格を持つ中間団体が不在であることは，

M. ウェーバー，費孝通，福武直以来の，社会学における中国社会論の中で繰り返し語られ続けてきたテーマである[2]。ここで扱った学者や事業家たちの議論の中でも，「ばらばらの砂（一盤散沙）」などの中国社会の特殊性に頻繁に言及されているが，それは中国における貧窮が他国に比しても深刻である原因が何かを解明し，その解決すべき焦点を明らかにしていくという，極めて実践的な関心に基づくものであった。

中国社会や中国の近代過程の特殊性を一義的に説明しようとする議論は，現在の目から見ると「方法論的ナショナリズム」と呼ばれるような根本的な難点を抱えており[3]，少なくとも学術研究のテーマとしては適切なものではなくなっている。しかし，本書がこうした中国特殊性論と異なるのは，中国社会の固有性に関する様々な語りや概念を，社会の実態を素朴に反映したものとしてでは決してなく，あくまで中国で救貧の実現と社会的権利の確立を目指す，様々な試行錯誤のプロセスの中で語られた中国社会の自己記述として扱った点にある。そして，そうした自己記述が，社会的権利を根拠づけている共同社会の理念と構想を規定するための重要な役割を果たしていることを，本書は示そうとするものであった。

この時期の中国における救済事業と社会政策の思想・実践の前提となっていた，「ばらばらの砂」という中国社会における共同性の不在を強調する解釈図式はしかし，そうした思想と実践の発展を制約する要因にもなったとも考えられる。例えば華洋義賑会は，下からの自治と相互扶助を強く志向していたにも関わらず，中国農村における（日本の『中国農村慣行調査』が詳細に明らかにしたような）既存の協同的な慣習・文化を全く評価しようとしなかった。唯一の例外と言えるのが，第3章で詳細に検討した于樹徳の社倉論であるが，残念ながらその後の合作事業や社会救済の思想・実践に受け継がれることはなかった。結局のところ，「ばらばらの砂」の人々を，全

人格的な能力を持つ「人」を通じて結合させるという道筋が，断片的に示されるにとどまった。

　「人」を中核とした共同社会は，政治理念として自覚的に語られたものではないので，最終的にそれがいかなる政治体制や社会制度を帰結することになるのかについては，柯象峰たちの議論の中から明確な形で見出すことはできない。しかし，その可能性を示している議論の一つとして，梁漱溟が『郷村建設理論』(1937年) の中で提示した「人治的多数政治」を挙げることができる。彼の言う「人治的多数政治」とは，西洋のように個人の権利ではなく人間関係の「倫理」を出発点とする中国社会において，個々人の投票による多数決ではなく，名望のある「賢智」の指導者が多数者の同意と承認を得ながら政治的な決定を行っていく，民主主義（「民治」）の様式を指している。そこにおける「公民権」も，西洋のような個人の権利からではなく，「散漫な中国人が結合していくことを促す」ために，集団に対する倫理的な忠誠や義務に基づくものとなる（梁漱溟[1937]2005: 292-5）。梁漱溟は，中国に相応しい民主主義を以下のように論じている。

　　現在の地方自治の方法によると，一家の中の各個人，20歳以上の者すべてに選挙権を与えるというが，これは現在事実上行われていないし，またその必要もないものである。われわれの方法によれば，集まりがある時に，一つの世帯（戸）で一人の人を出すのが最も好ましい条件である。議論する時には，比較的経験と声望があり，信用があり，知識がより高い人の話が，皆から少し多めに尊重されるべきである。……もし，われわれが一つの村落の中で，村の人にお互いの関係を認識させ，彼らの関係を深めさせ，それによって各世帯の物のわかっている一人の人が会議に参加し，各人が頭と心を働かせて自分たちの問

題を議論し，皆にそれぞれの物事に対して結論を出させること
ができるのであれば，私はこれこそが最もすばらしい民主主義
であり，もっとも開けた民主主義であると考える。結論がどの
ように出されるかと言うと，少数の比較的物のわかっている人，
経験と声望の比較的高い人の語る話が，十分に理にかなったも
のであるので，皆がそれに同意・承認し，そこで決定すること
になるだろう。(梁漱溟［1937］2005: 324-6)

　このように梁漱溟は，個人の権利としての選挙権に基づく民主主
義に反対し，農村の住民が十分に相互の関係を深め合った上で，少
数の人格的指導者を中心にした合議に基づく「公民権」と民主主義
を構想していた。この「人治的多数政治」は，ある種の独裁的な指
導力を持った「人」とシティズンシップの平等性とをいかに両立さ
せるのかという，柯象峰たちが残していたアポリアを解決する可能
性を示す政治体制の構想であったと評価することができる。
　もちろん「人治的多数政治」の構想も，単なる政治的な現実性以
外にも様々な問題を抱えていたことは，梁漱溟がその例としてス
ターリンやムッソリーニなどを挙げ，現代世界における新たな政治
的潮流として評価していたことにも象徴されている（梁漱溟［1937］
2005: 291-2）。もちろん，彼自身は「郷村自治」の理念が大前提で
あり，強力な国家と中央集権に基づく政治には反対であったが，シ
ティズンシップと「人治」とを両立させようとする際の危うさと限
界を示していると言えるだろう。
　「人治」とシティズンシップの間の矛盾をどう乗り越えるのかの
解決策は，本来であれば，社会救済法の実務の経験における，試行
錯誤の中で徐々に見出されていくはずであったと思われる。しかし
繰り返し述べたように，現実にはそうした経験を着実に蓄積してい
くことはできなかった。中国の近代における，地域に根ざした「人

治」の共同社会に基づくシティズンシップの可能性は，1949年で完全に閉ざされてしまったのか，それとも新たな体制において別の形で受け継がれていったのかについては，今後において取り組むべき課題としたい[4]。

3. 今後の課題と展望

　最後に，本書では十分に展開することのできなかった，今後の研究課題となるテーマについて，簡単に述べて結びとしたい。

　第1に，合作社による救済事業と社会救済論との関係である。富者や政府による一方向的で事後的な救済ではなく，平等な負担と参加に基づく互酬的，連帯的な救済を目指す点において，合作事業と社会救済法は理念と課題を完全に共有していたが，両者を結びつける議論を明確な形で見出すことはできなかった。本書では華洋義賑会の事例だけしか扱えなかったが，今後は合作社法の制定（1934年）を中心とする国民政府の合作社政策における，国家と合作社とのせめぎ合いや相互浸透のプロセスとメカニズムを検討していくことが課題となる。

　第2に，中国共産党の救済事業である。本書では，貧窮問題への解釈や社会政策に関する議論のほとんどが，マルクス主義的な用語や論法に回収されている共産党関係の史料を，研究対象として積極的に扱うことを慎重に避けた。しかし沈（2014）が指摘しているように，国民政府の社会政策が共産党のそれと相互に浸透し合っていた可能性を見る必要がある。とくに合作社については，共産党政権下で合作事業の要職を歴任した于樹徳の与えた影響など，解明されるべき課題は多い。

　第3に，沈（1996）や大友（2007）などの先駆的な研究が明らかにしてきた，日本の植民地行政の下で展開された社会事業である。

とくに方面委員制度は，救貧よりも治安行政の側面が強いものではあったが，台湾，朝鮮，満洲（名称は「隣保委員制度」）でもそれぞれ移植・実施されている。さらに日中戦争期に興亜院の下で行われた，中国の「社会事業」に関する様々な社会調査も（久保 2002; 沈 2011），本書では検討できなかった。中国の社会的条件の下で，日本の社会事業と方面委員制度における「社会連帯主義」の理念がいかに受容および再定義されたのかは，本書の文脈においても重要な問題となるものである。

　それぞれが大きなテーマであり，全面的に取り組むことは困難であるが，以上に示した課題に留意しつつ，今後の研究を深めていくことにしたい。

注

1) こうした論理は，戸田の社会学における中心的な概念である「集団」の中にも見られる。戸田における「集団」は所与の実体ではなく，教育による「同化」を通じて，個人を集団の維持に貢献する「集団人」に転化させることで成立するものであった（品治 2016）。同時期の中国の社会学のテキストでは，「集団」は——例えば「文化」などと比べても——それほど重要な位置づけを与えられていない。
2) 中国社会の構造的特性を「共同体」の有無によって定義しようとする傾向は，とくに日本の中国研究に顕著な特徴である（足立 1998; 内山 2004, 2013）。通説とは逆に，中国社会を「共同体」として性格規定しようとした論者として，戦時期の華北で実施された「中国農村慣行調査」の研究メンバーで，戒能通孝と論争を繰り広げた平野義太郎がよく知られている。社会学者の間でも，戦時期に南満州鉄道社会調査部に所属していた（ただしフィールド調査は行っていない）清水盛光が，デュルケームの「環節社会」の概念を用いつつ，「村落共同体」の消極的な服従の上に中国の専制国家の持続性が可能になったという議論を展開していた（清水 1939: 131-8）。周知のように福武は，中国農村では均分相続制度を背景として村落全体による協力が乏しく，看青などの協同的慣行も消極的な「合理的打算」

に過ぎないと解釈した（福武［1946］1976: 493）。それに対して，清水は
　そもそも協同には援助の返還に対する期待という「合理的」な側面を有し
　ていること，均分主義と「合理的打算」の関係は必然性に乏しいこと，そ
　して少なくとも清水自身が研究対象としている「旧時代」（明清期の近世
　中国）においては「中国郷村の共同的性格」が認められることを論じてい
　る（清水［1948］1951, 1951: 651-2）。清水と福武とが中国の「共同体」
　について対極的な結論を出した背景には，一般理論と地域研究という研究
　上の志向性の違いのほかに（南 1995），清水が「共同体（態）」を「交換
　性の原理」という互酬性のメカニズムから理解していたことが挙げられる
　（穐山 2018）。
3) ここで言う「方法論的ナショナリズム」批判とは，単なるナショナリズム
　の価値やネーションの利益の実現を目的とした議論に対する批判ではな
　く，Beck（1997=2005）以降に展開された，国民国家の認知的な枠組みに
　埋め込まれている社会科学の研究全般を対象とするものである（Amelina
　et al. 2012）。そこでは，デュルケーム，ウェーバー，パーソンズなどの古
　典的な社会学理論までもが，「方法論的ナショナリズム」として批判の対
　象とされている。それに対して，方法論的ナショナリズム批判で念頭に置
　かれている「国民国家」が過度に静態的であることや，古典の持つ普遍主
　義的志向が不当に無視されていることに対する反批判も多く出されている
　（Chernilo 2007; 佐藤 2009; Pendenza 2014）。
4) 田原（2004, 2008）は，共産党が 1950 年代の土地改革において，工作隊
　を農村に常駐させた上で基層幹部を若い貧農から抜擢し，対面的・個別的
　な説得を通じて運動への動員を行わせるという，共産党の強制力や権威を
　背景とした「人治」の手法を用いていたことを明らかにしている。また河
　野（2015）は，1950 年代半ばに組織化された高級合作社について，河北
　省の農村を事例に，最終的に村を単位として分社化した合作社が多く見ら
　れた原因を村の団結の強さに求めた上で，「村の団結の可否には村内の不
　満に対応できる幹部など中心的人物の有無や，それに伴う凝集性の強弱が
　関係していると想定できる」と結論づけている（河野 2015: 31）。華洋義
　賑会の合作事業との連続性は不明だが，少なくとも人民公社化が進む前の
　1950 年代半ばまでは，基層幹部の人格的なリーダーシップに基づく地域
　自治が生き残っていたと考えられる。

中華民国時期（1912-1949）救済事業・社会政策年表

	社会立法，災害，政治事件	論文・出版物
1912年	中華民国南京臨時政府の成立（1月） 袁世凱が臨時大総統に就任（3月）	
1913年	捐資興学褒奨条例（7月）	
1914年	褒揚条例（3月） 米迪剛が河北省定県翟城村で自治講習所を設立 清華学校のディトマーが1917年にかけて北京の郊外で家庭生活費調査を実施	
1915年	『青年雑誌』（翌年から『新青年』）発刊，新文化運動の開始（9月） 游民習芸所章程（12月） 米迪剛が翟城村で因利協社を設立 袁世凱帝制宣言（12月） 珠江流域で大水害，被災者150万人	
1916年	袁世凱死去（6月）	
1917年		
1918年	清華学校のギャンブルが北京の社会状況についてアンケート調査を実施	陶孟和「社会調査」『新青年』4(3)
1919年	五・四運動（5月） 復旦大学の教職員と学生で上海国民合作貯蓄銀行が設立（10月）	
1920年	上海で陝西華洋義賑会が成立（5月） 直皖戦争（7月） 華北大飢饉，犠牲者50万人（9月） 各被災地に2万元の救済金を分配する大総統令を発布（8月） 汪大燮や熊希齢を中心に北京で北五省災区協済会が成立（9月） 北京の学生団体が慈善団体に依頼されて被災地調査を実施（9月） 賑務処の設立（10月） 北京国際統一救災総会が成立（10月） 甘粛省海原で大地震，犠牲者29万人（12月）	陶孟和「貧窮与人口問題」『新青年』7(4) 于樹徳「農荒予防与産業協済会」『東方雑誌』17(20-21)
1921年	上海など各都市で全国急募賑款大会を同時開催（2月） 上海で共産党第1回全国代表大会（7月）	于樹徳「我国古代之農荒予防策」『東方雑誌』18(14-15) 同『信用合作社経営論』中華書局

中華民国時期（1912-1949）救済事業・社会政策年表

	社会立法，災害，政治事件	論文・出版物
1921年	中国華洋義賑救災総会（以下「華洋義賑会」）が成立（11月）	S. D. Gamble, *Peking: a Social Survey*, George H. Doran.
1922年	北京・燕京大学に社会学系が設立 華洋義賑会の章元善やJ. B. テイラーらが農利分委辦会の成立を決定（1月） 余天休が中国最初の社会学専門誌『社会学雑誌』を発刊（1月） 奉直戦争（4-5月） 華洋義賑会が直隷，山東，江蘇，浙江の240の農村を調査（6月） 華洋義賑会が5,000元を支出して農民借本処を実験的に設立（8月） 山東省済南で世界紅卍字会が成立（9月）	黄鳳華編『北京国際統一救災総会報告書』
1923年	晏陽初らが北京の清華大学で中華平民教育促進会総会を設立（3月） 華洋義賑会が「農村信用合作社章程」45条を制定（4月） 華洋義賑会が香河県第一信用合作社を設立（6月） 于樹徳が華洋義賑会の合作事業に参加（11月） H. S. バックリンが滬江大学を訪問して上海近郊の農村である沈家行を調査	于樹徳『農荒予防策』商務印書館
1924年	第一次国共合作（1月） 華洋義賑会が『合作訊』を発刊（6月） 第二次奉直戦争（9-11月） 北京社会調査社（Social Rsearch Council）の設立	C.B. Malone and J.B. Tayler, *The Study of Chinese Rural Economy* 白克令『社会調査——沈家行実況』
1925年	孫文死去（3月） 五・三〇運動（5月） 広東国民政府成立（7月） 北伐の開始（7月） 華洋義賑会の農利分委辦会が農利股に改編され，于樹徳が主任となる（9月） 中華教育文化基金董事会社会調査部の設立 社会調査籌備委員会（the Commission of Social Research）が組織される	D. H. Kulp, *Country Life in South China*, Bureau of Publications Teachers College Columbia University
1926年	社会調査部が中華教育文化基金董事会の下部機関として設立される 中華平民教育促進会が河北省定県を実験区に選定	

	社会立法，災害，政治事件	論文・出版物
1927年	上海クーデーター，南京国民政府の成立（4月） 燕京大学社会学系が機関誌『社会学界』を発刊（6月） 李景漢が北京近郊の四つの農村に対する社会調査を実施	李景漢「中国社会調査運動」『社会学界』1 蔡毓驄『社会調査之原理及方法』北新書局 樊弘『社会調査方法』商務印書館
1928年	南京に社会調査処が設立（1月） 賑済委員会組織条例（2月） 国民政府が内務部を組織（3月） 各地方救済院規則（5月） 北伐の完了（6月） 義倉管理規則（7月） 管理各地私立慈善機関管理規則（10月） 国民政府が全国的な「人口普査」を試行 燕京大学社会学系が北京近郊の農村である清河鎮で社会調査を実施	蔡毓驄編『社会調査之原理及方法』北新書局 戴楽仁（Taylor）等『中国農村経済実況』農民運動研究会 陶孟和『北平生活費之分析』商務印書館
1929年	捐資挙辦救済事業襃奨条例（4月） 監督慈善団体法（6月） 社会調査部が北平社会調査所に再編（7月） 社会調査綱要の公布（8月） 工廠法（12月） 工会法（12月）	于樹徳『合作社之理論与経営』上海中華書局 李景漢『北平郊外之郷村家庭』商務印書館 馮鋭『郷村社会調査大綱』中華平民教育促進会
1930年	上海で中国社会学社が成立（2月） 賑務委員会各組辦事規程（2月） 監督慈善団体法施行規則（7月） 各地方倉儲管理規則（7月） 救災準備金法（10月）	L. S. Hsu (許仕廉) et al., *Ching Ho: Sociological Analysis*, Yenchin Univ
1931年	襃揚条例改正（7月） 梁漱溟が山東省鄒平県で山東郷村建設研究院を設立（6月） 柳条湖事件（9月） 江西省瑞金で中華ソビエト共和国樹立（11月）	于恩徳『社会調査法』文化学社出版社 孫本文編『社会学大綱』世界書局
1932年	満州国の成立（3月） 各地方慈善団体立案辦法（7月） 寺廟興辦公益慈善事業実施辦法（9月） 工廠法施行条例（12月） R. E. パークが燕京大学で講義を行う	
1933年		李景漢『実地社会調査方法』星雲堂書店 李景漢『定県社会概況調査』中華平民教育促進会

中華民国時期(1912-1949)救済事業・社会政策年表

	社会立法,災害,政治事件	論文・出版物
1933年		言心哲『社会調査大綱』中華書局
1934年	社会救済事業進行辦法大綱草案(2月) 蔣介石が新生活運動を提唱(2月) 合作社法(3月)	楊慶堃『鄒平市集之研究』商務印書館 柯象峰『現代人口問題』正中書局
1935年	農倉業法(5月) 合作社法施行細則(8月) ラドクリフ＝ブラウンが翌年にかけて燕京大学で講義を行う	柯象峰編『中国貧窮問題』正中書局 孫本文『社会学原理』商務印書館 于樹徳「中国合作社之進展」『東方雑誌』32(1)
1936年	陝西省延安で中華ソビエト共和国樹立(10月) 最低工資法(12月) 西安事件(12月)	陳凌雲『現代各国社会救済』上海書店 陳毅夫『社会調査与統計学』商務印書館 趙承信「社会調査与社区研究」『社会学界』9
1937年	農倉業法施行条例(3月) 第二次国共合作(4月) 盧溝橋事件,日中戦争開始(7月) 華洋義賑会合作事業の活動停止(7月) 非常時期救済難民大綱(9月) 南京陥落(12月)	柯象峰『貧窮問題』商務印書館 鄧拓(雲特)『中国救荒史』上海書店 李景漢『中国農村問題』商務印書館 梁漱溟『郷村建設理論』 季特『連鎖論』(彭師勤訳)正中書局
1938年	南京の金陵大学が成都の華西壩に移転(3月) 中国戦時児童保育会成立(3月) 国民政府軍が河南省花園口村で堤防を決壊,死者89万人(6月) 柯象峰が西康社会調査団を組織してチベット族の調査を実施(8月) 優待出征抗敵軍人家属条例(10月) 抗戦建国時期救済難童設施方案(12月)	
1939年	西康省の設立(1月) 県各級組織綱要の公布(9月) 長沙大火,死者3万人(11月)	馬必寧『成都市慈善機関調査』 Fei Xiaotong(費孝通), *Peasant Life in China*

235

	社会立法，災害，政治事件	論文・出版物
1940 年	社会部組織法（5月） 社会部設立（11月）	張雲波等『四川省政府辺区施教団報告書——雷馬屏峨紀略』
1941 年	汪兆銘が南京に国民政府樹立（3月） 優待出征抗敵軍人家属条例改正（12月）	
1942 年	河南省で大飢饉，犠牲者300万人 冬令救済実施辦法（10月） 燕京大学が成都の華西壩地区に移転して開学（10月） 社会部が重慶で全国社会行政会議を開催（11月）	
1943 年	社会救済法（9月）	
1944 年	社会救済法施行細則（9月） 救済院規程（9月）	柯象峰編『社会救済』正中書局 言心哲『社会事業』商務印書館
1945 年	善後救済総署組織法（1月） 南京で日本降伏の調印式（9月） 双十協定（10月）	
1946 年	災賑査放辦法（5月） 国共内戦の開始（7月）	
1947 年		中華民国行政院新聞局『社会救済』行政院新聞局
1948 年	共産党が中国土地法大綱を公布（10月）	
1949 年	人民解放軍南京入城（4月） 中華人民共和国の成立（10月）	

参考文献（中国語文献は拼音記号で配列した）

阿部實, 1993,「チャールズ・ブースと「貧困調査」石川淳志ほか編『社会調査——歴史と視点』ミネルヴァ書房, 3-23.
足立啓二, 1998,『専制国家史論——中国史から世界史へ』柏書房.
味岡徹, 1986,「南北対立と連省自治運動」中央大学人文科学研究所編『五・四運動史像の再検討』中央大学出版部, 339-87.
味岡徹, 2005,「国民党政権の地方行政改革」中央大学人文科学研究所編『民国後期中国国民党政権の研究』中央大学出版部, 189-288.
穐山新, 2009,「近代中国の群衆と公共性——中華民国初期の首都建設事業と『人民』のナショナリズム」佐藤成基編『ナショナリズムとトランスナショナリズム——変容する公共圏』法政大学出版局, 143-61.
穐山新, 2014,「中国近代思想における『専制』『自由』『自治』——『ばらばらの砂』の近代」『社会学ジャーナル』39: 23-43.
穐山新, 2015a,「近代中国の社会政策思想——柯象峰の社会救済論」『社会学ジャーナル』40: 113-30.
穐山新, 2015b,「慈善と社会連帯のあいだ——日本と中国における社会的権利の形成をめぐって」『社会学評論』261: 2-18.
穐山新, 2015a,「災害体験とチャイニーズネス—— 1920 年華北大飢饉を事例に」『日中社会学研究』23: 55-64.
穐山新, 2016,「近代中国における社会調査の実践と困難——李景漢の社会調査論と中国農村社会」『社会学ジャーナル』41: 1-24.
穐山新, 2017a,「(書評) 沈潔・澤田ゆかり編著『ポスト改革期の中国社会保障はどうなるのか——選別主義から普遍主義への転換の中で』(ミネルヴァ書房, 2016)」『同志社大学社会福祉教育・研究支援センター ニュースレター』24: 15-17.
穐山新, 2017b,「協同組合と救貧事業——于樹徳の合作社思想と農村自治」『社会学ジャーナル』42: 79-101.
穐山新, 2018,「戦中, 戦後期の社会学における中国研究と『共同体』——清水盛光の福武直批判を中心に」『社会学ジャーナル』43: 49-68.
穐山新, 2019,「中国初期協同組合における救貧事業——華洋義賑会の合作事業と成員資格の問題」『社会政策』11(1): 98-108.
圷洋一, 2016,「福祉国家の目標をめぐる今日的議論——現代シティズンシップ論からの示唆」『季刊社会保障研究』51(3・4): 287-301.
天田城介, 2009,「社会福祉と社会調査」社会福祉養成講座編集委員会編『社会

調査の基礎（第 3 版）』中央法規, 21-30.

天野祐子, 2007,「日中戦争期における国民政府の新県制」平野健一郎編『日中戦争期の中国における社会・文化変容』東洋文庫, 87-131.

Amelina, Anna, Devrimsel D. Nergiz, Thomas Faist, Nina Glick Schiller, 2012, "Methodological Predicaments of Cross-Border Studies", Amelina et al. ed., *Beyond Methodological Nationalism: Research Methodologies for Cross-Border Studies*, Routledge, 1-22.

雨宮昭一, 1999,『総力戦体制と地域自治』青木書店.

青木郁夫, 2017,『医療利用組合運動と保健国策』高菅出版.

新川敏光編, 2015,『福祉レジーム（福祉＋α⑧）』ミネルヴァ書房.

浅野亮・川井悟編, 2012,『概説近現代中国史』ミネルヴァ書房.

浅見敦之, 2015,「中国・農民専業合作社への参加要因の実証の試み」『京都大学生物資源研究』20: 1-14.

Backhouse, Roger E., Tamotsu Nishizawa ed., 2010, *No Wealth but Life: Welfare Economics and the Welfare State in Britain, 1880-1945*, Cambridge University Press.（＝ 2013, 西沢保・小峯敦編『創設期の厚生経済学と福祉国家』ミネルヴァ書房）

把増強, 2013,「中国近代災荒史研究的繁栄与缺失」王衛平・趙暁陽編『近代中国的社会保障与区域社会』社会科学文献出版社, 156-171.

Beck, Ulrich, 1997, *Was ist Globalisierung?: Irrtümer des Globalismus--Antworten auf Globalisierung*, Suhrkamp.（＝ 2005, 木前利秋ほか訳『グローバル化の社会学——グローバリズムの誤謬—グローバル化への応答』国文社）

北平特別市社会局, 1929,『北平特別市社会局救済事業小史』北平特別市社会局.

Béland, Daniel, 2010, *What is Social Policy?: Understanding the Welfare State*, Cambridge: Polity Press.

Bendix, Reinhard, 1964, *Nation-Building and Citizenship: studies of our changing social order*, New York: John Wiley.（＝ 1981, 河合秀和訳『国民国家と市民的権利』岩波書店）

Beveridge, William, 1942, *Social Insurance and Allied Services*, New York: Macmillan.（＝ 2014, 一圓光彌監訳『ベヴァリッジ報告——社会保険および関連サービス』法律文化社）

Beveridge, William, 1948, *Voluntary Action: a report on methods of social advance*, London: G. Allen & Unwin.

Brubaker, Rogers,1992, *Citizenship and Nationhood in France and Germany*, Massachusetts: Harvard University Press.（＝ 2005, 佐藤成基ほか監訳『フランスとドイツの国籍とネーション——比較歴史社会学的考察』明石書店）

Bulmer, Martin, 1991, "The decline of the Social Survey Movement and the rise of American empirical sociology", Martin Bulmer et al. ed., *The Social Survey in Historical Perspective*, Cambridge: Cambridge University Press, 291-315.

蔡勤禹, 2005,『民国組織与災荒救治——民国華洋義賑会研究』商務印書館.

蔡勤禹・李娜, 2010,『民国以来慈善救済事業研究』天津人民出版社.

Castel, Robert, 1995, *Les Métamorphoses de la Question Sociale: une chronique du salariat*, Fayard.（＝ 2012, 前川真行訳『社会問題の変容——賃金労働の年代記』ナカニシヤ出版）

曾桂林, 2013,『民国時期慈善法制研究』人民出版社.

Chernilo, Daniel, 2007, *A Social Theory of the Nation-State: the political forms of modernity beyond methodological nationalism*, Routledge.

陳凌, 2006,『1920 年華北五省旱災与賑務研究』山東師範大学碩士学位論文.

陳凌雲, 1936,『現代各国社会救済』商務印書館.

陳続先, 1943,『社会救済行政』正中書局.

Chiang, Yung-chen, 2001, *Social Engineering and the Social Sciences in China, 1919-1949*, Cambridge: Cambridge University Press.

池子華・李紅英・劉玉梅, 2011,『近代河北災荒研究』合肥工業大学出版社.

Dahrendorf, Ralf, 1959, *Class and Class Conflict in Industrial Society*, Stanford University Press.（＝ 1964, 富永健一訳『産業社会における階級および階級闘争』ダイヤモンド社）

岱峻, 2013,『風過華西壩——戦時教会五大学紀』江蘇文芸.

鄧拓, [1958] 2011,『中国救荒史（重印本）』商務印書館.

鄧正来・杰弗里 亜歴山大, [1999] 2005,『国家与市民社会——一種社会理論的研究路径（増訂版）』上海人民出版社.

丁恵平, 2015,「"国家与社会"分析框架的応用与限度——以社会学論域中的研究為分析中心」『社会学評論』3(5)：15-23.

江里口拓, 2008,『福祉国家の効率と制御——ウェッブ夫妻の経済思想』昭和堂.

Evers, Adalbert and Jean-Louis Laville eds., 2004, *The Third Sector in Europe*, Edward Elga.（＝ 2007, 内山哲朗・柳沢敏勝訳『欧州サードセクター——歴史・理論・政策』日本経済評論社）

范偉達他編, 2008,『中国社会調査史』復旦大学出版社.
符滌塵, 1938,「抗戦中救済難民問題」『東方雑誌』35(24): 1-2.
藤井隆至, 2008,『柳田國男――『産業組合』と『遠野物語』のあいだ』日本経済評論社.
藤田佳久, 2014,『同文書院記念報』22: 122-30.
福武直, 1946,『中国農村社会の構造』大雅堂.
福山政一, 1933,「方面委員制度改善に関する若干考察」『社会事業』17(7): 2-7.
福澤直樹, 2012,『ドイツ社会保険史――社会国家の形成と展開』名古屋大学出版会.
夫馬進, 1997,『中国善会善堂史研究』同朋舎.
高耘暉, 1936,「中国合作社的社員成份」『華北合作』3(10-12): 4-7.
戈公振, 1927,『中国報学史』商務印書館.
Giddens, Anthony, 1985, *The Nation-State and Violence*, Cambridge: Polity Press. (= 1999, 松尾精文他訳『国民国家と暴力』而立書房)
谷正綱, 1944a,「社会救済法与社会救済事業」『社会建設』1(2): 105-8.
谷正綱, 1944b,「三年来社会行政的幾個基本方針」『浙江社政月刊』2: 6-8.
浜口允子, 1981a,「米逢吉について――清末民初における郷村指導者」市古教授退官記念論叢編集委員会編『論集近代中国研究』山川出版社, 307-34.
浜口允子, 1981b,「『翟城村治』――近代中国における郷村再編成の試み」『人間文化研究』5: 13-26.
長谷川貴彦, 2012,「近世化のなかのコモンウェルス――イギリス福祉国家の歴史的源流を求めて」高田実・中野智世編『福祉』(近代ヨーロッパの探求⑮)ミネルヴァ書房, 25-62.
長谷川貴彦, 2013,『イギリス福祉国家の歴史的源流――近世・近代転換期の中間団体』東京大学出版会.
長谷川貴彦, 2015,「メイクシフト・エコノミー論の射程――『福祉』への全体史的アプローチ」『歴史と経済』57(2): 33-9.
旗田巍, 1973,『中国村落と共同体理論』岩波書店.
Heater, Derek, 1999, *What is Citizenship?*, Cambridge: Polity Press. (=2002, 田中俊朗・関根政美訳『市民権とは何か』岩波書店)
平野寛弥, 2012,「社会政策における互酬性の批判的検討――新たな社会構想としての『多様な互酬性』の可能性」『社会学評論』63(2): 239-55.
平田東助, 1900,『産業組合要義』平田東助.
平田東助, 1908,「仏造つて魂を入れる」『産業組合』37: 6-8.

平田東助・杉山孝平, [1891] 1977, 「信用組合論」近藤康男編『信用組合・産業組合論集』(明治大正農政経済名著集 4) 農山漁村文化協会, 43-178.

廣澤孝之, 2005a, 『フランス「福祉国家」体制の形成』法律文化社.

廣澤孝之, 2005b, 「フランス第三共和政期における共済組合運動の展開」『松山大学論集』17(5), 271-92.

洪蘭友, [1944] 1984, 「社会救済法的立法精神」秦孝儀編『革命文献第 99 輯・抗戦建国史料──社会建設 (四)』中央文物供応社, 56-9.

品治佑吉, 2016, 「戸田貞三における集団概念と社会認識──戸田社会学の歴史的再定位にむけて」『社会学史研究』38: 79-94.

堀越芳昭, 2016, 「柳田国男の産業組合・消費組合関連文献──その書誌的考察」『研究年報社会科学研究』36: 63-83.

星斌夫, 1985, 『中国社会福祉政策の研究』国書出版会.

寶劔久俊, 2017, 『産業化する中国農業──食料問題からアグリビジネスへ』名古屋大学出版会.

黄鳳華編, 1922, 『北京国際統一救災総会報告書』北京国際統一救災総会.

胡適, 1933, 「従農村救済談到無為的政治」『独立評論』49: 2-6.

一圓光彌, 2014, 「解説:ベヴァリッジ報告の意義」一圓監訳『ベヴァリッジ報告──社会保険および関連サービス』法律文化社, 273-91.

一木喜徳郎, 1907, 「自治制と報徳」『斯民』3(4): 31-8.

飯塚靖, 2005, 『中国国民政府と農村社会──農業金融・合作社政策の展開』汲古書院.

飯塚靖, 2011, 「民国後期中国の合作社政策と地域社会」『農業史研究』45: 29-40.

池本美和子, 1999, 『日本における社会事業の形成──内務行政と連帯思想をめぐって』法律文化社.

今井小の実, 2009, 「方面委員制度とストラスブルク制度──なぜエルバーフェルトだったのか」『Human Welfare: HW』創刊号, 5-18.

井上友一, 1907, 「地方人心の一新」『斯民』2(5): 29-35.

石井知章, 2012, 『中国革命論のパラダイム転換──K. A. ウィットフォーゲルの「アジア的復古」をめぐり』社会評論社.

石井知章・緒形康・鈴木賢編, 2017, 『現代中国と市民社会──普遍的《近代》の可能性』勉誠出版.

石島紀之, 2014, 『中国民衆にとっての日中戦争──飢え, 社会改革, ナショナリズム』研文出版.

石川禎浩, 2001, 『中国共産党成立史』岩波書店.

伊東勇夫,1977,「解題①――総合解題」近藤康男編『信用組合・産業組合論集』（明治大正農政経済名著集 4）農山漁村文化協会,3-22.

伊藤周平,1996,『福祉国家と市民権』法政大学出版局.

Janku, Andrea, 2014, "The Internationalization of Disaster Relief in Early Twentieth-Century China", Mechthild Leutner, Izabella Goikhman ed., *State, Society and Governance in Republican China*, LIT Verlag, 6-28.

季特,1937,『連鎖論』（彭師勤訳）正中書局.

Joppke, Christian, 2010, *Citizenship and Immigration*, Cambridge: Polity Press.（＝ 2013, 遠藤乾ほか訳『軽いシティズンシップ――市民, 外国人, リベラリズムのゆくえ』岩波書店）

亀山俊朗,2013,「シティズンシップの福祉社会学」武川省吾編『公共性の福祉社会学――公正な社会とは』東京大学出版会,103-19.

上村泰裕,2015,『福祉のアジア――国際比較から政策構想へ』名古屋大学出版会.

神吉正三,2006,「協同組織金融機関の『地区』に関する考察」『流経法學』6(1)：A1-A60.

可禰,1910,「組合員の自治心」『産業組合』61：1-2.

川井悟,1983,『華洋義賑会と中国農村』同朋舎.

川合隆男,2004,『近代日本における社会調査の軌跡』恒星社厚生閣.

河村舜應,1933,「方面事務所に関する諸問題（一）」『社会事業』17(7)：61-9.

柯象峰,1933,「達爾徳伝」『社会学刊』3(4)：1-18.

柯象峰,1934,『現代人口問題』正中書局.

柯象峰,1935a,「中国貧窮人口之估計」『新社会科学』1(4)：175-81.

柯象峰,1935b,「中国経済建設之先決問題」『政治評論』156-7：34-41.

柯象峰,1937,『貧窮問題』商務印書館.

柯象峰,1940,「新県制推行中郷鎮組織的検討」『地方自治』1(12-3)：27-30.

柯象峰,1941,「西康紀行」『辺政公論』3-4：177-98.

柯象峰,1942,「我国社会救済事業之検討」『学思』1(12)：306-12.

柯象峰,1944a,「我国社会建設之展望」『社会建設』1(1)：28-34.

柯象峰,1944b,「社会救済法実施之検討」『社会建設』1(2)：14-9.

柯象峰,1944c,「文化大同之展望」『文化先鋒』6(3)：9-11.

柯象峰編,1935,『中国貧窮問題』正中書局.

柯象峰編,1944,『社会救済』正中書局.

菊池一隆,2002,『中国工業合作運動史の研究――抗戦社会経済基盤と国際反ファッショネットワークの形成』汲古書院.

菊池一隆, 2008,『中国初期協同組合史論 1911-1928 ――合作社の起源と初期動態』日本経済評論社.

北原糸子, [1983] 2013,『地震の社会史――安政大地震と民衆』吉川弘文館.

Kivisto, Peter and Thomas Faist, 2007, *Citizenship: Discourse, Theory, and Transnational Prospects*, UK: Blackwell.

小浜正子, 2000,『近代社会の公共性と国家』研文出版.

小浜正子, 2007,「中国史における慈善団体の系譜――明清から現代へ」『歴史学研究』833: 21-30.

小林善文, 1985,『平民教育運動小史』同朋舎.

小島瓔禮, 2012,「『三倉沿革』解題 人間が生きることの探求――『三倉沿革』に寄せて」柳田國男『三倉沿革』(民俗学研究所紀要・第36集別冊) 成城大学民俗学研究所, 391-443.

小松原英太郎, 1911,「産業組合の改善に就いて (新潟県産業組合大会に於ける演説)」『産業組合』74: 2-6.

小峯敦編, 2006,『福祉国家の経済思想――自由と統制の統合』ナカニシヤ出版.

小峯敦編, 2007,『ベヴァリッジの経済思想――ケインズたちとの交流』昭和堂.

小峯敦編, 2010,『福祉の経済思想家たち (増補改訂版)』ナカニシヤ出版.

河野正, 2015,「高級農業生産合作社の成立と瓦解――河北省を中心に」『史学雑誌』124(4): 1-37.

小関信行, 1985,『五四時期のジャーナリズム』同朋舎.

久保亨, 2002,「興亜院の中国実態調査」本庄比佐子ほか編『興亜院と戦時中国調査』岩波書店, 74-103.

国井通太郎, [1935] 1979,『方面委員の手帳――那珂湊町のある民生活動記』(上・下) 崙書房.

Lachmann, Richard, 2013, *What is Historical Sociology?*, Cambridge: Polity Press.

Lewis, Jane, 1991, "The place of social investigation, social theory and social work in the approach to late Victorian and Edwardian social problems: the case of Beatrice Webb and Helen Bosanquet", Martin Bulmer et al. ed., *The Social Survey in Historical Perspective*, Cambridge: Cambridge University Press, 148-69.

梁其姿, 1997,『施善与教化――明清時期的慈善組織』聯經出版事業.

梁漱溟, [1921] 2005,「東西文化及其哲学」『梁漱溟全集 第一巻』山東人文出版社, 319-547.

梁漱溟, [1937] 2005,「郷村建設理論」『梁漱溟全集 第二巻』山東人民出版

社,143-572.(= 2000,池田篤紀・長谷部茂訳『郷村建設理論』農山漁村文化協会)

李景漢,1927a,「中国社会調査運動」『社会学界』1: 79-100.

李景漢,1927b,「中国農村経済合作社之発展」『合作訊』20: 2-4頁.

李景漢,1927c,「農村調査運動」『第二次合作講習会彙刊』中国華洋義賑救災総会,31-39.

李景漢,1929,『北平郊外之郷村家庭』商務印書館.

李景漢,1930,「住在農村従事社会調査所得的印象」『社会学界』4: 1-14.

李景漢,1933,『実地社会調査方法』星雲堂書店.

李景漢,1935a,「深入民間的一些経験与感想(上)」『独立評論』179: 8-12.

李景漢,1935b,「深入民間的一些経験与感想(下)」『独立評論』181: 12-6.

李景漢,1936,「中国農村金融与農村合作問題」『東方雑誌』33(7): 13-24.

李景漢,1937,『中国農村問題』商務印書館.

李景漢編,1933,『定県社会概況調査』中華平民教育促進会.

李金錚,2014,『伝統与変遷——近代華北郷村的経済与社会』人民出版社.

李培林,2008,「中国社会学的生産」李培林・李強・馬戎主編『社会学与中国社会』社会学文献出版社,23-56.

李列,2006,「"施教"与"治夷":民国時期涼山彝区考察報告研究——以四川省政府辺区施教団考察報告」『西南民族大学学報』180(8): 21-5.

Li, Lillian M., 2007, *Fighting Famine in North China: state, market and environmental decline, 1690s-1990s*, Stanford: Stanford University Press.

劉紀栄,2015,『合作運動与郷村社会変遷—— 20世紀二三十年代河北農村合作運動研究』中国社会科学出版社.

劉悦斌,2013,「民国時期社会福利政策論略」王衛平・趙暁陽編『近代中国的社会保障与区域社会』社会科学文献出版社,58-69.

李文海他,1993,『近代中国災荒紀年続編』湖南教育出版社.

李文海他,1994,『中国近代十大災荒』,上海人民出版社.

李章鵬,2008,「社会調査与社会学的中国化——以1922〜1937年燕京大学社会学学系為例的研究」黄興涛・夏明方主編『清末民国社会調査与現代社会科学的興起』福建教育出版社,47-91.

李宗黄,1941,「新県制与社会救卹」『地方自治半月刊』1(20-1): 4-8.

呂芳上,1994,『従学生運動到運動学生——民国八年至十八年』中央研究院近代史研究所.

Luhmann, Niklas, 1964, *Funktionen und Folgen formaler Organisation*,

Duncker & Humblot.(= 1992, 沢谷豊ほか訳『公式組織の機能とその派生的問題(上)』新泉社)

羅家倫, 1920,「一年来我們学生運動底成功失敗和将来応取的方針」『新潮』2(4): 846-61.

呂文浩, 2008,「重審社会学史上的社会調査派」黄興濤・夏明方主編『清末民国社会調査与現代社会科学的興起』福建教育出版社, 92-131.

呂文浩, 2018,「被遮蔽的光彩——李景漢与中国近代人口調査研究」『清華大学学報(哲学社会科学版)』33(5): 140-50.

陸遠, 2017,「柯象峰与20世紀中国社会学——《柯象峰文集》編者序」『柯象峰文集』社会科学文献出版社, 1-15.

馬必寧, [1939]2004,「成都市慈善機関調査」李文海主編『民国時期社会調査叢編』福建教育出版社, 236-75.

Mallory, Walter H., 1928, *China: Land of Famine*, second printing, New York: American Geographical Society.

Mann, Michael, 1987, "Ruling Class and Citizenship", *Sociology*, 21: 339-54.

Mann, Michael, 1993, *The Sources of Social Power Vol. 2: The Rise of Classes and Nation-Sates, 1760-1914*, Cambridge: Cambridge University Press. (= 2005, 森本醇, 君塚直隆訳『階級と国民国家の「長い19世紀」』NTT出版)

Mann, Michael, 2012, *The Sources of Social Power Vol. 3: Global Empires and Revolution, 1890-1945*, Cambridge: Cambridge University Press.

Marshall, Thomas H., [1950]1992, "Citizenship and Social Class", Marshall and Tom Bottomore, *Citizenship and Social Class*, London: Pluto Press. (= 1993, 中村健吾訳「シティズンシップと社会的階級」岩崎信彦・中村健吾訳『シティズンシップと社会的階級』法律文化社, 3-130)

Marshall, Thomas H., 1963, *Sociology at the Crossroads and other essays*, London: Heinemann.(= 1998, 岡田藤太郎ほか訳『社会学・社会福祉学論集——「市民資格と社会階級他」』相川書房)

丸田孝志, 2005,「時と権力——中国共産党根拠地の記念日活動と新暦・農暦の時間(Ⅰ・Ⅱ)」『社会システム研究』10-11: 27-46, 57-73.

松本由美, 2014,「フランス——漸進的な工業化を背景とした社会保障制度の創設」田多英範編『世界はなぜ社会保障制度を創ったのか』ミネルヴァ書房.

松尾浩一郎, 2015,『日本において都市社会学はどう形成されてきたか——社会調査史で読み解く学問の誕生』ミネルヴァ書房.

松崎蔵之助, 1916,『訂正増補・農業と産業組合』有斐閣.

Mauss, Marcel, 1925, *Essais sur le don: forme et raison de l'échange dans les sociétés archaïque*, L'Anne Sociologiques, nouvelle serie, 1.（＝吉田禎吾・江川純一訳『贈与論』筑摩書房）

南裕子，1995,「中国農村の社会学的研究についての一考察──清水盛光と福武直の比較から」『日中社会学研究』3: 16-30.

三品英憲，2010,「近代華北村落における社会関係と面子──『中国農村慣行調査』の分析を通して」『歴史学研究』870: 1-19,61.

三品英憲，2017a,「近現代中国の国家・社会関係と民意──毛沢東期を中心に」『中国の国家体制をどうみるか──伝統と近代』汲古書院，275-315.

三品英憲，2017b,「華北農村社会と基層幹部──戦後内戦期の土地改革運動」笹川裕史編『戦時秩序の巣喰う「声」──日中戦争・国共内戦・朝鮮戦争と中国社会』創土社，85-120.

宮内洋・好井裕明編，2010,『〈当事者〉をめぐる社会学──調査での出会いを通して』北大路書房.

水羽信男，2006,「1940 年代における中国の自由への道──王贛愚の思想をめぐって」『近きに在りて』49: 82-93.

水羽信男，2007,「王贛愚の民主主義思想──『自由論』を中心として」『中国──社会と文化』22: 203-16.

村岡範男，1997,『ドイツ農村信用組合の成立──ライファイゼン・システムの軌跡』日本経済評論社.

村田雄二郎，2012,「思想史」岡本隆司・吉澤誠一郎編『近代中国研究入門』東京大学出版会，203-32.

Najita, Tetsuo, 2009, *Ordinary Economics in Japan: a Historical Perspective, 1750-1950*, The University of California Press.（=2015, 五十嵐暁郎監訳『相互扶助の経済──無尽講・報徳の民衆思想史』みすず書房）

中倉智徳，2011,『ガブリエル・タルド──贈与とアソシアシオンの体制へ』洛北出版.

中倉智徳，2014,「イノベーション論の批判的検討にむけて──発明の社会学からイノベーション・プロセスの経済学へ」大谷通高・村上慎司 編『生存をめぐる規範──オルタナティブな秩序と関係性の生成に向けて』（生存学研究センター報告 21），239-65.

中村寛澄，1933,「方面委員精神即人間道」『社会事業』17(7)：83-6.

中村健吾，2012,「テーマ別研究動向（シティズンシップ）」『社会学評論』63(1)：138-49.

並松信久，2012,『近代日本の農業政策論──地域の自立を唱えた先人たち』昭

和堂.

並松信久, 2015,「平田東助と社会政策の展開——制度設計の課題」『京都産業大学論集 社会科学系列』32: 47-83.

仁平典宏, 2011,『「ボランティア」の誕生と終焉——〈贈与のパラドックス〉の知識社会学』名古屋大学出版会.

西垣恒矩, 1913,「大正の産業組合」『産業組合』88: 9-11.

西谷紀子, 2003,「長野朗の 1920 年代における中国認識」『大東法政論集』11: 81-109.

西沢保・小峯敦編, 2013,『創設期の厚生経済学と福祉国家』ミネルヴァ書房.

尾玉剛士, 2010,「フランスにおける福祉国家の再編——労使自治の衰退と国家の優越」『ソシオロゴス』34: 65-84.

小河滋次郎, 1912,『社会問題救恤十訓』北文館.

小河滋次郎, 1924,『社会事業と方面委員制度』巌松堂書店.

岡野八代, 2003,『シティズンシップの政治学——国民・国家主義批判』白澤社.

奥村哲・笹川裕史, 2007,『銃後の中国社会——日中戦争下の総動員と農村』岩波書店.

重田園江, 2010,『連帯の哲学Ⅰ——フランス社会連帯主義』勁草書房.

大江平和, 2017,「北平市社会局の成立と慈善事業のゆくえ——香山慈幼院と龍泉孤児院への監督・指導に着目して」『中国研究月報』71(7): 16-34.

大沢真理, 1986,『イギリス社会政策史——救貧法と福祉国家』東京大学出版会.

大沢真理, 2013,『生活保障のガバナンス——ジェンダーとお金の流れで読み解く』有斐閣.

大友昌子, 2007,『帝国日本の植民地社会事業政策研究——台湾・朝鮮』ミネルヴァ書房.

Oppenheimer, Melanie and Nicholas Deakin ed., 2011, *Beveridge and Voluntary Action in Britain and the Wider British World*, Manchester University Press.

王朝才, 1988,「中華人民共和国成立前における農村地域の互助・合作運動」『農林業問題研究 24(1), 35-43.

欧陽恩良主編, 2011,『天災・人禍・善行——喀斯特環境下民国貴州経済発展諸問題研究』中国社会科学出版社.

小関正道, 1933,「方面委員の精神と態度に就いて斯く考える」『社会事業』17(7): 75-7.

Peking United International Famine Relief Committee, 1922, *The North*

China Famine of 1920-1921, with special reference to the West Chihli Area: Being the Report of the Peking United International Famine Relief Committee, Peking: Commercial Press Works.

Pendenza, Massimo, 2014, "Introduction: Is Classical Sociology Still in Vogue?: A Controversial Legacy", Massimo Pendenza ed., *Classical Sociology beyond Methodological Nationalism*, Brill Academic Pub, 1-20.

龐紹堂, 2005, 「関注民主——柯象峰先生的学術主旨」『学海』2: 163-7.

彭師勤, 1933, 「季特評伝」『合作月刊』5(7-8): 1-20.

彭秀良・郝文忠編, 2013, 『民国時期社会法規彙編』河北教育出版社.

Pestoff, Victor A., 2009, *A Democratic Architecture for the Welfare State: Studies in the Management of Voluntary and Non-profit Organizations*, London and New York: Routledge.

Polanyi, Karl, 1944, *The Great Transformation*, New York: Farrar & Rinehart. (= 2009, 野口建彦・栖原学訳『大転換——市場社会の形成と崩壊』東洋経済新報社)

任雲蘭, 2007, 『近代天津的慈善与社会救済』天津人民出版社.

李妍焱, 2017, 『下から構築される中国——「中国的市民社会」のリアリティ』明石書店.

Rosanvallon, Pierre, 1995, *La Nouvelle Question Sociale: Repenser l'État-Providence*, Éditions du Seuil. (=2006, 北垣徹訳『連帯の新たなる哲学——福祉国家論再考』勁草書房.

齋藤道彦, 1986, 「『五・四』北京学生運動断面」中央大学人文科学研究所編『五・四運動史像の再検討』中央大学出版部, 153-215.

佐久間寛, 2011, 「交換, 所有, 生産——『贈与論』と同時代の経済思想」モース研究会『マルセル・モースの世界』平凡社, 181-212.

桜井厚, 2003, 「社会調査の困難——問題の所在をめぐって」『社会学評論』53(4): 452-70.

産業組合史編纂会, 1965, 『産業組合発達史・第1巻』産業組合史刊行会.

笹川裕史, 2002, 『中華民国期農村土地行政史の研究』汲古書院.

笹川裕史, 2010, 「1949年革命前夜中国における『民意』のゆくえ——四川省の民意機関を素材に」『現代中国』84: 51-62.

笹川裕史, 2011, 『中華人民共和国誕生の社会史』講談社.

笹川裕史, 2013, 「戦後中国における兵士と社会」奥村哲編『変革期の基層社会——総力戦と中国・日本』創土社, 63-91.

Sassen, Saskia, 2011, *Territory, Authority, Rights: from Medieval to Global*

Assemblages, Princeton: Princeton University Press.（＝ 2011, 伊藤茂訳『領土・権威・諸権利——グローバリゼーション・スタディーズの現在』明石書店）

佐藤寛次・山本謙治, 1912,『産業組合の経営』成美堂.

佐藤健二, 2001,『歴史社会学の作法——戦後社会科学批判』岩波書店.

佐藤健二, 2011,『社会調査史のリテラシー——方法を読む社会学的想像力』新曜社.

佐藤成基, 2009,「国家／社会／ネーション——方法論的ナショナリズムを超えて」佐藤編『ナショナリズムとトランスナショナリズム』法政大学出版局, 1-31.

佐藤成基, 2014,『国家の社会学』青弓社.

社会調査協会編, 2014,『社会調査事典』丸善出版.

尚丁, 1945,「就社会現求実現民主応先挙辦之事——本刊第十二次座談」『憲政月刊』16: 19-21.

上海市社会局, 1930,『上海市社会局業務報告（第 4-5 期）』.

社会調査所編, 1933,『社会調査所概況（参加芝加哥博覧会特刊）』社会調査所出版社.

社会局社会部編, 1928,『本邦社会事業概況』社会局社会部.

社会部統計処, 1943,『社会調査与統計（第 3 期）』.

芝田秀幹, 2006,『イギリス理想主義の政治思想——バーナード・ボザンケの政治理論』芦書房.

芝田秀幹, 2013,『ボザンケと現代政治理論——多元的国家論, 新自由主義, コミュニタリアニズム』芦書房.

清水盛光, 1939,『支那社会の研究——社会学的考察』岩波書店.

清水盛光,［1948］1951,「福武直著『中国村落の社会生活』」福武直『増補版・中国農村社会の構造』有斐閣, 48-51.

清水盛光, 1951,『中國郷村社会論』岩波書店.

沈潔, 1996,『「満州国」社会事業史』ミネルヴァ書房.

沈潔, 2011,「社会事業の近代化をめぐる東アジア地域の衝突と交流—— 1920 年代〜 40 年代を中心に」『社会福祉』52: 97-109.

沈潔, 2014,『中国の社会福祉改革は何を目指そうとしているのか——社会主義・資本主義の調和』ミネルヴァ書房.

沈潔・澤田ゆかり編, 2016,『ポスト改革期の中国社会保障どうなるのか——選別主義から普遍主義への転換の中で』ミネルヴァ書房.

首藤明和, 2014,「中国の社会調査」社会調査協会編『社会調査事典』丸善出

版,708-9.
Solnit, Rebecca, 2009, *A Paradise Built in Hell: the extraordinary communities that arise in disaster*, Viking.(= 2010, 高月園子訳『災害ユートピア——なぜその時特別な共同体が立ち上がるのか』亜紀書房)
Somers, Margaret R., 2008, *Genealogies of Citizenship: Markets, Statelessness, and the Right to Have Rights*, Cambridge: Cambridge University Press.
杉野昭博, 2011,「日本におけるソーシャルワーク」平岡公一ほか編『社会福祉学』有斐閣, 59-78.
杉田菜穂, 2010,『人口・家族・生命と社会政策——日本の経験』法律文化社.
孫本文, 1929,『社会変遷』世界書局.
孫本文, 1934,「孫序【柯象峰先生現代人口問題序】」柯象峰『現代人口問題』正中書局.
孫本文, 1935 [1946],『社会学原理』商務印書館.
孫善根, 2007,『民国時期寧波慈善事業研究(1912-1936)』人民出版社.
田多英範編, 2014,『世界はなぜ社会保障制度を創ったのか』ミネルヴァ書房.
田子一民, 1922,『社会事業』帝国地方行政学会.
田原史起, 2004,『中国農村の権力構造——建国初期のエリート再編』御茶の水書房.
田原史起, 2008,『二十世紀中国の革命と農村』山川出版社.
高田実・中野智世編, 2012,『福祉』(ヨーロッパ近代の探求⑮)ミネルヴァ書房.
高橋孝助, 2006,『飢饉と救済の社会史』青木書店.
高岡裕之, 2013,「近現代日本の地域医療と岩手の医療保健運動」大門正克ほか編『「生存」の東北史』大月書店, 150-85.
武田尚子, 2014,『20世紀イギリスの都市労働者と生活——ロウントリーの貧困研究と調査の軌跡』ミネルヴァ書房.
武川正吾, 2007,『連帯と承認——グローバル化と個人化のなかの福祉国家』東京大学出版会.
田中拓道, 2006,『貧困と共和国——社会的連帯の誕生』人文書院.
田中拓道, 2011,「脱商品化とシティズンシップ——福祉国家の一般理論のために」『思想』1043: 145-63.
田中拓道, 2012,「公と民の対抗から協調へ—— 19世紀フランスの福祉史」高田実・中野智世編『福祉』(ヨーロッパ近代の探求⑮)ミネルヴァ書房, 115-49.

田中拓道, 2017, 『福祉政治史――格差に抗するデモクラシー』勁草書房.
唐鈞, 2017, 「如何理解"精准救助"」林閩鋼主編『社会救助理論与政策比較』人民出版社, 10-7.
陶孟和, 1918, 「社会調査」『新青年』4(3)：221-4.
陶孟和, 1920, 「貧窮与人口問題」『新青年』7(4)：1-10.
樽本英樹, 2012, 『国際移民と市民権ガバナンス――日英比較の国際社会学』ミネルヴァ書房.
Taylor-Gooby, Peter, 2009, *Reframing Social Citizenship*, Oxford: Oxford University Press.
寺脇隆夫, 2007, 『救護法施行・成立関係資料集成』ドメス出版.
田彩鳳, 1995, 「李景漢」賀崇鈴主編『清華人物志（三）』清華大学出版社, 93-8.
Tilly, Charles, 1998, "Where Do Rights Come From?", Theda Skocpol ed., *Democracy, Revolution, and History*, Ithaca, N.Y.: Cornell University Press, 55-72.
戸田貞三, 1926, 「社会政策と連帯責任」『社会政策時報』68：1-23.
戸田貞三, 1931, 『社会政策』台湾社会事業協会.
戸田貞三, 1933, 『社会調査』時潮社.
冨江直子, 2007, 『救貧のなかの日本近代――生存の義務』ミネルヴァ書房.
東亜同文会編, 1907, 『支那経済全書 第一輯』丸善株式会社.
東亜同文書院研究部, 1921, 『北支那飢饉救済の調査』東亜同文書院研究部.
筒井清忠, 2011, 『帝都復興の時代――関東大震災以降』中央公論新社.
内山雅生, 2003, 『現代中国農村と「共同体」――転換期中国華北農村における社会構造と農民』御茶の水書房.
内山雅生, 2014, 「戦時期日本の中国研究と華北」本庄比佐子ほか編『華北の発見』汲古書院, 177-200.
梅垣宏嗣, 2010, 「ベヴァリッジによる『自由社会のための計画化』の変容――『友愛組合活用論』から『ヴォランタリー活動促進論』へ」『社會經濟史學』75(6)：607-627.
牛島史彦, 2011, 『〈農村と国民〉柳田國男の国民農業論』農山漁村文化協会.
王大任, 2008, 「近代中国人口調査的現代化過程与方法論演進」黄興涛・夏明方主編『清末民国社会調査与現代社会科学的興起』福建教育出版社, 132-190.
汪華, 2013, 『慈恵与規控――近代上海的社会保障与官民互動』上海世紀出版集団.

王娟, 2010, 『近代北京慈善事業研究』人民出版社.
王林, 2012, 『山東近代救済史』齊魯書社.
Webb, Beatrice and Sidney Webb, 1932, *Methods of Social Study*, London: Longmans, Green.（＝ 1982, 川喜多喬訳『社会調査の方法』東京大学出版会）
魏文亨, 2013, 「第一次全国行政会議述論」『中国経済与社会史評論』242-67.
文姚麗, 2014, 『民国時期救災思想研究』人民出版社.
呉景超, 1929, 『都市社会学』世界書局.
呉景超, ［1936］2008, 『第四種国家的出路──呉景超文集』商務印書館.
向常水, 2015, 『民国北京政府時期湖南慈善救済事業研究』人民出版社.
宣朝慶, 2011, 「地方精英与農村社会重建──定県実験中的士紳与平教会衝突」『社会学研究』4: 1-14.
薛仙舟, ［1927］1980, 「全国合作化方案」中国国民党党中央委員会党史委員会編『革命文獻 第 84 輯』中国国民党党中央委員会, 241-55.
薛毅, 2008, 『中国華洋義賑救災総会研究』武漢大学出版社.
徐友春主編, 1991, 『民国人物大辞典』河北人民出版社.
藪長千乃, 2015, 「普遍的福祉国家とソーシャル・キャピタル」坪郷實編『ソーシャル・キャピタル（福祉＋α⑦）』ミネルヴァ書房, 164-76.
山本真, 2002, 「1930 年代前半, 河北省定県における県行政制度改革と民衆組織化の試み」『歴史学研究』763: 17-33, 62.
山本真, 2008, 「福建省における国民政府の統治と地域社会──龍巌県での保甲制度・土地整理事業・合作社を中心として」『社会経済史学』74(2): 3-23.
山崎巌, 1931, 『救貧法制要義』良書普及会.
柳田國男, ［1900］2012, 『三倉沿革』(民俗学研究所紀要・第 36 集別冊) 成城大学民俗学研究所.
柳田國男, ［1902］1999, 「産業組合」『柳田國男全集 第 1 巻』筑摩書房, 3-134.
柳田國男, ［1910］1997, 「時代ト農政」『柳田國男全集 第 2 巻』筑摩書房, 229-386.
柳田國男, 1916, 「産業組合対社会」『産業組合』134: 1-14.
柳田國男, ［1929］1998, 「都市と農村」『柳田國男全集 第 4 巻』筑摩書房, 175-324.
柳田國男, 1933, 「農村生活と産業組合」『産業組合』336: 2-15.
楊琪, 2009, 『民国時期的減災研究』斉魯書社.
楊瑞六, 1920, 「饑饉之根本救済法」『東方雑誌』17(19): 9-15.
閻明, 2010, 『中国社会学史──一門学科与一個時代』清華大学出版社.

矢野聡, 2012,「イギリス救貧法における right to relief の形成について――新救貧法の成立まで」『日本法学』78(2): 27-54.
矢野聡, 2013,「一八三四年イギリス新救貧法再考」『政経研究』49 (3): 797-819.
閻書欽, 2013,「移植与融会――民国時期社会学理論体系構建的美国学術淵源」『清華大学学報（哲学社会科学版）』28(2): 76-85.
言心哲, 1933,『社会調査大綱』中華書局.
言心哲, 1934,「社会調査与中国社会建設」『社会学界』4(3): 1-8.
言心哲, 1944,『現代社会事業』商務印書館.
伊仲材編述,［1925］1968,『翟城村志』成文出版社.
吉澤誠一郎, 2006,「五四運動から読み解く現代中国――ラナ・ミッター『五四運動の残響』を手がかりに」『思想』1061: 147-59.
岳宗福, 2006,『近代中国社会保障立法研究（1912-1949）』斉魯書社.
于樹徳,［1920］1923,「農荒予防与産業協済会」『農荒予防策』商務印書館, 1-45.
于樹徳,［1921］1923,「我国古代之農荒予防策――常平倉義倉和社倉」『農荒予防策』商務印書館, 47-95.
于樹徳, 1921,『信用合作社経営論』上海中華書局.
于樹徳, 1926,『合作社之理論与経営』国光書店.
于樹徳, 1929,『合作社之理論与経営』上海中華書局.
于樹徳, 1933,「本会農村合作事業之鳥瞰」『合作訊』百期特刊, 5-12.
于樹徳, 1934a,『合作講義』中国合作社.
于樹徳, 1934b,「中国華洋義賑救災総会合作運動之現状及将来」『合作訊』104: 9-12.
于樹徳, 1935,「中国合作社之進展」『東方雑誌』32(1): 23-5.
余太興, 2011,「抗戦時期貴州慈善事業」欧陽恩良主編『天災・人禍・善行――喀斯特環境下民国貴州経済発展諸問題研究』中国社会科学出版社, 271-315.
余天休, 1922,「中国社会学家之目的与責任」『社会学雑誌』1(1): 1-2.
虞振鏞, 1928,「因一個不幸的経験再来警告大家」『合作訊』37: 1-2.
張宏卿, 2012,『農民性格与中共式的郷村動員模式――以中央蘇区為中心的考察』中国社会科学出版社.
張鏡予編, 1930,『中国農村信用合作運動』商務印書館.
張曼茵, 2010,『中国近代合作化思想研究』上海世紀出版集団.
張英洪, 2013,『農民, 公民権与国家―― 1949-2009 年的湘西農村』中央編訳

出版社.
章元善, 1936,「中国合作実際問題」(陳以静記)『郷村建設』6(1): 1-4.
章元善, 1939,「于樹徳著合作講義序」『合作文存』中国合作図書出版社, 1-2.
章元善・于樹徳, 1935,「中国華洋義賑救災総会的水利道路工程及農業合作事業報告」章元善・許仕廉編『郷村建設実験第二集』中華書局, 127-66.
趙承信, 1936,「社会調査与社区研究」『社会学界』9: 150-205.
趙泉民, 2007,『政府・合作社・郷村社会——国民政府農村合作研究』上海社会科学出版社.
中国国民党党中央委員会党史委員会編, 1980a,『革命文獻 第 84 輯』中国国民党党中央委員会.
中国国民党党中央委員会党史委員会編, 1980b,『革命文獻 第 85 輯』中国国民党党中央委員会.
中国国民党中央執行委員会農民部編, 1926,『農民合作概論』.
中国華洋義賑救災総会, 1926,『第一次合作講習会彙刊』中国華洋義賑救災総会.
中国華洋義賑救災総会編, 1933,『合作講習会講義集』中国華洋義賑救災総会.
中国人名大詞典編集委員会編, 1992,『中国人名大詞典』上海辞書出版社.
周建卿編, 1992,『中華社会福利法制史』黎明文化事業股份.
周秋光編, 2010,『近代中国慈善論稿』人民出版社.
朱滸, 2008,「"丁戊奇荒"対江南的衝撃及及地方社会之反応——兼論光緒二年江南士紳蘇北賑済行動的性質」『社会科学研究』1: 129-39.
鄒干江, 2015,『呉景超社会思想研究』中国伝媒大学出版社.
鄒樹文, 1933,「皖贛農賑工作抽象之叙述」『合作訊』百期特刊, 28-31.

あとがき

　本書は，この4〜5年の間に発表した論文（毟山 2015a, 2015b, 2015c, 2016, 2017a, 2017b, 2019）が基になっている。論旨は基本的に変更していないが，一冊にまとめる際に，内容の重複がなるべく生じないように文章を組み替えている。また，論文の時は紹介し切れなかった文献・資料を適宜加筆している。

　筆者は博士論文を書き上げるまでナショナリズムの歴史社会学的な研究をテーマとしていたが，「ネーション」の下に人々を連帯させている力が何であるのかについて，むしろ研究する前よりもわからなさが増えていると感じるようになっていた。それまで研究上の大きな仮想敵であった国民国家論も，気が付くと社会学や歴史研究における影響力はなくなっていた。そこでいったんナショナリズムを離れて，人々の間の互助や連帯の問題により直接的に関連するテーマを扱いたいと思い，救貧や社会政策の思想をテーマにした研究に取り組んでいくことになった。

　少しずつ文献・資料を集めて手探り状態で読みはじめた頃，筆者に強い印象を与えたのは，既存の慈善救済事業に対する執拗とも言える否定的な記述であった。研究当初の，伝統的な慈善事業や地域社会の相互扶助の果たしていた役割に対する筆者の甘い期待は，たちまちのうちに崩れ去った。ともかくも貧しい人を救おうとしていた人々や団体が，何故にここまで否定されなければならなかったのかの理由を探ることが，本書の研究における基本的な課題となった。

　于樹徳，李景漢，柯象峰など，本書で中心的に取り上げた人物に

ついて，現代の社会学思想や政治哲学，経済学説に通じている人であれば，その議論の凡庸さと稚拙さを指摘するかもしれない。また彼らは経済学者・社会学者ではあったが，基本的には運動体や政府の要請に応える形で研究を行っており，運動体や政府そのものへの批判には決して向かわなかったという意味で，「御用学者」の側面があったことも否定できない。

しかしだからこそ，彼らは理論的な正論や首尾一貫性に固執することも，既存の政治的・経済的な体制に全ての原因と責任を求めるような態度も許されず，「社会」の抱える現実の問題に真正面から向き合って，その解決のために実践的に取り組まざるを得なかったことも確かである。彼らよりも比較的洗練された，破綻の少ない議論を取り扱うことも不可能ではなかったかもしれないが，筆者にとっては矛盾を抱えた議論の方が研究対象として大きな魅力であった。それは，矛盾した議論の行間の中にこそ，中国において貧窮の問題を解決することの困難と課題が何であったのかを理解するための，重要な手がかりが豊富に存在していたからである。

本書の基本的な問題関心は，学部時代からお世話になっている雨宮昭一先生の総力戦体制論の影響を受けている。また，シティズンシップや国民国家に関する理論は佐藤成基先生から，言葉や思想の中に複雑に織り込まれた社会を読み解くという視点は若林幹夫先生から学んだものである。とくに，雨宮先生と佐藤先生には，お忙しいなか本書の草稿を読んでいただいた。筆者の非力ゆえに，いただいたコメントに対して十分にお応えできなかったことは，深くお詫び申し上げたい。他にも，日中社会保障研究会の沈潔先生の研究は，福祉国家形成史の枠組みに基づく先行研究が皆無に等しい中で，本書を執筆する際の重要な導き手となった。そして，筆者の研究を支えていただいていた，奥山敏雄先生をはじめとする筑波大学社会学

あとがき

研究室の諸先生方にも深く感謝申し上げたい。

　もともとこの研究は出版の予定もなく，とくに具体的な目標も設けていなかった。ところが2015年7月に，湖南省長沙の中南大学で開催された中国社会学会年会で首藤明和先生とお会いした際に，これといった実績もなく中国研究にも不案内な筆者を，中国社会研究叢書の執筆にお誘い下さり，今回の出版の運びとなった。首藤先生の望外の御厚意と，出版を快諾していただいた明石書店には，心からの感謝を申し上げたい。

索　引

【あ】

悪人……………………………119, 120
アメリカ………………………138, 141
アメリカ社会調査運動………………149
晏陽初………………141, 148, 154, 159
イギリス………………… 21-25, 174
以工代賑………………………56, 171
一木喜徳郎……………………………164
稲葉岩吉………………………………211
井上友一………………………………164
以農立国…132, 149, 150, 155, 160, 219
因利協社……………… 106, 125, 153
ウェーバー………………… 42, 226, 231
ウェッブ………………………………129
ウェッブ夫妻……… 23, 131, 132, 150
于樹徳………………35, 52, 65, 81, 102,
　　　　105-127, 217-218, 223, 226, 229
エスノグラフィー……………………156
エスピン－アンデルセン…………… 20
エルバーフェルト制度………………165
燕京大学………81, 133, 136, 138, 140,
　　　　　　　　　　　143, 154, 159
袁世凱………………………… 51, 135
王鑑武………………………… 61, 69
汪大燮………………………………… 56
汪徳耀………………………………… 60
小河滋次郎……………… 165, 167, 185
オグバーン……………………158, 213

【か】

各県行政……………………………… 29

各自為政………175, 177, 180, 183-184,
　　　　　　　　　　　　220, 223
学生………………………… 59, 60, 65
各地方救済院規則………30, 172-173,
　　　　177-178, 181, 185, 187, 194,
　　　　　　　　　201-202, 220
各地方倉儲管理規則…………… 30, 187
笠井信一……………………………… 164
柯象峰………36-37, 126, 157, 176, 180,
　　　186, 189-214, 221, 223, 225, 227
華西壩（華西壩地区）………154, 212
家族主義………………… 196, 206, 212
家族制度（家庭制度）…… 93, 196, 212
合作国家……………………………… 72
合作事業……………… 71, 81-86, 97,
　　　102-103, 105, 122, 152, 218, 229
合作社……… 31, 35, 56, 71-73, 81-82,
　　　84-93, 96-98, 101, 103, 105-107,
　　　116, 118-122, 124, 149, 152-153,
　　　　　　　161, 183, 215-219, 229
『合作社之理論与経営』 ……………118
合作社法…… 30, 87, 97, 102, 152, 229
『合作訊』………82-83, 88-89, 94-95,
　　　　　　　　　　　　101, 217
河北省……………………………45, 231
華北大飢饉…… 34-35, 45-69, 81, 171,
　　　　　　　　　　　194, 215, 216
華洋義賑会（中国華洋義賑救災総会）31,
　　　35, 51, 55-56, 68, 81-82, 84-89,
　　　91-92, 95, 97-98, 100-106, 117-118,
　　　120-124, 127, 143, 152, 154, 183,

194, 216-218, 226, 229, 231
カルプ……………………………… 133
河上肇…………………………… 125
感化救済事業………………… 28, 163-164
監督慈善団体法………… 31, 42, 173, 177,
187, 220
義倉……… 78, 99, 114-115, 126, 153
ギデンズ………………………… 15
ギャンブル………… 133, 140, 142, 159
救護法 29, 161, 168, 178, 185, 186, 220
救済院………… 172-173, 175-177, 179,
186, 197, 204, 220
救済事業………………………… 201
救貧法…………………………… 21-23
協済会…………………………… 114
共済組合……… 25-28, 41, 71, 122, 208
共産党 30, 33, 64, 156, 210, 229, 231
郷紳（士紳）…… 65, 114, 162, 171, 176,
180, 183, 186, 196, 199, 200,
204-205, 208-209, 220
郷村建設…………… 127, 152, 154, 213
協同組合…… 21, 26, 31, 33, 35, 56, 73,
97, 106-107, 122, 204
共同社会…… 16-18, 25, 33, 37, 39-40,
161-162, 182-183, 208, 215, 222,
224-225, 227-228
許仕廉…………………………… 136
金陵女子大学…………………… 198
金陵大学…………………… 191, 198
空白章程………… 82, 87-88, 100, 217
ケースワーク…………………… 206
言心哲………………… 133, 136-138
『現代各国社会救済』……………… 200
興亜院…………………………… 230
高一涵…………………………… 68

孔子…………………………… 153, 181
好人……… 87-92, 96-97, 106, 118-120,
122-123, 200, 217-218, 225
公正士紳…… 91, 181, 187, 200, 209
公正人士…………………… 181, 184
洪蘭友…………………………… 179
国情普査研究所………………… 155
谷正綱…………………… 178, 180
国勢調査………………… 135, 149
国民国家……… 13-19, 38, 46, 65, 115,
149, 161, 194, 222-223, 231
国民政府……… 30, 32, 87, 97, 101-103,
120, 124, 152, 156, 158, 172, 177-178,
187, 194, 198-199, 212-213, 223, 229
国民党………………… 64, 97, 220
呉景超………………… 134, 150, 211
五四運動………… 59-65, 68-69, 216
互酬性……… 72, 98, 109, 111, 119-120,
122-123, 203, 217-218
互助…………………………… 174
胡適………………………… 68, 211, 213
呉文藻…………………………… 134

【さ】
災害体験…… 45, 47, 51, 59, 63-65, 215
災害ユートピア… 51, 55-56, 59, 65, 216
西康省…………………………… 198
笹川裕史………………………… 213
産業協済会………………… 112-113
産業組合…… 29, 35, 71-81, 84, 86-87,
89, 95, 97, 99-100, 106-107, 109,
122, 182, 210, 217-218
産業組合法………………… 74-75, 102
三倉……………………………… 126
三民主義………………………… 223

259

シカゴ学派……………… 130, 134, 137
シカゴ大学……………………… 148
慈善…… 22, 24, 28, 31, 33, 36, 40, 100,
　　126, 161-166, 168-170, 173-175,
　　177-179, 182-184, 201, 220
慈善機関…………………… 196-197
慈善事業…………………… 31-32
慈善組織………………………… 51
慈善組織協会………………… 22, 163
慈善団体… 21, 176, 186-187, 208, 225
『実地社会調査方法』…………144, 149
ジッド………… 26, 202-203, 208, 212
シティズンシップ… 13-19, 25, 29, 32,
　　37-40, 47, 161, 174, 183, 215, 220,
　　222, 228-229
『シティズンシップと社会的階級』17, 20
清水盛光………………………230-231
市民社会………………………… 42
社会学界………………………… 140
社会学者………………………… 199
社会学の中国化…… 135-136, 138, 158
『社会救済』　……… 202, 204, 206, 221
社会救済………… 36-37, 162, 173-174,
　　177-180, 182-183, 189-198,
　　200, 202-203, 206-208, 210, 212, 215,
　　220-221, 223, 226, 229
社会救済法……… 30, 34, 36, 154, 161,
　　178-179, 181, 184-186, 190, 200,
　　202, 210, 212, 220-221, 228-229
社会行政会議……………………155, 178
社会局………………… 29, 166-168, 172
社会事業……… 39, 167,168, 174, 181,
　　208, 230
社会事業法………………………… 170
社会宗教研究所……………134-135

社会政策……………… 19, 98, 198, 224
社会調査…… 35, 36, 68, 129, 135, 140,
　　155-157, 161, 191, 198, 215, 218-219
社会調査運動…………………130, 219
社会調査所………………………… 158
社会調査籌備委員会……………… 134
社会調査部………… 134, 140, 219
社会的経済……………………… 40
社会的権利… 13, 17-19, 36, 40, 45, 65,
　　161, 208, 215, 220, 222
社会的連帯…… 25, 26, 28, 42, 189, 203
社会病理………………………… 211
社会病理学…………… 195, 202, 211
社会部………… 154-155, 178-179, 200,
　　202, 212
社会福利………………………… 178
社会奉仕……………… 136, 167, 208
『社会保険および関連サービス』(『ベヴァリッジ報告』)……… 23, 24, 41, 130
社会連帯…… 26, 29, 36, 161-162, 164,
　　166, 168-170, 179-180, 182-183,
　　185, 189, 203, 207-208, 220, 221
社会連帯主義………… 177, 179, 189,
　　203-204, 206, 220-221, 230
社区研究………… 134-135, 137, 148
社倉…… 35, 78, 99, 113-115, 126-127,
　　217, 226
周恩来……………………107, 118
朱熹（朱子）………………113, 126
儒教……………………………… 206
粥廠……………………………… 50
恤救規則………………………… 28, 163
シュルツ式……………… 73, 99, 109
蒋介石………… 30, 67, 172, 177, 220
章元善………………… 81, 91, 103, 127

260

常平倉·················· 99, 114-115, 126
情面·············· 92-96, 98, 103, 217
ジリン································· 211
賑款大会····················· 57-58
新県制·············· 198-199, 209-210
人材······· 89, 101, 113, 141, 180-181,
　　183-184, 193, 197-200, 204-205,
　　208, 213, 221-223, 225
紳士································· 117
人治········ 180-181, 182, 184, 186,
　　205, 207, 222, 228
人治主義·········· 204-207, 222-223
人治的多数政治··············227-228
『新青年』······························ 194
新文化運動··········· 60, 64, 66, 68, 194
『申報』······························ 52, 56
『晨報』················ 52-53, 59, 68
賑務処························· 50, 67
信用合作社························· 108
『信用合作社経営論』·········· 107, 109,
　　110, 118, 125-126
信用組合··············· 74-77, 79, 100
信用組合法···························· 73
スコチポル·························· 42
スプリングフィールド調査············ 130
成員資格·········35, 86-88, 95-96, 102
成員役割·························86, 88
清華学校····························· 133
清華大学···················· 141, 154, 198
西南聯合大学························ 154
薛仙舟··························107, 125
戦時体制······················199, 209
村治··································· 125
孫文·····························152, 223
孫本文·········133, 136, 178, 191, 193,
　　210-211, 213

【た】
『大公報』························ 52, 65
大同································· 212
田子一民·······················166-167
タルド············ 27, 36, 41, 191-193,
　　208, 213, 221
地方人士················ 117, 218, 223
中央社会事業協会············166, 175
中華民国········ 11, 30, 54, 65, 115, 135,
　　216, 223
『中国救荒史』························ 32, 45
中国社会学社······················ 212
中国社会調査運動···················· 140
『中国農村慣行調査』（中国農村慣行調
　　査）············ 103, 226, 230
『中国貧窮問題』·········· 176-177, 190,
　　194-195, 197, 202, 211-212, 221
趙承信·························148-149
陳達····················· 133, 155, 157
陳独秀···························· 63, 64
陳溥賢（淵泉）························· 68
陳凌雲·························174, 200
定県···101, 141, 143-145, 150, 152-154
『定県社会概況調査』············ 125, 137,
　　142-143, 148, 153, 160, 219
翟城村······ 106, 124, 141-143, 153, 160
ディトマー······························ 133
丁戊奇荒······························ 45, 46
テイラー···················· 81, 143, 195
ティリー······················· 14-15, 42
デュルケーム·············· 27, 143, 231
鄧拓（雲特）················ 31, 45, 126
『東方雑誌』······ 54, 110, 113, 153, 217

陶孟和………… 68, 133-134, 150, 157, 194-195
篤志家(者)… 28, 80, 96, 162-165, 169, 181-183, 189, 220
土豪劣紳……91-92, 113, 117, 119, 121, 200, 209-210, 213, 223-225
戸田貞三……… 130, 158, 224-225, 230

【な】
内務省………………………… 29, 167
内務部………………………………… 172
長野朗………………………………… 211
ナショナリズム…… 51, 52-53, 149, 216
南京国民政府………………………… 220
日中戦争……… 154, 156, 207, 210, 220
仁平典宏…………………………… 184
人情……… 93, 144, 146-147, 155-156, 219, 223
ネーション………………………… 16
農村信用合作社章程………… 81, 216
農利股……………………………82, 88

【は】
パーク………………………134, 150
バージェス………………………… 133
パーソンズ………………………… 231
バック……………………………… 195
バックリン………………………… 133
ばらばらの砂(一盤散沙)… 32, 90, 103, 123, 154-155, 160, 213, 219, 223, 226
ハリソン…………………………… 130
備荒貯蓄制度……… 115, 126, 153, 187
費孝通………………… 134, 138, 226
平田東助……………… 73, 76, 99, 126
ブース……………… 23, 129-130, 149

福祉国家………… 11, 13, 15, 17, 19-20, 22, 25, 28, 40-41, 71-72, 95, 122, 150, 210
福祉国家体制………………………… 19
福祉複合体…………………… 21, 22, 95
福武直………………… 138, 226, 230
フランス………… 13-16, 21, 25-29, 33, 36, 41-42, 71
不良分子…… 87-92, 89-92, 96, 98, 106, 217, 223, 225
ブルーベイカー…………… 15-16, 19
ブルジョワ…………………… 26, 203
平教会(中華平民教育促進会)… 137, 141-142, 145, 148, 154, 159, 219
米迪剛………………………… 141, 153
平民教育運動………………………… 159
ベヴァリッジ……………… 23-24, 41, 150
北京学生聯合会…………………… 59-60
北京国際統一救災総会…………… 56
北京社会調査社………… 134, 138, 140
北京政府…………………………… 97
北京大学……………………… 154, 198
ベンディクス…………… 13-14, 38, 42
彭師勤……………………………… 212
報徳社…………74, 78-79, 96, 99-100
方法論的ナショナリズム…………… 226
方面委員… 29, 165-169, 181, 184, 230
方面委員制度……… 164-167, 169-170, 183-184, 230
方面委員令………………………… 170
北平社会調査所…………………… 135
ボザンケ夫妻…………………… 22, 41

【ま】
マーシャル(T. H. マーシャル) 12-13,

　　　　　14-15, 18-20, 25, 37, 39, 40, 222
マン……………………………… 14, 17
民政司…………………………… 172
無限責任………………………… 102
無限責任原則……………………　85
無限連帯責任……………………　75
面子……………… 92, 94-96, 98, 103
毛沢東……………………… 107, 118
モース……………………………　41

【や】

柳田國男… 35, 74, 76-80, 96, 99-100,
　　　　　　182, 217
友愛組合…………… 22-24, 71, 122, 208
熊希齢……………………………　56
優待出征抗敵軍人家属条例………… 209
楊鐘健………………………… 50, 54
楊瑞六……………………………　54
楊性存………………………… 88, 102
横山源之助……………………… 129
余天休…………………………… 135

【ら】

ライファイゼン式(方式)……… 73, 75,
　　　　　　82, 100, 109, 126
羅家倫………………………… 49, 60, 62
李景漢……… 35-36, 125, 129-160, 191,
　　　　　　195, 211, 219, 223
李大釗………… 64, 68, 107, 118, 125
劉師培…………………………… 213
梁士詒……………………………　56
梁漱溟………… 72, 127, 150-151, 154,
　　　　　　213, 227-228
リヨン大学………………… 191, 221
李亮恭……………………………　63
隣保相扶………………… 28-29, 189, 220
ループレ…………………………　26
歴史社会学……… 11, 12, 33, 39, 42, 66,
　　　　　　72, 157, 222
ロウントリー…………… 129, 130, 149
ロックフェラー財団………………… 141
ロバート・パーク………………… 130

【わ】

YMCA …………………… 141, 159

【資　　料】

中国華洋義賑救災総会農村信用合作社章程※

1923年4月16日　農利分委辦会議決

省　　県　　信用合作社章程

第一条　名称
　一、本社は名を　　　　信用合作社と定める。

第二条　登記
　二、本社は民国　　年　　月　　日　に県公署において登記を許可された。

第三条　宗旨
　三、本社の宗旨は次の通りである，
　　（甲）社員の共同責任で，社外から借金し，社員に対して貸出を行う。ただし正当な用途であることを証明できる社員に限る。
　　（乙）社員の倹約，自助および合作の精神を養成する。

第四条　社員
　四、本社は少なくとも発起する社員十二人がこの章程に署名し，承認を示し，組織が成立する。
　五、およそ満二十歳で品行が端正な村人は，すべて本社の社員になることができる。
　六、新社員の入社は，社員二人の紹介を得て，社員全体の四分の三以上の同意を得なければならず，かつ本社の章程に署名して，はじめて入社することができる。
　七、およそ社員は，それぞれ元を「社員株」として納めなければならない，引き受ける株数は，一株以上は無制限である，ただ入社する時は，少なくとも一株は引き受けなければならない，入社した後は，随時増やすことができる，この株は全く利息がない，納付することができない時は，本社から利息付きの借金をしてこれを納付する。この「社員株」の借金は，後日

※ 中国国民党中央委員会党史委員会編（1980: 463-70），既訳として川井（1983: 98-104，翻訳の原文は張鏡予編 1930: 192-9）を参照した，この「空白章程」は5回改定されており，両者の間にも若干の異同がある。どの改訂版であるのかは明記されておらず不明。

社員の支払や返済の中で，できるだけ先に控除する。
八、社員の資格は，退社の希望，除名，もしくは病死によってこれを停止する。
九、本社は執行委員会が提議し，社員の三分の二以上の票決による同意で，既に信用を失った社員を除名することができる。
十、社員は入社二年後で，はじめて退社を願い出ることができる，ただし債務者もしくは保証人の責任者となっている者は，入社二年を過ぎても，退社することはできない。
十一、社員資格が停止される時は，執行委員会が議決したものを除き，その「社員株」はすべてその本人，継承人，もしくは委託人に返還することができる。
十二、退社した社員は，本社の債務に対して，継続して二年は責任を負う。
前項の債務は，その社員が退社した日の決算に準じる。
債務を負う時期は，その社員が退社する日から計算する。
十三、既になくなった社員の遺産は，本社の債務に対して，継続して一年の責任を負う。
前項の債務は，その社員が死亡した日の決算に準じる。
負債の時期は，その社員が死亡した日から計算する。

第五条　資本

十四、本社の資本には，以下に掲げた種類がある。
　（甲）社員株
　（乙）社員の定期預金
　（丙）非社員の定期預金
　（丁）総会もしくはその他の関係する合作機関が借り入れた資金
　（戊）積立金
十五、本社は非社員もしくは総会もしくはその他の機関から借りる金額は，本社が随時これを規定する。

第六条　貸し付け

十六、借金を求めるあらゆる事項は，本社の執行委員会がこれを管理する。
十七、本社の貸し付けは，社員に対してのみこれを行う，社員は本社に最初の借金をした後，その他の社員全員が借金する前，もしくは謝絶して借金しない場合は，新たに別の借金をすることはできない。
十八、社員の最高の信用程度は，社が評定し，専門台帳を準備してこれを記録する。
社員の最高信用程度は，執行委員および監査委員が連席会議を開いて評定

する，執行委員の信用の程度は，監査委員会がこれを評定する，監査委員の信用の程度は，執行委員がこれを評定する，信用程度評定会が開かれる時は，傍聴することは許されない。

社員の信用程度表は，執行委員会の主任が保管する。

信用程度評定の規程はこれを別に定める。

十九、本社の貸し付けは全部で四種である。

（甲）種子，食物，飼料を購入し，もしくは耕作費のために借りる資金。この借金は，収穫後，もしくは家畜が売り出された後，即時に完済しなければならない。

（乙）車両，家畜を購入し，あちこちの古い負債を整理し，家屋を修理し，もしくは用具を設置するために借りる資金。この借金は，執行委員会が事情を考慮し，二年から長くて三年に分けて，平均して完済しなければならない。

（丙）河の掘削，堤防建設，灌漑，排水，負債の返済などのために借りる資金。この借金は，執行委員会が事情を考慮し，二年から長くて三年に分けて，平均して完済しなければならない。

（丁）社会上必要な責任，例えば冠婚葬祭などの事項のために借りる資金。この借金は，執行委員会が事情を考慮し，二年から長くて三年に分けて，平均して完済しなければならない。

二十、社員が本社から借金する時は，請求書の中に，借金の用途を説明しなければならない。本社は随時借金の項目が，正当な用途に使われているかどうかを調査しなければならない。

二十一、本社の貸し付けは，以下に掲げた抵当の一種もしくは数種を担保とする。

（甲）借金する本人の信用および社員二人の担保

（乙）不動産

（丙）舟，車，家畜，灌漑器具などの動産

（丁）既に植えてまだ収穫していない農作物

（戊）社員が差し押さえている他人の財産

二十二、執行委員会が借金を否決し，金額を制限し，社員が保証人となることを否認することを決める全権を有する。

二十三、執行委員会は，特別の理由で，社員が借金を返済する時期に，長くて一年延長することができる。その理由は記録されなければならない。この職権は，特別な理由がない場合は，これを行使することはできない。

二十四、病死し，退社を希望し，もしくは除名された全ての社員は，その借

金はどの時期が満期であっても，即時完済しなければならず，遅延してはならない。

第七条　利率

二十五、本社は共同の信用で，最低の利率で現金を借り入れることができる。貸し付けの時は，その地域の利率がたとえ極めて高いものであっても，本社の利率は，他村の現在における最低の利率を基準にしなければならない。

二十六、凶作の年は，本社の貸し付けの利率は，程よく規制し，安定に努めなければならない。やむをえない時は，総会に支援を求めなければならない。

二十七、本社の貸し付けの利率は，同じ時期の同じ地域の社外で行われている最低の利率を超えてはならない。ただし，本社の（総会からの――引用者註）借金の利率よりも若干高くして，余剰利益が出るようにし，営業費に当て，積立金から支出し，償還に用いなければならない。

第八条　利益および積立金

二十八、本社の貸し付けの利率は，様々な借金の利率よりもやや高いので，利益が生じることになる。本社は，利益総額の四分の三を営業の必要および地方の合作計画の発展の必要に当て，四分の一を積立金とする。

二十九　積立金の目的

（甲）回収できない債権，およびその他特別な債務の補償

（乙）社外から借金する時は，抵当されたものを保証とする

三十、積立金は定期預金として，最も便利な銀行に預けなければならない。もし郵政儲金局に預けることができれば，より適当である。

三十一、本社は執行委員会および総会の同意を得て，積立金で回収できない債権を弁償し，もしくは本社の特別な債務を償還することができる。

三十二、本社が万一解散する場合，あらゆる営業資本，積立金などの資金は，その村で新しい社の開設に用いるために保管しておく。一年内に新しい社が組織されなければ，この資金は総会が地方公益の費用にあてる。

第九条　管理

三十三、本社社員の全体会議は，本社の社務に対して最高権を有する。全体会議は随時招集することができる。ただし毎年少なくとも二回は集会すること，全体会議が処理する一切の社務は，以下のような事項である。

（甲）選挙執行委員および監査委員

（乙）本社の運営細則の制定もしくは改正

（丙）社員の承認もしくは除名

（丁）社員が執行委員会あるいは監査委員会に対して不満がある事件を処

理する。
　(戊) 年報の審査
　(己) 決算の審査
三十四、特別な事項があった場合，執行委員会，監査会もしくは過半数の社員の提議によって，特別会議を招集することができる。ただし特別会議を招集する理由および集会の期日は，五日前に全体社員に通知しなければならない。
三十五、およそ社員は，すべて自ら会に出席し，各社員は一権（投票権などを指す）のみに限られる。全体会議は，少なくとも過半数の出席で，はじめて開会することができる。新しい社員が入社を求める提案が出されている時は，出席社員の四分の三以上の同意がなければならない。社員を除名する案が提出された時は，出席社員三分の二以上の同意があって，はじめて有効となる。ただしその他の事項は，過半数の同意を得れば，有効とする。もし双方の票数が平均する時は，主席が議決権を持つ。本章程は総会の許可を得なければ，削除・改正もしくは増加することはできない。
三十六、社員は成立会を開く時は，執行委員を五人選ばなければならない。任期が一年の者は二人，二年，三年，四年の者は各一人である。この後は任期を満たさず退職する委員を補選するほかは，委員を執行する任期は，みな四年とする。さらに執行委員の中から，主席を一人指定し，本社のリーダーとする。司庫一人は，金銭および貸し付けの事項を管理する。司庫は主席の書面による許可，および執行委員の過半数の同意を得て，はじめて貸し付けることができる。執行委員会は本章程および本社が付与する職権のほか，社員の本社に対する借金を処理し，本社は総会もしくはその他の機関の借金の事項の全権を処理する。
三十七、監査会
　　社員は若干名の相互の推薦を行い，監査会を組織しなければならない。
　　本社の社員がもし二十人に満たない場合は，推薦すべき監査委員は三人でなければならない。もし二十人を超える時は，監査委員六人を推薦しなければならない。
　　初当選時は，一年，二年の者，三年の者を，それぞれ三分の一を選任しなければならない。任期を満たさずに退職した監査委員のほかは，監査委員の任期はみな三年とする。
　監査会の職権は次の通りである。
　(甲) 毎期帳簿を一度検査をする。
　(乙) 借金した人が借金した項目に対して，正当な用途に使っているかど

うか，そして借款の条件が切実に履行されているかどうかを調査する。

（丙）借金の担保が信頼できるかどうかを調査する，執行委員およびその他の職員が，職権濫用の行為がないかどうかを調査する。必要な時は，その職権を停止することができる。一方では一ヶ月以内に，全体会議を招集してこれを処理する。

三十八、本社は次の帳簿を備える。

（一）社員表

（二）出納表

（三）会議議事録

（四）貸し付け帳簿

（五）預金帳簿

（六）社員信用程度表

三十九、本社は一切の領収証や契約書は，すべて司庫が署名し，主席が復署しなければならない。一度署名されれば効力が生じる。

四十、本社の各職員は，すべて無報酬である。ただ必要な費用のみ，執行委員会の認可を経て，本社がこれを支払う。

第十条　責任

四十一、本社は無限責任の組合であり，社員の本社に対する債務に，すべて同等の責任を持つ。

第十一条　貯蓄

四十二、貯蓄の目的

（甲）社員の倹約美徳

（乙）資本の蓄積

四十三、本社は社務の状況に照らして，現金貯蓄の事業を兼営する。収集した貯金はその他の貯金機関を分けて預ける。

四十四、本社の社員と非社員は，ともに貯金を預け入れることができる。しかし借金は社員のみにかぎる。

四十五、本社の貯金章程はこれを別に定める。

各地方救済院規則※

1928 年 5 月 23 日内務部公布　1933 年 4 月修正

第一章　総綱

第一条　各省区，各特別市，各県市政府は，自救の力のない老人，幼児，障害者を保護・教育（教養）し，貧民の健康を守り，貧民の生計を救済するために，各省区，省会，特別市政府および県・市政府所在地に，本規則の規定に従って救済院を設立する。

　各県，郷，区，村，鎮の人口が比較的多い場所も，状況を考慮してこれを設立することができる。

第二条　救済院は以下に掲げた各所である。

（一）養老所
（二）孤児所
（三）残廃所
（四）育嬰所
（五）施医所
（六）貸款所

　各県，各普通市および郷，区，村，鎮が救済院を設立するときは，前項で掲げた各所に対して，その緊急性に応じて順番に開設することができる。また各地方の状況を考慮して合わせて運営することもできる。

第三条　救済院は院長一人を設け，院務を統括し，副院長一人を設け，院務を補佐する。各省区は民政庁が，各特別市は市政府が，各県，各普通市および郷，区，村，鎮は県市政府が，その土地の公正人士の中からこれを選任する。

第四条　救済院は各所に主任を一人，事務員を若干人設け，各所の事務を管理する。院長，副院長が選任し，主管機関に報告して記録する。

第五条　救済院は各所の状況に照らしてそれぞれ教員，看護婦を選任し，乳母や雑役夫を若干名雇用する。

第六条　救済院の設置場所は寺廟もしくは公共の適切な場所を利用することができる。

第七条　救済院の基金は各地方の収入の中から考慮して補助し，資金調達の方法を講じる。

※ 彭秀良・郝文忠編（2014: 33-41）

各地方に元々存在した官立，公立の慈善機関は，その性質が本規則の第二条の各所の名義に相当するものは，その設置場所および基金によって運営を継続し，名称を改正して救済院に隷属させなければならない。
第八条　救済院各所の基金は，基金管理委員会を組織して，それぞれ管理されなければならない。
　　　基金管理委員会は地方の法団が正式に推薦（公推）する委員若干名によって組織される。救済院長，副院長は当然委員となる。
第九条　救済院基金はいかなる状況であろうと別の用途に転用してはならない。
第十条　救済院基金管理委員会は，主管機関に申請して批准されなければならない。基金が購入した不動産は，購入した後は，主管機関への申請と批准なしに転売することはできない。
第十一条　救済院の経費は基金の利息および臨時の寄付金を充てる，ただし成績が優良な救済院は省の公金によって補助されなければならない。
　　　前項の経費はそれぞれ省の予算および県地方の予算に組み入れて，固定の費用とし，削減してはならない。
第十二条　各地方の慈善事業で，私人もしくは私人団体で資金を調達し運営しているものは，すべて現状を維持する。ただし，主管機関の監督を受けなければならない。

第二章　養老所

第十三条　およそ自救の力のない男女で，年六十歳以上で養育されていない者は，すべて本所に収容・保護される。
第十四条　養老所に収容・保護される老衰した男女には，心身に有益な課程を教え，その体質に応じて以下に掲げた各種の作業に服させること。ただし老衰もしくは疾病による困難者はこれを免除することができる。
　甲、室内作業
　　1. 物に壁紙を貼る
　　2. 織物や物の作成
　　3. 簡単な書画など
　乙、室外作業
　　1. 家畜の飼育
　　2. 植物の栽培
　丙、その土地に適した簡単な工芸

丁、その他体力に耐えられる作業
第十五条　養老所は収容者の心理に注意しなければならない，娯楽や講演会で生活に息抜きを与えなければならない。
第十六条　養老所は下に掲げた設備をそなえなければならない。
　（一）教室
　（二）工作質
　（三）遊技質
　（四）男寝室，女寝室
　（五）食堂
　（六）男浴室，女浴室
　（七）男便所，女便所
　（八）その他整備すべき部屋
　　前に掲げた各室および場所は状況を考慮して順番に設置し，すべて清潔さを保ち，衛生を適切にしなければならない。
第十七条　飲食・起居は規定された時間を守り，衣服や布団は常に洗濯・乾燥していなければならない。
第十八条　およそ疾病に罹患している者は，その都度施医所に送って診療させなければならない。伝染病にかかっている者は隔離されなければならない。
第十九条　およそ死亡した者は，当該の養老所の主任は院長，副院長への報告を経て，公安局もしくは司法官庁の派遣人員と合同で検証を行った後，棺と葬儀の準備をすること。親族がいる場合は，親族に通知して二日以内に引き取らせなければならない。期限を越えて引き取らなければ，救済院が埋葬する。
　　死亡した者が遺した私有物品はその親族に渡し，親族がいない場合は共有財産として接収する。
　　死亡者を院が埋葬する時は，その生命，年齢，戸籍，墓前の石標に明記する。

　　　　　　　　　　　　第三章　孤児所

第二十条　およそ六歳以上十五歳以下の貧苦で頼る者のない幼年男女は本所に収容・保護される。
第二十一条　前条の規定で入所した幼年男女は，遺棄されて司法官署もしくは公安局によって保護された者のほかは，すべて親族・近隣の確実な保証で入ることができる。

第二十二条　孤児所の孤児は年齢に応じて最寄りの相当する学校に通わせ，修学費用は免除しなければならない。所内に設備する事項は，第十六条で規定したものを用意する。ただし（一）（二）の二項は考慮の上取り扱われる。

第二十三条　孤児所に収容・保護した幼年男女は成年になって出所する時に，相応しい職業を紹介しなければならない。

第二十四条　孤児所が収容・保護した幼年男女は，養子・養女に引き取ることを望む者は，引き取り状を持って身元保証となる家を二つ探し求めなければならない。事実の調査を経て，引き取りが許可される。引き取りの後，さらに虐待や転売の事情がある場合は，引き取り人から取り戻すほか，院が引き取り主になり，保護人は一まとめに司法官庁に移送され，法に従って取調べを受ける。

　　前項で引き取られた男女は，救済院が随時訪問して検査・視察を行う。

第二十五条　第十七条から第十九条の規定は孤児所にも適用される。

第四章　残廃所

第二十六条　およそ障害者で扶養者がいない場合は，男女老幼を問わず，すべて本所に収容・保護される。

第二十七条　残廃所が設備する事項は，第十六条の規定で用意するもののほかは，入所者に対して，身体障害および視覚障害，言語障害の三種である，各種の能力に従って下に，掲げた課程の中にそれぞれ選んで受講させる。
　（一）千字課
　（二）手作業
　（三）簡単な算術
　（四）平民の常識
　（五）音楽
　（六）詞曲
　（七）説書
　（八）各種の工芸

第二十八条　残廃所で経費が充足しているものは，教員を増員・招聘して障害者学校を開設しなければならない。

第二十九条　障害者は保護・教育を受けた後，自活して生活できる者は，職業を紹介して出所させなければならない。

第三十条　第十七条から第十九条の規定は，残廃所に適用される。

資　　料

第五章　育嬰所

第三十一条　およそ貧苦し遺棄された男女の幼児は，すべて本所に収容・保護される。

　　前項の幼児は年六歳以下の者である。

第三十二条　育嬰所は幼児を養育する乳母を雇用し，各乳母が面倒を見るのは一名に限る。もし状況が困難な時は，院長と副院長の申請と許可で適当な乳用品を代用することができる。

第三十三条　育嬰所は遊芸場，浴室を設置し，様々な有益な玩具をそろえなければならない。

第三十四条　収容・保護された男女の幼児は，年が満六歳以上の時は，孤児所に送らなければならない。両親がなく保護主のいない幼児は，第二十四条の規定を準用して取り扱われる。

第六章　施医所

第三十五条　施医所は貧民の疾病を治療し，衛生・防疫の各行政を補助するために設けられる。

第三十六条　施医所の医師は医術に長じ官署の許可証を持つ者を厳選のうえ招聘して任じること。

第三十七条　施医所は以下に掲げた各部屋を設けること。

　（一）医師室
　（二）診士室
　（三）手術室
　（四）薬剤室
　（五）受付窓口
　（六）待合室

第三十八条　救済院に収容される人は赤貧で無力な者を除き，事情を考慮して窓口の費用を徴収することができる。その金額は，主管機関が地方の状況を考慮して自らこれを定める。

第三十九条　診療時間は毎日午前八時から十二時であり，午後一時から五時は急性の症状がある時だけ，その都度診療することができる。

第四十条　西洋薬は施医所が準備し，費用は徴収しない。中国薬は赤貧の者を除き，病人が自ら購入する。

第四十一条　施医所の医師は病人からの贈り物を受け取ってはならない。
第四十二条　施医所は衛生・防疫を補助し，各行政は主管機関の指導を受けなければならない。
第四十三条　毎年種痘の時期は，施医所が種痘に責任を持ち，期日前に布告しなければならない。

第七章　貸款所

第四十四条　貸款所は貧苦で商売もしくは農事を経営する資産のない男女のために設けられる。
第四十五条　およそ貧苦で商売もしくは農事を経営する資産のない男女は，貸款所で貸し付けを受ける者は，以下の規定に合致しなければならない。
　（一）年が十五歳以上で，好ましくない嗜好を確実に持たない者
　（二）小さな商売もしくは農事を経営することを希望し，実力を持たない者
　（三）およそ裕福な商家の保証もしくは適切な保証人を得ている者
第四十六条　貧民で貸し付けを受ける者は前条の調査が確実であることにより，はじめて貸し付けを受けられる。
第四十七条　各人貸し付け額は五元から二十元に限る。
　前項の貸し付けは，事情を考慮して継続的もしくは期日を分けて返済する方法を規定し，並びに利息の徴収は最後の償還時に納付しなければならない。ただし利息が六厘を超えず，事前に償還した者は事情を考慮して利息を減免する。
第四十八条　貸し付けが満期になっても返済しない者は，保証人の責任で代わりに返済する。
第四十九条　期日を過ぎても返済できず，不測の事態が実際に起こったことが明らかにされた時は，主任は院長に説明して取り扱いを考慮することができる。
第五十条　およそ商売もしくは農事の経営の名目で，商売や農事の経営を行っていない者は，貸し付けの返済を追及するほか，公安局に引き渡して相当の処分を与える。

第八章　附則

第五十一条　救済院の各所の収支の金額および運営状況は，院長と副院長に

よって毎月公開され，計算書および事項についての一覧表をそれぞれ作成し，主管官署に報告して監査を受けなければならない。
第五十二条　救済院各所の運営細則は主管機関によって定められる。
第五十三条　救済院の基金管理委員会の組織および運営細則は，各主管機関が事情を考慮して決定し，内政部に報告して記録する。
第五十四条　救済院の資金もしくは不動産を援助する者は，主管機関によって審査の上奨励が与えられる。援助の金額が国幣で五千元以上の者は，内政部に報告して審査の上褒賞される。
第五十五条　本規則が各主管機関と呼ぶのはそれぞれ以下の通りである。
（一）省区政府の所在地は民政庁を主管機関とする
（二）特別市は特別市政府を主管機関とする
（三）各県，各普通市および郷，区，村，鎮は，県・市政府を主管機関とする
第五十六条　各県，各普通市の救済院の全ての組織，施設，報告書などの事項は，県・市政府の処理を経た後に，管轄する民政庁に報告し査定されなければならない。本規則の規定に従って，内政部に報告して審査を受け記録されなければならない者は，上申して管轄する民政庁による再度の審査を受けなければならない。
第五十七条　本規則にもし不十分な点があれば，内政部が修正することができる。

監督慈善団体法[※]

1929 年 5 月 25 日第 26 回会議通過　6 月 12 日公布

第一条　本法で慈善団体と呼ぶものは，済貧，救災，養老，恤孤およびその他救助の事業を目的する団体を言う。
第二条　およそ慈善団体は，その事業を宗教上の宣伝のために利用したり，私人が利益を図るための事業を兼営したりしてはならない。
第三条　慈善団体は財団の性質に属するものの他に，五人以上の発起人がいなければならない。
第四条　前条が規定する発起人は，下に掲げた各項の資格の一つを持たなければならない。
（一）これまで名望があり，節操があり信頼できること

※ 彭秀良・郝文忠編（2014: 246-7）

（二）慈善事業を運営したことがあり，実績が優れていること
　　（三）公益に熱心で，寄付を惜しまないこと
　　（四）慈善事業の立ち上げに対して特別な学識や経験を有していること
第五条　下に掲げる各項目の事情を持つ者は，第三条が規定する発起人となることはできない。
　　（一）土豪劣紳で，悪行が指摘・証明されている者
　　（二）貪官汚吏で，調査すべき事案がある者
　　（三）反革命の振る舞いのある者
　　（四）財産上の犯罪によって刑の宣告を受けた者
　　（五）破産の宣告を受けて，まだ権利回復をしていない者
　　（六）アヘンを吸引している者。
第六条　慈善団体の章程が適切でないものは，主管官署は設立を許可する前に修正を命じることができる。
第七条　第五条の各項の事情を持つ者は，慈善団体の会員になることはできない。
第八条　慈善団体で社団の性質を持つ者は，毎年少なくとも総会を二回を開かなければならない。
第九条　慈善団体の収入・支出の金銭・物品は，日ごとに帳簿に登録し，全ての領収書は一律に保存しなければならない。
　　　　前項の帳簿と領収書の保存期間は，十年よりも短くてはならない。
第十条　主管官署は，随時慈善団体の運営の状況とその財産状況を検査することができる。
第十一条　慈善団体でもし主管官署の検査を拒絶し，もしくは第二条の規定に違反した者は，主管官署はその許可を撤回し，もしくは解散することができる。
第十二条　慈善団体の運営で成績が優れているものは，主管官署は国民政府もしくは省政府に申請してこれを褒奨することができる。
第十三条　慈善団体の運営は本法に規定があるほかは，民法およびその他の法律の規定に従う。
第十四条　本法の施行する期日や施行規則は行政院が定める。

社会救済法※

1943 年 9 月 29 日　国民政府公布

第一章　救済範囲

第一条　下に掲げた各項の規定を一つに合わせて，貧窮によって生活する力のない者は，本法によって救済を与えることができる。
　（一）年六十歳以上で精神が衰弱している者
　（二）十二歳以下の者
　（三）妊婦
　（四）水害，干ばつ，もしくはその他の天災事変によって，重大な損害を受け，もしくはそれによって失業した者
　（五）その他法令によって救済を与えるべき者
第二条　非常の災変を被った災民，難民に対して行う緊急の救済は，救済を受ける人が前条で掲げた者に限らない。
第三条　性格と素行が良くなく，犯罪の傾向があり，矯正の必要がある者に対しては，矯正による救済を与える。
第四条　救済を受けるべき人は，主管官署もしくは救済施設がある場所に行って，適切な救済の付与を請求することができる。ただし救済は職権によってこれを為し得るものとする。
第五条　第一条が掲げた各項の規定によって救済を受けた者は，もし扶養を受ける権利があって，その扶養義務のある人が扶養能力を有している時，救済を与えることはできない。ただし切迫した状況がある者は，この限りではない。

第二章　救済施設

第六条　救済施設は以下に掲げた各種のものに分ける
　（一）安老所
　（二）育嬰所
　（三）育幼所
　（四）残疾教養所
　（五）習芸所

※ 彭秀良・郝文忠編（2014: 3-9）

（六）婦女教養所
（七）助産所
（八）施医所
（九）その他救済を目的としている施設
第七条　各種の救済施設は，各県・市の実際の需要と経済状況を見て，本法に照らしてそれぞれ開設し，中央および省も事情を考慮して設立することができる。
第八条　団体もしくは私人は救済施設を開設することができる。ただし主管官署の許可を経なければならない。
第九条　主管官署は前条の救済施設に対して視察および指導する権限を持つ。
第十条　団体もしくは私人が開設する救済施設は，主管官署が保障を与えなければならない。その成績が優れている者は，奨励を与えなければならない。
第十一条　団体もしくは私人が運営する救済施設が，もし運営が好ましくない場合は，主管官署は改革させなければならない。
第十二条　救済施設は公共の適切な場所を住所にすることができる。ただし，まずは主管官署の審査と許可を経なければならない。
第十三条　法院もしくは警察機関は救済を受ける人を救済所に送り届けなければならない。正当な理由なしに受け入れを拒絶することができない。

第三章　救済方法

第十四条　救済は本法もしくはその他の法律に別の規定があるほかは，救済を受ける人の必要によって，以下に掲げた方法が行われる。
（一）救済施設所内の保護
（二）現金もしくは食物衣服など必需品の給付
（三）医療の無償
（四）助産の無償
（五）住宅の廉価もしくは無償による供給
（六）資金の無利息もしくは低利息による貸与
（七）食糧の無利息もしくは低利息による貸与
（八）土地の賦税の減免
（九）感化教育および公民訓練の実施
（十）技能訓練及公民訓練の実施
（十一）職業紹介
（十二）その他法令の定める救済方法

第十五条　およそ六十歳以上の男女は，救済を受けるべき者は，安老所の中に保護する。

第十六条　およそ二歳未満の男児・女児で，救済を受けるべき者は，育嬰所に保護することができる。

第十七条　およそ二歳以上十二歳未満の幼年男女で，救済を受けるべき者は，育幼所の中にこれを保護することができる。

第十八条　育幼所は，保護児童の年齢に応じて，それに相当する学級を設置し，相当する教育を与えなければならない。技能上の訓練もしくは最寄りの相当する学校に通うための修学費用は免除する。

第十九条　育幼所に保護された者は，出所する時は適切な処遇をしなければならない。

第二十条　生んだ子供が五人を超えている者で，生活の困難のために養育することができない場合は，主管官署に補助費の支給を請求することができる。もしくは，その子女を育嬰所か育幼所に送り保護することができる。

第二十一条　育嬰所もしくは育幼所が保護する幼児や児童は，もし子女のために保護を望む人がいれば，確実な保証を携えて，主管官署に引き取りの承認を求めることはできる。

前項の幼児・児童は，もし直系の血縁親族がいる場合は，引き取りの承認を求める前にその同意を得なければならない。

支給した後に，主管官署もしくは元々の育嬰所や育幼所は，相当する期間のうちに，保護人による正確な状況を視察しなければならない。

第二十二条　障害者で救済を受けるべき者は，残疾教養所に保護することができる。

第二十三条　残疾教養所は，保護者を視覚障害，言語障害，身体障害の三種に分け，各個人の能力にしたがって相当の知識と技能を与え，必要な時は障害者の学校（盲唖学校）を開設することができる。

第二十四条　障害者が保護・教育された後は，自ら生活を図ることができる者は，職業紹介によって出所させなければならない。

第二十五条　障害を持つ栄誉軍人は，その救済の施設は本法の規定に適用されない。

第二十六条　救済を受ける人の疾病を治療するために施医所を設置することができる。

第二十七条　施医所は公立医院に附設するか，主管官署が委託する声望のある私立医院に設置することができる。衛生院所が設けられている県・市は，この院所によって運営することができる。

第二十八条　救済を受けるべき妊婦は，助産所の医師や助産士によって助産し，まだ助産所を設けていない県，市，郷，鎮は，指定された助産の医師，助産士もしくは場所を指定しなければならず，費用は徴収しない。

第二十九条　精神病を治療し社会の利益を防護するために，精神病院を設けることができる。精神病に罹患して救済を受けるべき者は，入院治療させることができる。

第三十条　幼年男女の矯正と救済を受けるべき者に対しては，矯正の場所を設けて矯正を与えることができる。

第三十一条　正当でない業務に従事して虐待を受けている婦女を収容するために，婦女教養所を設置し，相当の知識と技能を与え，その好ましくない習慣を矯正することができる。

第三十二条　懶惰な習慣もしくは正当な職業のない遊民に対しては，習芸所を設置して収容し，労務を強制し，そして必要な知識と技能を与え，勤勉な習慣を養成することができる。

第三十三条　救済人に対しては職業を紹介しなければならない。職業紹介所がこれを運営する。

第三十四条　人口が密集している地区で，住宅が居住するのに適していない時，県・市政府は平民住宅を建築し，廉価で貸し出すことができる。もしくは宿舎を建築し，無償もしくは廉価で平民に暫時宿泊場所を提供することができる。

第三十五条　食糧もしくはその他の生活必要品の価格が高騰し，一般平民が購買することができない時は，県・市政府は公共食堂を運営することができる。もしくはバウチャー制（凭証購買制）を採用し，廉価で提供することができる。

第三十六条　県・市・郷・鎮は救荒の準備のために，義倉を設置し，食糧を無利息もしくは低利息で平民に貸与し，次の収穫の時期に返済させることができる，

第三十七条　毎年の冬，実際の需要を考慮して，粥廠を開設することができる。もしくは平民に対して食糧，棉衣もしくはその他生活の必需品を給付することができる。

第三十八条　各地で被った水害，干ばつ，台風，雹害，地震，蝗害などの災害は，県・市政府は被災の状況を見て，土地の賦税の減免を申請することができる。

第三十九条　非常の災変を被った災民，難民を救済するために，緊急の救援活動（賑救）を実施する時に，現金もしくは食物，衣服などの必需品の給付

を考慮して，必要な時に場所を設けて臨時の保護を与えることができる。
第四十条　臨時の緊急の救援のための救援物資および災民，難民の移送に対しては，運送費用を免除しなければならない。前項の救援物資は税金を免除することができる。
第四十一条　救済を受ける人や流浪人が死亡して埋葬する者がいない場合，代葬所が埋葬する。代葬所が設けられていない場合，代葬事務は所在の郷・鎮の役所がこれを運営する。救済施設の所内で死亡した者は，救済施設の主管人がこれを運営する。

第四章　救済費用

第四十二条　救済施設で県・市が開設するものは，その費用は県・市が負担する。中央もしくは省が開設するものは，その費用は中央もしくは省が負担する。
　　救済施設で郷・鎮が運営するものは，その費用は郷・鎮が負担する。
第四十三条　救済施設は団体もしくは私人が開設したものは，その費用は各団体および私人が負担する。
　　前項の救済施設は，運営の成績が優れている者は，主管官署が状況を考慮して補助を与えることができる。
第四十四条　救済事業経費は，中央及び地方の予算に組み入れなければならない。
第四十五条　県・市の本法によって開設される救済事業は，中央政府が補助を与えることができる。
第四十六条　各種の救済施設は，設立時に基金を調達することができる。事業の発展で設備を拡充する場合は，基金の調達を増額することができる。しかし団体および私人が開設する救済施設は，主管官署の審査と許可を経ることなく外部に寄付を募集してはならない。
第四十七条　救済経費の募集は，負担の割り当てもしくはその他の強制的な徴募の方法を用いてはならない。
第四十八条　救済経費は別の用途に転用してはならない。
第四十九条　救済施設は，主催人が収支の金額および運営の実情を毎月公開し，計算書および事実についての一覧表をそれぞれ作成し，主管官署に報告して監査を受けなければならない。

第五章　附則

第五十条　本法が主管官署と呼ぶのは，中央では社会部であり，省では省政府であり，市では市政府であり，県では県政府である。ただし第二十六条から二十九条に定める事項の中央主管官署は，衛生署とする。臨時および緊急の救済に関しては，賑済委員会が主管する。

第五十一条　本法の省・市に関する規定は，省もしくは市に相当する特別行政区域に準用される。県の規定に関しては，県に相当する行政区域に準用される。

　本法の施行細則および各種の救済施設もしくはその他の救済事業の実施方法は，社会部が関連する部，会，署と合同で定め，行政院に申請の上裁定される。

第五十二条　本法は公布日より施行される。

●著者紹介

穐山 新（あきやま・あらた）
1977 年茨城県生まれ。
筑波大学大学院人文社会科学研究科博士課程修了。博士（社会学）。
筑波大学人文社会系特任研究員を経て，現在法政大学大学院グローバル化と移民問題研究所特任研究員，早稲田大学非常勤講師。
主な論文：「国家と体制変動——辛亥革命における国家帰属化と地方主義」『社会学評論』（第 59 巻 1 号，2008 年），「近代中国の群衆と公共性——中華民国初期の首都建設事業と『人民』のナショナリズム」佐藤成基編『ナショナリズムとトランスナショナリズム——変容する公共圏』（法政大学出版局，2009 年），「中国におけるエスニック・ネーションの起源——孫文はいかにして『民族主義者』になったか」永野武編『チャイニーズネスとトランスナショナルアイデンティティ』（明石書店，2010 年），「慈善と社会連帯のあいだ——日本と中国における社会的権利の形成をめぐって」『社会学評論』（第 66 巻 1 号，2015 年），「中国初期協同組合における救貧事業——華洋義賑会の合作事業と成員資格の問題」『社会政策』（第 11 巻 1 号，2019 年）

中国社会研究叢書　21世紀「大国」の実態と展望　4
近代中国の救済事業と社会政策
　　——合作社・社会調査・社会救済の思想と実践

2019 年 8 月 15 日　初版第 1 刷発行

著　者	穐　山　　　新
発行者	大　江　道　雅
発行所	株式会社明石書店

　　　　〒101-0021 東京都千代田区外神田 6-9-5
　　　　　　　　電話　03（5818）1171
　　　　　　　　FAX　03（5818）1174
　　　　　　　　振替　00100-7-24505
　　　　　　　　http://www.akashi.co.jp
　　　組　版　　　　有限会社秋耕社
　　　装　丁　　　　明石書店デザイン室
　　　印刷・製本　　モリモト印刷株式会社

（定価はカバーに表示してあります）　　ISBN 978-4-7503-4842-1

JCOPY　＜出版者著作権管理機構　委託出版物＞
本書の無断複製は著作権法上での例外を除き禁じられています。複製される場合は，そのつど事前に，出版者著作権管理機構（電話 03-5244-5088，FAX 03-5244-5089，e-mail：info@jcopy.or.jp）の許諾を得てください。

現代中国を知るための52章【第6版】
エリア・スタディーズ 8　藤野彰編著　◎2000円

中国の歴史を知るための60章
エリア・スタディーズ 87　並木頼壽、杉山文彦編著　◎2000円

北京を知るための52章
エリア・スタディーズ 160　櫻井澄夫、人見豊、森田憲司編著　◎2000円

香港を知るための60章
エリア・スタディーズ 142　吉川雅之、倉田徹編著　◎2000円

台湾を知るための60章
エリア・スタディーズ 147　赤松美和子、若松大祐編著　◎2000円

北京スケッチ　素顔の中国人
渡辺陽介著　◎1700円

チャイニーズ・ライフ［上巻］「父の時代」から「党の時代」へ
激動の中国を生きたある中国人画家の物語
李昆武、フィリップ・オティエ著　野嶋剛訳　◎1800円

チャイニーズ・ライフ［下巻］「党の時代」から「金の時代」へ
激動の中国を生きたある中国人画家の物語
李昆武、フィリップ・オティエ著　野嶋剛訳　◎1800円

脱オリエンタリズムと中国文化　新たな社会の構想を求めて
日中社会学叢書 グローバリゼーションと東アジア社会の新構想1
中村則弘編著　◎3000円

グローバル化における中国のメディアと産業　情報社会の形成と企業改革
日中社会学叢書 グローバリゼーションと東アジア社会の新構想3
石井健一、唐燕霞編著　◎4500円

転換期中国における社会保障と社会福祉
日中社会学叢書 グローバリゼーションと東アジア社会の新構想5
袖井孝子、陳立行編著　◎4500円

中国における住民組織の再編と自治への模索
日中社会学叢書 グローバリゼーションと東アジア社会の新構想6
黒田由彦、南裕子編著　◎3400円

移動する人々と中国にみる多元的社会　史的展開と問題状況
日中社会学叢書 グローバリゼーションと東アジア社会の新構想7
根橋正一、東美晴編著　◎4000円

中国都市化の診断と処方　開発・成長のパラダイム転換
名古屋大学環境学叢書4
林良嗣、黒田由彦、高野雅夫ほか編　◎3000円

中国の弱者層と社会保障　「改革開放」の光と影
埋橋孝文、于洋、徐榮編著　◎3800円

中国農村地域における高齢者福祉サービス
小規模多機能ケアの構築に向けて
郭芳著　◎4500円

〈価格は本体価格です〉

中国帰国者をめぐる包摂と排除の歴史社会学
境界文化の生成とそのポリティクス
南誠著
◎5000円

法制度からみる現代中国の統治機構
その支配の実態と課題
熊達雲著
◎2800円

中国共産党とメディアの権力関係
改革開放期におけるメディアの批判報道の展開
王冰著
◎4800円

中国外交論
趙宏偉著
◎2800円

現代中国政治概論
そのダイナミズムと内包する課題
熊達雲・毛桂榮・王元・劉迪編著
◎2800円

中国民営企業の雇用関係と企業間関係
翁貞瓊・禹宗杬著
◎3200円

中国-ASEAN経済圏のゆくえ
汎北部湾経済協力の視点から
細川大輔著
◎3200円

「米中対峙」時代のASEAN
共同体への深化と対外関与の拡大
黒柳米司編著
◎2800円

日本の対中国関与外交政策
開発援助からみた日中関係
高嶺司著
◎3600円

中国年鑑2019 特集：米中対立の構図
一般社団法人中国研究所編
◎18000円

現代中国における「イスラーム復興」の民族誌
変貌するジャマーアの伝統秩序と民族自治
澤井充生著
◎6800円

中国雲南省少数民族から見える多元的世界
国家のはざまを生きる民
荻野昌弘・李永祥編著
◎3800円

改革開放後の中国僑郷
在京老華僑・新華僑の出身地の変容
山下清海編著
◎5000円

ある華僑の戦後日中関係史
日中交流のはざまに生きた韓慶愈
大類善啓著
◎2300円

「満洲移民」の歴史と記憶
一開拓団内のライフヒストリーからみるその多声性
趙彦民著
◎6800円

沖縄と「満洲」
「満洲一般開拓団」の記録
沖縄女性史を考える会編
◎10000円

〈価格は本体価格です〉

中国社会研究叢書
21世紀「大国」の実態と展望

首藤明和（日中社会学会 会長）[監修]

社会学、政治学、人類学、歴史学、宗教学などの学問分野が参加して、中国社会と他の社会との比較に基づき、何が問題なのかを見据えつつ、問題と解決策との間の多様な関係の観察を通じて、選択における多様な解を拓くことを目指す。21世紀の「方法としての中国」を示す研究叢書。

❶ 中国系新移民の新たな移動と経験
―― 世代差から照射される中国と移民ネットワークの関わり
奈倉京子 編著　　◎3800円

❷ 日中韓の相互イメージとポピュラー文化
―― 国家ブランディング政策の展開
石井健一、小針進、渡邉聡 著　　◎3800円

❸ 下から構築される中国――「中国的市民社会」のリアリティ
李妍焱 著　　◎3300円

❹ 近代中国の救済事業と社会政策
―― 合作社・社会調査・社会救済の思想と実践
穐山新 著　　◎3200円

❺ 中国の「村」を問い直す
―― 流動化する農村社会に生きる人びとの論理
南裕子、閻美芳 編著　　◎3000円

❻ 中国のムスリムからみる中国
―― N. ルーマンの社会システム理論から
首藤明和 著

❼ 東アジア海域から眺望する世界史
鈴木英明 編著

❽ 日本華僑社会の歴史と文化――地域の視点から
曾士才、王維 編著

❾ 現代中国の宗教と社会
櫻井義秀 編著

❿ 香港・台湾・日本の文化政策
王向華 編著

〈価格は本体価格です〉